Schulj.	Name	Kl	Zustand n/g/a	Unterschr. der Erz. Ber.
20/21	Süeda Oğuz	8d	n	
21/22	Berksevi?	8c	n	

Ecken abgenutzt Bies

starkeSeiten 8 II
BwR | Betriebswirtschaftslehre/Rechnungswesen

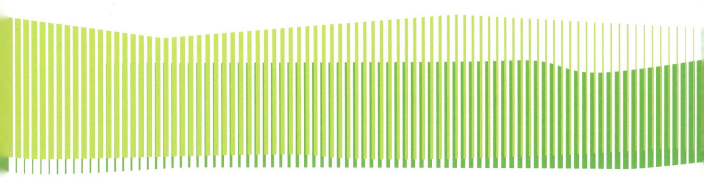

von
Martin Rister (Hrsg.)
Claudia Christ
Christian Mayr
Alexandra Seitlinger
Andreas Wagner

Ernst Klett Verlag
Stuttgart · Leipzig

So lernst du mit starkeSeiten BWR

Die Einstiegsseiten
führen in ein neues Thema ein und zeigen, was dich in dem Kapitel erwartet.

Auf den Basisseiten
erfährst du alles Wichtige zu einem Thema.

Die Projektseiten
leiten dich Schritt für Schritt durch ein Projekt.

Die Trainingsseiten
enthalten Aufgaben zum Wiederholen und Üben.

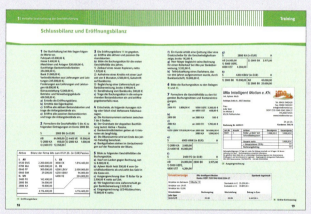

Die Kompetenzseiten
wiederholen, vertiefen und erweitern die im jeweiligen Kapitel erworbenen Kompetenzen.

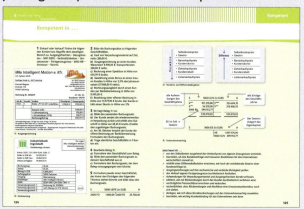

Im Lexikon
kannst du wichtige Begriffe nachschlagen.

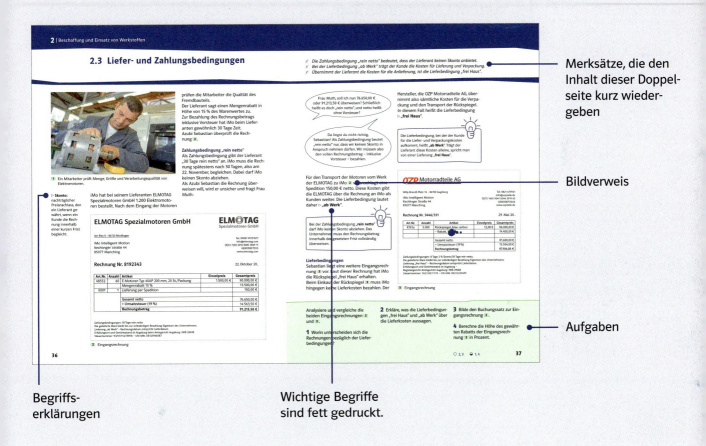

Merksätze, die den Inhalt dieser Doppelseite kurz wiedergeben

Bildverweis

Aufgaben

Begriffserklärungen

Wichtige Begriffe sind fett gedruckt.

Zeichen, Kästen und Symbole

- 👥 Partneraufgaben
- 👥👥 Gruppenaufgaben
- 🧍 Aufgaben für die gesamte Klasse
- ▷ Mit diesem Symbol sind Begriffe gekennzeichnet, die im Lexikon erklärt werden.

Aufgaben
- ○ leichte ◐ mittlere ● schwere

Diese Information ist wichtig für dich!

1 Aufgaben, bei denen du dich mit den wichtigsten Inhalten der Seite beschäftigst.

🌐 Material n2v6vw — Auf einigen Seiten im Buch findest du starkeSeiten-Codes. Diese führen dich zu hilfreichen Erklärfilmen mit unterschiedlichen Themenschwerpunkten.

Inhaltsverzeichnis

1 | Vertiefte Strukturierung der Geschäftsbuchführung — 8

- 1.1 Industriekontenrahmen und Kontenplan I — 10
- 1.2 Industriekontenrahmen und Kontenplan II — 12
- 1.3 Buchführung zu Beginn des Geschäftsjahres — 14
- 1.4 Buchführung während des Geschäftsjahres — 16
- Training: Schlussbilanz und Eröffnungsbilanz — 18
- 1.5 Abschluss der Erfolgskonten — 20
- 1.6 Abschluss der Bestandskonten — 22
- 1.7 Bilanzanalyse — 24
- Training: Geschäftsbuchführung — 26
- Kompetent in … — 28

2 | Beschaffung und Einsatz von Werkstoffen — 30

- 2.1 Beschaffungsplanung — 32
- 2.2 Just-in-time-Produktion — 34
- 2.3 Liefer- und Zahlungsbedingungen — 36
- 2.4 Einkaufskalkulation — 38
- Training: Einkaufskalkulation — 40
- 2.5 Rückwärtskalkulation — 42
- 2.6 Nichtmonetäre Aspekte bei der Lieferantenauswahl — 44
- 2.7 Bezugskosten buchen — 46
- Training: Bezugskosten — 48
- 2.8 Rücksendung von Werkstoffen — 50
- 2.9 Nachlässe von Lieferanten — 52
- 2.10 Skonto beim Einkauf — 54
- Training: Skonto — 56
- 2.11 Abschluss der Unterkonten — 58
- Training: Abschluss der Unterkonten — 60
- 2.12 Bestandsveränderungen im Werkstofflager — 62
- Training: Bestandsveränderungen bei Werkstoffen — 64
- Training: Beschaffung und Einsatz von Werkstoffen — 66
- Kompetent in … — 68

Inhaltsverzeichnis

3 | Aspekte des Marketings — 70
- 3.1 Marketingziele — 72
- 3.2 Psychologische Marketingziele — 74
- 3.3 Zielbeziehungen zwischen Marketingzielen — 76
- 3.4 Produktpolitik — 78
- 3.5 Preispolitik I — 80
- 3.6 Preispolitik II — 82
- 3.7 Kommunikationspolitik I — 84
- 3.8 Kommunikationspolitik II — 86
- 3.9 Distributionspolitik I — 88
- 3.10 Distributionspolitik II — 90
- Training: Marketingmix — 92
- Kompetent in … — 94

4 | Verkauf von Fertigerzeugnissen — 96
- 4.1 Angebotskalkulation — 98
- 4.2 Listenverkaufspreis — 100
- 4.3 Differenzkalkulation — 102
- 4.4 Angebot und Ausgangsrechnung — 104
- 4.5 Umsatzerlöse buchen — 106
- 4.6 Erfolgsrechnung — 108
- 4.7 Verpackungsmaterial buchen: Konto 6040 AWVM — 110
- 4.8 Versandkosten in Rechnung stellen und buchen — 112
- 4.9 Rücksendungen buchen — 114
- 4.10 Bonus und Mängelrüge — 116
- 4.11 Skonto beim Verkauf — 118
- 4.12 Skontoabzug bei Leihverpackungen und Gutschriften — 120
- Training: Verkaufskalkulation, Preisnachlässe, Versandkosten — 122
- Kompetent in … — 124

Inhaltsverzeichnis

5 | Personalbereich — 126
5.1	Personalbeschaffung	128
5.2	Personalauswahl	130
5.3	Projekt: Mitarbeitergewinnung	132
5.4	Arbeitsformen in Unternehmen	134
5.5	Neue Arbeitsformen in der digitalisierten Welt I	136
5.6	Neue Arbeitsformen in der digitalisierten Welt II	138
5.7	Lohn	140
5.8	Lohngerechtigkeit	142
5.9	Freiwillige betriebliche Sozialleistungen	144
5.10	Die Lohn-/Gehaltsabrechnung	146
5.11	Lohn-/Gehaltsabzüge unter der Lupe	148
5.12	Projekt: Eine Lohnabrechnung durchführen	150
5.13	Buchhalterische Erfassung der Lohnabrechnungen	152
5.14	Personalzusatzkosten	154
	Training: Entgeltabrechnung und Personalaufwand	156
	Kompetent in …	158

6 | Unternehmen und Staat — 160
6.1	Staatliche Regulierung I	162
6.2	Staatliche Regulierung II	164
6.3	Staatliche Regulierung versus Wettbewerbsfähigkeit	166
6.4	Unternehmenssteuern	168
6.5	Exkurs: Gewerbesteuer als Ertragssteuer	170
6.6	Gebühren	172
6.7	Umsatzsteuer	174
6.8	Mehrwert	176
6.9	Zahllast	178
	Kompetent in …	180

Anhang
Projekt: Betriebserkundung	182
Lexikon	185
Register	187
Abkürzungen	189
Kontenplan	190
Bild- und Textquellennachweis	192
Impressum	193

BwR 8 – Was kommt auf dich zu?

Du bist jetzt in der 8. Klasse bereits mit den Grundlagen des Faches **Betriebswirtschaftslehre/Rechnungswesen** (BwR) vertraut. In diesem Schuljahr werden deine Kenntnisse vertieft und erweitert. Keine Sorge, du wirst das schaffen!
In BwR 8 …
- ist weiterhin eine ordentliche Arbeitsweise sehr wichtig.
- führst du mithilfe des Kontenplans die anfallenden Buchungen in einem Geschäftsjahr durch und überblickst auf diese Weise die Vorgänge in einem Unternehmen.
- führst du alle anfallenden Berechnungen und Buchungen für den Ein- und Verkauf durch.
- erwirbst du Kenntnisse über die Marketinginstrumente von Unternehmen und erhältst einen Überblick über deren effektiven Einsatz.
- lernst du die Vorgehensweise bei der Personalbeschaffung, die Grundlagen für die Personalauswahl und verschiedene Arbeitsformen kennen.
- beurteilst du die Problematik der Lohngerechtigkeit und erläuterst die Personalzusatzkosten und die deutschen Lohnkosten im internationalen Vergleich.
- lernst du die Bedeutung von Steuern für den Staat und für Unternehmen kennen.

Ayleen Muth und die Firma iMo werden dich weiterhin begleiten
Information zum fiktiven Unternehmen „iMo – Intelligent Motion"

Inhaberin	Ayleen Muth
Rechtsform	Einzelunternehmen (e. Kfr.)
Anschrift (Firmensitz)	Rechlinger Straße 44, 85077 Manching
Zweck des Unternehmens	Hauptwerk in Manching: Fertigung von Elektrorollern Zweigniederlassung in München: Verkaufsraum
Unternehmensphilosophie	Nachhaltige und ökologische Produktion sowie Verkauf von Elektrorollern und E-Quads in hoher Qualität im mittleren bis gehobenen Preissegment
Geschäftsjahr	1. Januar bis 31. Dezember
Werkstoffe Rohstoffe Fremdbauteile Hilfsstoffe Betriebsstoffe	 Aluminiumplatten, verschiedene Metalle, Kunststoffgranulat … Elektromotoren, Bremsscheiben, Spiegel, Sitze, Reifen, Scheinwerfer … Schrauben, Muttern, Kleber, Lacke, Gummi … Strom, Gas, Öl, Wasser …

1 | Vertiefte Strukturierung der Geschäftsbuchführung

Jedes Unternehmen führt im Jahresverlauf die gleichen Arbeitsschritte aus. Es kauft Werkstoffe ein, verarbeitet sie und verkauft Fertigerzeugnisse weiter. All diese Vorgänge werden in der Geschäftsbuchführung erfasst und am Ende des Jahres ausgewertet.

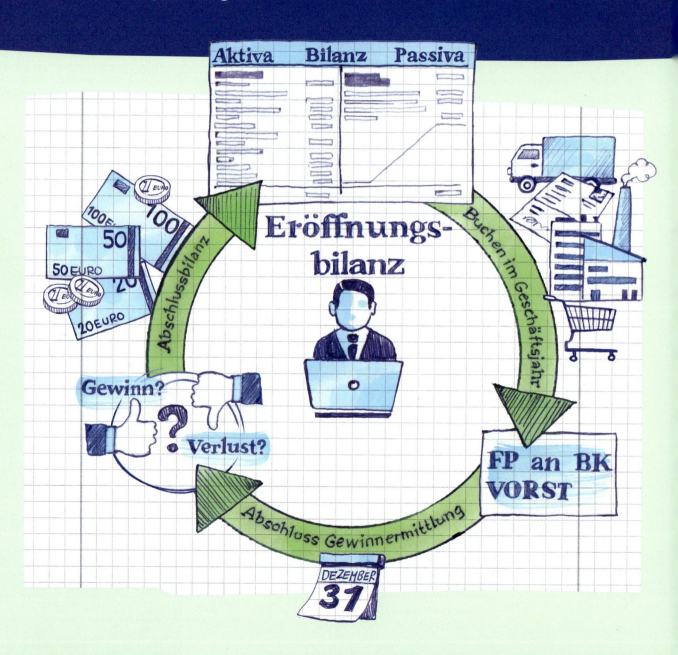

Ich werde ...
- die einzelnen Schritte im Geschäftsjahr beschreiben.
- eine Eröffnungsbilanz aufstellen.
- Belege auf Richtigkeit prüfen, Buchungssätze erstellen und in T-Konten eintragen.
- Konten abschließen sowie GUV und SBK erstellen.
- eine Schlussbilanz aufstellen und diese mit der Eröffnungsbilanz vergleichen.

Wusstest du, dass ...
- sich mehrere Millionen Jahresabschlüsse im Internet befinden?
- ein Straftatbestand vorliegt, wenn ein Unternehmen Unterlagen weniger als 10 Jahre aufbewahrt?
- der Jahresabschluss für Steuertricks genutzt wird?

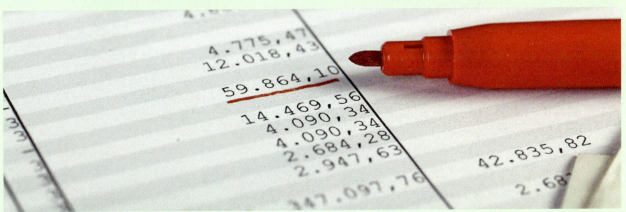

1 | Vertiefte Strukturierung der Geschäftsbuchführung

1.1 Industriekontenrahmen und Kontenplan I

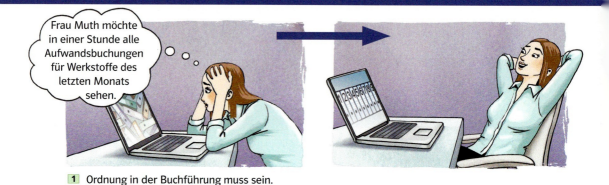

Frau Muth möchte in einer Stunde alle Aufwandsbuchungen für Werkstoffe des letzten Monats sehen.

1 Ordnung in der Buchführung muss sein.

Ordnung ist das halbe Leben

Alle Vorgänge im Unternehmen iMo werden zahlenmäßig in der Abteilung Rechnungswesen erfasst. Täglich fallen im Unternehmen viele Geschäftsfälle an. Um den gesetzlichen Bestimmungen des **§ 238 HGB** zu entsprechen und bei Buchungsvorgängen nicht den Überblick zu verlieren, arbeitet die Buchhaltung mit einem Ordnungssystem. Eine einheitliche Buchung gleicher Geschäftsfälle ermöglicht Frau Muth, sich regelmäßig einen Überblick über die Geschäftszahlen zu verschaffen. Für Frau Muth sind Vergleiche mit den Zahlen aus den Vorjahren oder mit ähnlichen Konkurrenzunternehmen wichtig für die langfristige strategische Planung. Auch externe Personen aus Banken, Finanzamt oder Steuerberatung können so leicht über die Zahlen in Kenntnis gesetzt werden. Für die verschiedenen Wirtschaftszweige wie Industrie, Handel, Banken oder Handwerk gibt es Standardkontenrahmen, die eine einheitliche Buchung aller Geschäftsfälle sicherstellen.

▷ **Kontenplan:** Unternehmensspezifisch zugeschnittener Kontenrahmen.

Der Industriekontenrahmen (IKR)

Speziell für Industriebetriebe wie iMo hat der Bundesverband der Deutschen Industrie (BDI) den **Industriekontenrahmen (IKR)** geschaffen. Der IKR ist ein systematisches Verzeichnis aller benötigten Konten eines Wirtschaftszweigs, ähnlich einem Register in einem Ordner.
Die Firma iMo und viele andere Unternehmen benötigen für ihre Buchungen nicht alle vorhandenen Konten des IKR. Aus dem Kontenrahmen entwickelt jedes Unternehmen einen **Kontenplan**, speziell abgestimmt für die eigenen betrieblichen Zwecke. In der Praxis verwenden Unternehmen dafür eigens programmierte Buchführungsprogramme auf dem PC, die lediglich die benötigten Konten enthalten.
Basierend auf der Grundlage des IKR gibt es für die Realschule einen **Schulkontenplan**. Mit dessen Hilfe werdet ihr ab jetzt alle buchhalterischen Vorgänge vornehmen.

§ 238 HGB Buchführungspflicht

(1) Jeder Kaufmann ist verpflichtet, Bücher zu führen und in diesen seine Handelsgeschäfte und die Lage seines Vermögens nach den Grundsätzen ordnungsmäßiger Buchführung ersichtlich zu machen. Die Buchführung muss so beschaffen sein, dass sie einem sachverständigen Dritten innerhalb angemessener Zeit einen Überblick über die Geschäftsvorfälle und über die Lage des Unternehmens vermitteln kann. Die Geschäftsvorfälle müssen sich in ihrer Entstehung und Abwicklung verfolgen lassen.

- Der Industriekontenrahmen (IKR) enthält alle Konten für die Branche „Industrie".
- Der Kontenplan enthält nur die unternehmensspezifisch benötigten Konten.
- Die Gliederung des Schulkontenplans erfolgt nach dem Abschlussgliederungsprinzip.

Gliederung des Schulkontenplans

Der für die Realschulen in Bayern entwickelte Schulkontenplan enthält nur die Konten, die du für die Buchung einfacher Vorgänge in einem Industriebetrieb benötigst. Zur schnellen Orientierung im Schulkontenplan solltest du dir die grundsätzliche Unterteilung einprägen.

Der Kontenplan ist, gemäß den gesetzlichen Vorschriften im Handelsgesetzbuch, nach dem **Abschlussgliederungsprinzip** aufgebaut. Das bedeutet, dass die Kontenklassen in der gleichen Reihenfolge gegliedert sind, die du bereits aus dem **Aufbau der Bilanz** und der **Gewinn- und Verlustrechnung** kennst. In dieser Reihenfolge werden sie auch beim Jahresabschluss bearbeitet.

Die Einteilung erfolgt nach
- **§ 266 HGB** (Gliederung der **Bilanz**) in **aktive** und **passive** Bestandskonten,
- **§ 275 HGB** (Gewinn- und Verlustrechnung) in **Aufwands-** und **Ertrags**konten.

Abschlussgliederungsprinzip

Bilanz (§ 266 HGB) Bestandskonten		Gewinn- und Verlustrechnung (§ 275 HGB) Erfolgskonten	
Aktivkonten	**Passivkonten**	**Aufwandskonten**	**Ertragskonten**
Klasse 0: Sachanlagen	**Klasse 3:** Eigenkapital	**Klasse 6:** Betriebliche Aufwendungen	**Klasse 5:** Erträge
Klasse 1: Finanzanlagen	**Klasse 4:** Verbindlichkeiten	**Klasse 7:** Weitere Aufwendungen	
Klasse 2: Umlaufvermögen			

S	8010 Schlussbilanzkonto	H		S	8020 Gewinn- und Verlustkonto	H
Anlagevermögen Klasse 0 Klasse 1 Umlaufvermögen Klasse 2		Eigenkapital Klasse 3 Fremdkapital Klasse 4		Aufwendungen Klasse 6 Klasse 7		Erträge Klasse 5

---

1 Notiere die einschlägigen Stellen im § 238 HGB, die die Verwendung eines Kontenrahmens begründen.

2 Erläutere den Unterschied zwischen Kontenrahmen und Kontenplan.

3 Benenne vier Vorteile für iMo, welche die Verwendung eines Kontenplans mit sich bringt.

4 Lege dar, um welche Art von Konto es sich handelt: (Aktiv-/Passivkonto, Aufwands-/Ertragskonto). Falls erforderlich nimmst du den Schulkontenplan als Hilfsmittel zur Hand.

a) Umsatzsteuer
b) Umsatzerlöse für eigene Erzeugnisse
c) Gehälter
d) Fuhrpark
e) Kasse
f) Maschinen und Anlagen
g) Eigenkapital
h) Zinserträge

1.2 Industriekontenrahmen und Kontenplan II

Rechnungskreis I	Rechnungskreis II
Geschäftsbuchführung	Kosten- und Leistungsrechnung
Kontenklasse 0 – 8	Kontenklasse 9

1 Zweikreissystem des Industriekontenrahmens (IKR)

Aufbau der Kontennummer

Der Schulkontenplan ist nach dem dekadischen System (Zehnersystem) aufgebaut. Insgesamt besteht er aus zehn **Kontenklassen (0 – 9)** und stellt ein Zweikreissystem dar **1**. Im Rechnungskreis I werden alle Buchungen der Geschäftsbuchführung erfasst (Kontenklasse 0 – 8). Der Rechnungskreis II umfasst ausschließlich die Kosten- und Leistungsrechnung (Kontenklasse 9), mit der du dich erst in der 10. Klasse befassen wirst. Jede Kontennummer besteht aus vier Ziffern und ist wie folgt aufgebaut:

Konten**klasse**		0	1	2	3	4	5	**6**	Betriebliche Aufwendungen		7	8	9
Konten**gruppe**								60	Aufwendungen für Roh-, Hilfs-, Betriebsstoffe und Fremdbauteile				
Konten**art**								600	Aus Gründen der Vereinfachung im Schulkontenplan nicht enthalten				
Konto	Die Kontennummer besteht immer aus vier Ziffern.							6000	Aufwendungen für Rohstoffe				

2 Auszug aus dem Schulkontenplan

Die Kontenklasse 6 enthält Haupt- und Unterkonten. Auf dem **Hauptkonto 6000 Aufwendungen für Rohstoffe** werden alle betrieblichen Aufwendungen erfasst, die im Zusammenhang mit dem Einkauf von Rohstoffen entstehen. Das Hauptkonto ist an der Ziffer 0 am Ende zu erkennen. Das **Unterkonto ist an der Endziffer 1 zu erkennen.** Es kann dem **Hauptkonto mithilfe der Kontennummer zugeordnet** werden. Am Jahresende wird das Unterkonto über das Hauptkonto vorab abgeschlossen. Dies wird später in diesem Kapitel erklärt.

Anwendung des Schulkontenplans

Viele Buchungsvorgänge sind euch bereits vertraut und ihr könnt problemlos Buchungssätze bilden. Jetzt steht eine kleine Änderung an.
Beispiel: *Einkauf von Rohstoffen auf Ziel, netto 4.000,00 €.*

Künftig erscheinen die Kontennummern und Kontenabkürzungen, sodass der Buchungssatz lautet:

6000 AWR 4.000,00 € an 4400 VE 4.760,00 €
2600 VORST 760,00 €

Ab jetzt stellst du den Abkürzungen der Konten die Kontennummer voran.
In einer Firma wie iMo ordnet die Buchhaltungssoftware die Konten und Beträge den entsprechenden Kontennummern zu. Der Eintrag mit Kontennummern in die T-Konten sieht beispielsweise so aus:

S	**6000 AWR** (in EUR)		H
4400 VE	4.000,00		

S	**4400 VE** (in EUR)		H
		6000 AWR, 2600 VORST	4.760,00

- Der Industriekontenrahmen ist ein Zweikreissystem, welches die Geschäftsbuchführung sowie die Kosten- und Leistungsrechnung voneinander trennt.
- Jede Kontennummer besteht aus vier Ziffern.

1 Bestimme für die folgenden Konten die jeweilige Kontenklasse, Kontengruppe und vollständige Kontennummer:
a) Betriebs- und Verwaltungsgebäude
b) Zinsaufwendungen
c) Verbindlichkeiten aus Lieferungen und Leistungen
d) Forderungen aus Lieferungen und Leistungen
e) Umsatzsteuer
f) Werbung
g) Fuhrpark
h) Vorsteuer
i) Aufwendungen für Betriebsstoffe
j) Büromaschinen

2 Lege die Tabelle in deinem Heft an und ergänze die fehlenden Werte. Für die Kontenart kannst du Abkürzungen verwenden: Aktivkonto: A; Passivkonto: P; Aufwandskonto: AW; Ertragskonto: E.

3 Bilde die Buchungssätze für folgende Geschäftsfälle. Gib ab jetzt immer die Kontennummer, die Abkürzung des Kontos und den Betrag an:
a) Zieleinkauf von Hilfsstoffen, netto 500,00 €.
b) Bareinzahlung auf das Bankkonto, 1.500,00 €.
c) Verkauf von 10 Rollern des Typs „VesMo" an einen Großkunden, je 1.250,00 € netto, gegen Rechnung.
d) Banklastschrift: Tilgung eines Kredits mit 3-jähriger Laufzeit, 5.000,00 €.
e) Kauf neuer Büromöbel für die Geschäftsleitung gegen Rechnung, Warenwert netto 5.450,00 €.
f) Zielkauf einer neuen Poliermaschine, netto 25.000,00 €.
g) Die Bank schreibt uns einen Kredit mit einer Laufzeit von 6 Monaten gut, 4.500,00 €.
h) Ausgangsrechnung: 5 Roller zu je 1.904,00 € brutto.
i) Begleichung der Liefererschuld aus a) per Banküberweisung.
j) Eingangsrechnung für Maschinenöl, netto 2.690,00 €.
k) Begleichung der Liefererschuld von j) per Barzahlung.
l) Barabhebung vom Bankkonto, 322,00 €.
m) Barkauf eines Druckers für die Verwaltung, brutto 380,80 €.
n) Barkauf von Ersatz-LED-Scheinwerfern, brutto 892,50 €.
o) Zielkauf von Farben und Lacken, Rechnungsbetrag 12.495,00 €.

4 Trage die Buchungssätze aus Aufgabe **3** in die jeweiligen T-Konten ein.

5 Bilde mithilfe der folgenden T-Konten die vollständigen Buchungssätze und formuliere die dazugehörigen Geschäftsfälle.

a) S   **6030 AWB** (in EUR)   H
     4400 VE   780,00

b) S   **2880 KA** (in EUR)   H
              2800 BK   500,00

c) S   **5000 UEFE** (in EUR)   H
              2400 FO 10.500,00

d) S   **4250 LBKV** (in EUR)   H
     2800 BK   3.000,00

Kontennummer	Kontoabkürzung	Kontoname	Kontenart
????	VORST	????	????
6030	????	Aufwendungen für Betriebsstoffe	
????	UEFE	Umsatzerlöse für eigene Erzeugnisse	????
0700	????	????	????
????	????	Langfristige Bankverbindlichkeiten	????
????	BZKB	????	????
3000	????	????	P
????	????	Rechts- und Beratungskosten	AW
????	BM	????	????
5400	EMP	????	????
????	????	Grundstücke	????

1.3 Buchführung zu Beginn des Geschäftsjahres

1 Buchungskreislauf der Geschäftsbuchführung

1. Eröffnungsbilanz erstellen

Wie ihr bereits aus der 7. Klasse wisst, stehen zu Beginn eines Geschäftsjahres einige Arbeiten an. Ayleen Muth beginnt mit dem Erstellen der Eröffnungsbilanz. Diese ist identisch mit der Schlussbilanz des alten Geschäftsjahres. Im Anschluss werden die Bestandskonten zum 01.01. eines jeden Jahres aus der Eröffnungsbilanz eröffnet. Ayleen Muth liegt zum 01.01.20.. folgende Bilanz 2 vor.

> **Weisst du noch?**
> „Von der Inventur zur Bilanz"
> Am Ende des Geschäftsjahres führte iMo eine Inventur durch. Die Mitarbeiter erfassten sämtliche Vermögens- und Schuldengegenstände mengen- und wertmäßig.
> Aus diesen Angaben entstand das Inventar, ein Bestandsverzeichnis in Tabellenform.
> Der abschließende Schritt erfolgte mit der Erstellung der Bilanz, welche die Kurzfassung des Inventars darstellt.

Aktiva	Bilanz der Firma iMo zum 01.01.20.. (in EUR)		Passiva
I. Anlagevermögen (AV)		**I. Eigenkapital (EK)**	
0500 GR	1.260.000,00	3000 EK	1.807.476,00
0530 BVG	810.000,00	**II. Fremdkapital (FK)**	
0870 BGA	571.500,00	4250 LBKV	1.350.860,00
II. Umlaufvermögen (UV)		4400 VE	1.014.274,00
2400 FO	583.200,00		
2800 BK	872.100,00		
2880 KA	75.810,00		
	4.172.610,00		4.172.610,00

Manching, den 01.01.20..

Ayleen Muth

2 Eröffnungsbilanz von iMo

- Alle aktiven Bestandskonten haben ihren Anfangsbestand im Soll.
- Alle passiven Bestandskonten haben ihren Anfangsbestand im Haben.

2. Eröffnung der Bestandskonten

Aktivkonten

S	0500 GR (in EUR)	H
AB	1.260.000,00	

S	0530 BVG (in EUR)	H
AB	810.000,00	

S	0870 BGA (in EUR)	H
AB	571.500,00	

S	2400 FO (in EUR)	H
AB	583.200,00	

S	2800 BK (in EUR)	H
AB	872.100,00	

S	2880 KA (in EUR)	H
AB	75.810,00	

Passivkonten

S	3000 EK (in EUR)	H
	AB	1.807.476,00

S	4250 LBKV (in EUR)	H
	AB	1.350.860,00

S	4400 VE (in EUR)	H
	AB	1.014.274,00

Tipp:
Auf der Seite, auf der der Betrag in der Eröffnungsbilanz steht (z. B. 0500 GR bei den Aktiva mit 1.260.000,00 €), muss auch der Anfangsbestand im Bestandskonto stehen (Soll).

---

1 Beschreibe deinem Banknachbarn den Buchungskreislauf.

2 Einer Eröffnungsbilanz können wir folgende Eintragungen entnehmen.
- Forderungen aus Lieferungen und Leistungen 33.000,00 €.
- Betriebs- und Verwaltungsgebäude 220.000,00 €.
- Kurzfristige Bankverbindlichkeiten 120.000,00 €.
- Verbindlichkeiten aus Lieferungen und Leistungen 55.000,00 €.
Eröffne die Bestandskonten zum 01.01.

3 Dir liegt folgende Bilanz vor. Eröffne alle aktiven und passiven Bestandskonten.

Aktiva	Bilanz zum 01.01.20.. (in EUR)		Passiva
I. AV		**I. EK**	
0500 GR	800.000,00	3000 EK	807.800,00
0700 MA	250.000,00	**II. FK**	
0840 FP	50.000,00	4200 KBKV	300.000,00
0860 BM	6.500,00	4250 LBKV	12.000,00
II. UV		4400 VE	13.000,00
2400 FO	15.600,00		
2800 BK	9.000,00		
2880 KA	1.700,00		
	1.132.800,00		1.132.800,00

1 | Vertiefte Strukturierung der Geschäftsbuchführung

1.4 Buchführung während des Geschäftsjahres

Farben & Lacke Schwarzner GmbH

Farben & Lacke GmbH Mühlstr. 6 – 85098 Großmehring

Mühlstraße 6
85098 Großmehring
Schwarzner@farbenlacke.de

iMo Intelligent Motion
Rechlinger Straße 44
85077 Manching

RECHNUNG:
Rechnungsnummer: 6/20
Kundennummer: 0125
Lieferdatum: 08. Februar 20..

Rechnung Nr. 6/20   Großmehring, 08. Februar 20..

Wir danken für Ihren Auftrag und liefern gemäß unseren „Allgemeinen Liefer- und Zahlungsbedingungen"

Anzahl	Artikel	Einzelpreis (in €)	Gesamtpreis (in €)
50	Metallplatten	1.500,00 €	75.000,00 €
40	Aluminiumrolle	840,50 €	33.620,00 €
20	Effektplatten	650,00 €	13.000,00 €
	Gesamt netto		121.620,00 €
	– 5 % Rabatt		6.081,00 €
	= **Nettowarenwert**		**115.539,00 €**
	+ Umsatzsteuer (19 %)		21.952,41 €
	Rechnungsbetrag		**137.491,41 €**

Zahlungsbedingungen: Betrag zahlbar innerhalb von 30 Tagen rein netto.
Die Ware bleibt bis zur vollständigen Bezahlung unser Eigentum.
IBAN: DE 08 9637 3124 0000 0000 07
BIC: GENODEF7V01
Ust-IdNr. DE223643690 Steuernr. 124/2214/6398
Amtsgericht Ingolstadt HRB1452

 Eingangsrechnung

Bei jeder Buchung gilt der Grundsatz:
Keine Buchung ohne Beleg!

Trick: Stelle dir den Beleg zusammengelegt in einem Briefumschlag vor. So kannst du gleich erkennen, wer den Beleg erhält.

3. Laufende Buchungen

Während des Geschäftsjahres ereignen sich bei iMo täglich neue Geschäftsfälle. Die iMo-Buchhaltung erfasst diese mithilfe eines PC-Programms in Konten. Dem Buchhalter liegt Beleg **1** vor. Als Erstes gilt es zu verstehen, welcher Geschäftsfall sich hinter jedem Beleg verbirgt. Ein paar allgemeine Fragestellungen helfen bei der Zuordnung und der Formulierung des Geschäftsfalls.

1. Wer ist der Absender der Rechnung?
Farben & Lacke Schwarzner GmbH.
2. Wer ist der Empfänger der Rechnung?
Firma iMo.
3. Was wurde gekauft?
Metalle und Effektplatten.
4. Wie hoch ist der Nettowarenwert/ Bruttorechnungsbetrag?
115.539,00 €/137.491,41 €.

Mithilfe der Antworten lässt sich zu Beleg **1** der **Geschäftsfall 1 formulieren**:
Einkauf von Metallen und Effektplatten gegen Rechnung, netto 115.539,00 €.
Eine weitere mögliche Formulierung wäre:
Einkauf von Metallen und Effektplatten auf Ziel, brutto 137.491,41 €.

Der **Buchungssatz** zu Beleg **1** sieht so aus:

6000 AWR   115.539,00 €   an   4400 VE   137.491,41 €
2600 VORST   21.952,41 €

Die Buchungssätze sehen als **Eintrag in T-Konten** folgendermaßen aus:

S	6000 AWR (in EUR)	H
1) 4400	115.539,00	

S	2600 VORST (in EUR)	H
1) 4400	21.952,41	

S	4400 VE (in EUR)	H
		1) 6000 AWR, 2600 VORST 137.491,41

✗ Es gilt stets der kaufmännische Grundsatz: keine Buchung ohne Beleg.

Bei iMo haben sich weitere Geschäftsfälle ereignet:

Geschäftsfall 2 zu Beleg 2 :
Barkauf von Hilfsstoffen, netto 25,00 €.
Buchungssatz zu Geschäftsfall 2:

6020 AWH   25,00 €   an   2880 KA   29,75 €
2600 VORST   4,75 €

Geschäftsfall 3 zu Beleg 3 :
Zielverkauf von 80 VesMo-Rollern, inklusive Pflegeset, brutto 276.080,00 €
Buchungssatz zu Beleg 3:

2400 FO 276.080,00 €   an   5000 UEFE   232.000,00 €
                              4800 UST   44.080,00 €

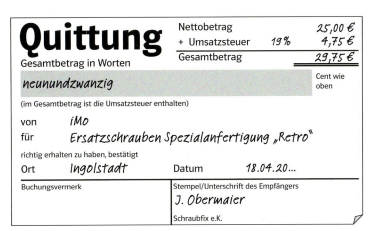

2 Quittung

Damit im Unternehmen zu einem späteren Zeitpunkt Vorgänge nachvollziehbar bleiben, muss das T-Konto immer drei wichtige Angaben beinhalten.

S	2880 KA (in EUR)	H
AB	75.810,00	2) 6020 AWH, 2600 VORST 29,75

1. Nummer des Geschäftsfalls
2. Gegenkonten
3. Betrag

Die Eintragung in die weiteren Konten erfolgt nach dem gleichen Prinzip.
Geschäftsfall 2:

S	2600 VORST (in EUR)	H
2) 2880 KA	4,75	

S	6020 AWH (in EUR)	H
2) 2880 KA	25,00	

Geschäftsfall 3:

S	5000 UEFE (in EUR)	H
		3) 2400 FO 232.000,00

S	4800 UST (in EUR)	H
		3) 2400 FO 44.080,00

3 Ausgangsrechnung iMo

S	2400 FO (in EUR)	H
AB	583.200,00	3) 5000 UEFE, 4800 UST 276.080,00

17

Schlussbilanz und Eröffnungsbilanz

1 Der Buchhaltung bei iMo liegen folgende Werte vor.
Fuhrpark 65.000,00 €;
Kasse 5.400,00 €;
Maschinen und Anlagen 320.000,00 €;
Kurzfristige Bankverbindlichkeiten 254.000,00 €;
Bank 31.000,00 €;
Verbindlichkeiten aus Lieferungen und Leistungen 245.000,00 €;
Forderungen aus Lieferungen und Leistungen 66.000,00 €;
Büroausstattung 12.000,00 €;
Betriebs- und Verwaltungsgebäude 400.500,00 €;
a) Erstelle die Eröffnungsbilanz.
b) Ermittle das Eigenkapital.
c) Eröffne alle aktiven Bestandskonten und trage die Anfangsbestände ein.
d) Eröffne alle passiven Bestandskonten und trage die Anfangsbestände ein.

2 Formuliere die Geschäftsfälle 1) bis 4) zu folgenden Eintragungen im Konto 2800 BK.

S	2800 BK (in EUR)		H
AB	64.000,00	2) 4400 VE	15.500,00
1) 2880 KA	450,00	3) 2880 KA	1.000,00
4) 2400 FO	12.350,00		

Aktiva	Bilanz der Firma iMo zum 01.01.20.. (in EUR)		Passiva
I. AV		**I. EK**	
0530 BVG	2.200.000,00	3000 EK	1.816.400,00
0700 MA	1.400.000,00	**II. FK**	
0840 FP	300.000,00	4200 KBKV	96.000,00
0860 BM	29.200,00	4250 LBKV	2.000.000,00
II. UV		4400 VE	204.000,00
2400 FO	142.400,00		
2800 BK	34.000,00		
2880 KA	10.800,00		
	4.116.400,00		4.116.400,00

1 Eröffnungsbilanz

3 Die Eröffnungsbilanz **1** ist gegeben.
a) Eröffne alle aktiven und passiven Bestandskonten.
b) Bilde die Buchungssätze für die ersten Geschäftsfälle des Jahres.
1) Zielkauf eines neuen Kopierers, netto 1.570,00 €.
2) Aufnahme eines Kredits mit einer Laufzeit von 8 Monaten, 6.500,00 €; Gutschrift auf das Bankkonto.
3) Begleichung einer Lieferschuld per Banküberweisung, brutto 4.998,00 €.
4) Barabhebung vom Bankkonto, 500,00 €.
c) Trage die Buchungssätze in die entsprechenden Bestandskonten ein.

4 Entscheide, ob folgende Aussagen richtig oder falsch sind. Verbessere Falschaussagen.
a) Die Kontennummern variieren zwischen 3 bis 5 Stellen.
b) Der Grundsatz der doppelten Buchführung lautet: Aktiva = Passiva.
c) Bankverbindlichkeiten gelten ab 13 Monaten als langfristig.
d) Die Bilanzsumme wird am Ende des Jahres freiwillig berechnet.
e) Bankguthaben stehen im Umlaufvermögen auf der Passivseite der Bilanz.

5 Bilde zu folgenden Geschäftsfällen die Buchungssätze.
a) Kauf von Lacken gegen Rechnung, netto 8.000,00 €.
b) Ayleen Muth hebt 500,00 € vom Geschäftsbankkonto ab und zahlt das Geld in die Kasse ein.
c) Ausgangsrechnung über 15 Roller für je 2.500,00 € netto, auf Ziel.
d) Wir begleichen eine Liefererschuld gegen Banküberweisung, 2.023,00 €.
e) Eingangsrechnung: LED-Rückleuchten, 15.000,00 € netto.
f) Ein Kunde erhält eine Quittung über eine Ersatzscheibe für die Geschwindigkeitsanzeige, brutto 142,80 €.

g) Herr Mayer begleicht seine Rechnung für einen Rollerkauf bei iMo per Banküberweisung, 3.332,00 €.

h) Teilrückzahlung eines Darlehens, das vor drei Jahren aufgenommen wurde, durch Banklastschrift, 10.000,00 €.

6 Bilde die Buchungssätze zu den Belegen **2** und **3**.

7 Formuliere die Geschäftsfälle zu den folgenden Buchungssätzen und Konteneintragungen.

a)
2400 FO   3.808,00 €   an 5000 UEFE   3.200,00 €
                            4800 UST   608,00 €

b)
2800 BK   an 2880 KA   500 €

c)
2880 KA   an 2400 FO   1.785,00 €

d)
4250 LBKV 170.000,00 €   an 2800 BK   169.000,00 €
                            2880 KA   1.000,00 €

e)

S	6000 AWR (in EUR)		H
1) 2880 KA	2.000,00		
2) 4400 VE	45.000,00		

f)

S	2400 FO (in EUR)		H
AB	24.000,00	2) 2800 BK	2.975,00
1) 5000 UEFE,			
4800 UST	4.284,00		

g)

S	2880 KA (in EUR)		H
AB	24.000,00	2) 2800 BK	2.975,00
1) 5000 UEFE,			
4800 UST	4.284,00		

h)

S	4200 KBKV (in EUR)		H
1) 2800 BK	10.000,00	AB	45.000,00
		2) 2800 BK	25.000,00

---

iMo *Intelligent Motion e. Kfr.*
Inh. Ayleen Muth

Rechlinger Straße 44 – 85077 Manching

Frau
Julia Spar
Im Winkel 2
85276 Paffenhofen

Tel: 08450 3402420
Fax: 08450 3402241
info@intellimotion.eu
DE97 7215 1040 0240 3284 27
BYLADZU1AUG
www.intellimotion.eu

29. Juli 20..
Kundennr. 566/18

Rechnung Nr. 4659411

Art.Nr.	Anzahl	Artikel	Einzelpreis	Gesamtpreis
R601	1	Roller „e-Mob" mit	3.900,00 €	3.900,00 €
		Schnellladesystem		
		Gesamt netto		3.900,00 €
		+ Umsatzsteuer (19%)		???
		Rechnungsbetrag		???

Zahlungsbedingungen: 30 Tage rein netto. Bei Zahlung innerhalb von 10 Tagen 2 % Skonto.
Lieferung „frei Haus" – Rechnungsdatum entspricht Lieferdatum.
Die gelieferte Ware bleibt bis zur vollständigen Bezahlung Eigentum des Unternehmens.
Erfüllungsort und Gerichtsstand ist Ingolstadt – Registergericht Amtsgericht Pfaffenhofen
HRA 2008 – Steuernummer: 154/150/21912 – USt-IdNr. DE123987665

2 Ausgangsrechnung

Umsatzanzeige

iMo Intelligent Motion
Konto: DE97 7215 1040 0240 3284 27

Sparbank Ingolstadt

Umsätze im Zeitraum: 1 Woche ▼
Umsätze von: 29.07.
Umsätze bis: 02.08.

Startsaldo in €: 35.250,00 +
Endsaldo in €: 39.891,00 +

Umsatzdaten	Buchungstag	Wertstellung	Betrag in Euro
Julia Spar Gutschrift	02.08.	02.08.	4.641,00 +

3 Online-Kontoauszug

1.5 Abschluss der Erfolgskonten

4. Abschluss der Erfolgskonten über das Konto GUV

Neben den auf den Seiten 16 und 17 genannten Geschäftsfällen haben sich im Geschäftsjahr viele weitere ereignet. All diese Geschäftsfälle fließen am Ende des Geschäftsjahres in den Jahresabschluss ein. Dessen Erstellung erfolgt immer in der gleichen Reihenfolge. Der erste Schritt ist der **Abschluss der Erfolgskonten über das GUV-Konto**.

iMo hat im ablaufenden Geschäftsjahr Werkstoffe für die Produktion der Roller eingekauft (Aufwendungen). Die fertig produzierten und verkauften Roller stehen den Aufwendungen als Erträge gegenüber. Am Ende des Geschäftsjahres möchte die Unternehmensleitung erfahren, ob iMo einen Gewinn oder einen Verlust erzielt hat.

Aufwendungen

S	6000 AWR (in EUR)		H
4400 VE	415.539,00	8020 GUV	415.539,00
	415.539,00		415.539,00

Buchungssatz Abschluss 6000 AWR:
8020 GUV an 6000 AWR 415.539,00 €

S	6020 AWH (in EUR)		H
2880 KA, 2600 VORST	44.500,00	8020 GUV	44.500,00
	44.500,00		44.500,00

Buchungssatz Abschluss 6020 AWH:
8020 GUV an 6020 AWH 44.500,00 €

Buchungssatz zum Abschluss der Aufwendungen allgemein:
GUV an Aufwandskonto

§ 243 HGB Aufstellungsgrundsatz
(1) Der Jahresabschluss ist nach den Grundsätzen ordnungsmäßiger Buchführung aufzustellen.
(2) Er muss klar und übersichtlich sein.
(3) Der Jahresabschluss ist innerhalb der einem ordnungsmäßigen Geschäftsgang entsprechenden Zeit aufzustellen.

Erträge

S	5000 UEFE		H
8020 GUV	859.280,00	2400 FO	859.280,00
	859.280,00		859.280,00

Buchungssatz Abschluss 5000 UEFE:
5000 UEFE an 8020 GUV 859.280,00 €

Buchungssatz zum Abschluss der Erträge allgemein:
Ertragskonto an GUV

---

1 Dir liegen folgende Salden vor.
a) Berechne die fehlenden Werte.
b) Erstelle das Konto GUV für jedes Jahr und trage alle Salden ordnungsgemäß ein.
c) Schließe das Konto GUV jeweils ab.
d) Formuliere den jeweiligen Buchungssatz zum Abschluss.

	1. Jahr	2. Jahr	3. Jahr
Aufwendungen	550.000,00	350.000,00	???
Erträge	740.000,00	???	140.000,00
Gewinn	???	89.000,00	???
Verlust	???	???	55.000,00

- Als Erfolgskonten bezeichnet man alle Aufwands- und Ertragskonten.
- Das Konto GUV wird über das Konto Eigenkapital abgeschlossen.

Im vorliegenden Fall ergibt sich Folgendes:

Erträge > Aufwendungen = Gewinn

Soll	8020 GUV (in EUR)	Haben
Aufwendungen		Erträge
Gewinn		

Buchungssatz Abschluss GUV bei Gewinn:
8020 GUV   an   3000 EK   399.241,00 €

Das Konto 8020 GUV wird über das Konto 3000 EK abgeschlossen. Um den **Grundsatz der Buchführung „Soll = Haben"** einzuhalten, wird der Saldo aus dem Soll des Kontos GUV ins Haben des Kontos Eigenkapital übertragen. Das Konto Eigenkapital ist ein passives Bestandskonto und nimmt auf der Habenseite zu. Das Konto Eigenkapital lässt sich im vorliegenden Fall so darstellen:

S	3000 EK (in EUR)		H
		AB	1.807.476,00
		8020 GUV	399.241,00

Eine zweite Möglichkeit beim Abschluss des Kontos GUV:

Aufwendungen > Erträge = Verlust

Soll	8020 GUV (in EUR)	Haben
Aufwendungen		Erträge
		Verlust

Buchungssatz Abschluss GUV bei Verlust:
3000 EK   an   8020 GUV   (Betrag in €)

Im Verlustfall stünde der Saldo des Kontos Eigenkapital im Soll. Dadurch würde das Konto Eigenkapital sinken.

> Das Konto 3000 EK erhält den Saldo des Kontos 8020 GUV. Zugleich ist es ein passives Bestandskonto, das in der Schlussbilanz erscheint. Somit fungiert es als Nahtstelle zwischen den Erfolgskonten und den Bestandskonten.

---

2 iMo hat
– einen Gewinn in Höhe von 452.000,00 € erwirtschaftet.
– einen Verlust in Höhe von 120.000,00 € erwirtschaftet.

a) Berechne jeweils die Aufwendungen, wenn wir in beiden Fällen von Erträgen in Höhe von 954.000,00 € ausgehen.
b) Trage beide Fälle in ein eigenes GUV-Konto ein und bilde jeweils den Abschlussbuchungssatz.

3 Beschreibe deinem Banknachbarn die Funktion des Kontos Eigenkapital.

1.6 Abschluss der Bestandskonten

5. Abschluss der Bestandskonten
Im nächsten Schritt folgt der Abschluss aller aktiven und passiven Bestandskonten. Zu Beginn des Geschäftsjahres wurden die Bestandskonten eröffnet (siehe Seite 14).

Am Ende des Jahres möchte Frau Muth wissen, wie sich die Konten verändert haben (Endbestand). Dies zeigt sich erst beim Jahresabschluss.

Aktivkonten

S	2880 KA (in EUR)		H
AB	75.810,00	6020 AWH, 2600 VORST	44.500,00
		8010 SBK	31.310,00
	75.810,00		75.810,00

S	2400 FO (in EUR)		H
AB	583.200,00	8010 SBK	859.280,00
5000 UEFE, 4800 UST	276.080,00		
	859.280,00		859.280,00

S	2600 VORST (in EUR)		H
4400 VE	21.952,41	8010 SBK	21.957,16
2880 KA	4,75		
	21.957,16		21.957,16

Passivkonten

S	3000 EK (in EUR)		H
8010 SBK	2.206.717,00	AB	1.807.476,00
		8020 GUV	399.241,00
	2.206.717,00		2.206.717,00

S	4400 VE (in EUR)		H
8010 SBK	1.151.765,41	AB	1.014.274,00
		6000 AWR, 2600 VORST	137.491,41
	1.151.765,41		1.151.765,41

S	4800 UST (in EUR)		H
8010 SBK	44.080,00	2400 FO	44.080,00
	44.080,00		44.080,00

Schlussbilanzkonto
Am Ende finden sich alle Konten im ▷ **Schlussbilanzkonto**. Die Sollseite muss immer die gleiche Bilanzsumme wie die Habenseite aufweisen.

Soll	8010 Schlussbilanzkonto (in EUR)		Haben
0500 GR	1.007.225,00	3000 EK	2.206.717,00
0530 BVG	698.600,00	4250 LBKV	545.700,00
0700 MA	502.790,00	4400 VE	1.151.765,41
0840 FP	265.500,00	4800 UST	44.080,00
0870 BGA	476.000,00		
2400 FO	859.280,00		
2600 VORST	21.957,16		
2800 BK	85.600,25		
2880 KA	31.310,00		
	3.948.262,41		3.948.262,41

- Die Schlussbilanz basiert auf einer Inventur.
- Das Schlussbilanzkonto geht aus der Buchführung hervor. Es muss immer ausgeglichen sein.
- Die Eintragungen im Schlussbilanzkonto und in der Schlussbilanz müssen übereinstimmen.

6. Erstellen der Bilanz (Schlussbilanz)

Neben dem buchhalterischen Abschluss führt iMo jedes Jahr auch eine Inventur durch. Diese Werte werden anschließend in die Schlussbilanz (= Bilanz zum 31.12.) eingetragen. Die Schlussbilanz stellt zugleich die Eröffnungsbilanz des neuen Geschäftsjahres dar.

Der Sollbestand im Schlussbilanzkonto (Buchführung am PC) und der Istbestand in der Schlussbilanz (Inventur) sollten identische Werte aufweisen. Im Unternehmensalltag entstehen allerdings oft Inventurdifferenzen. Gründe dafür können z. B. fehlerhafte oder vergessene Buchungen am PC oder Diebstähle sein.

Aktiva	Bilanz der Firma iMo zum 31.12.20.. (in EUR)		Passiva
I. Anlagevermögen (AV)		**I. Eigenkapital (EK)**	
0500 GR	1.007.225,00	3000 EK	2.206.717,00
0530 BVG	698.600,00	**II. Fremdkapital (FK)**	
0700 MA	502.790,00	4250 LBKV	545.700,00
0840 FP	265.500,00	4400 VE	1.151.765,41
0870 BGA	476.000,00	4800 UST	44.080,00
II. Umlaufvermögen (UV)			
2400 FO	859.280,00		
2600 VORST	21.957,16		
2800 BK	85.600,25		
2880 KA	31.310,00		
	3.948.262,41		3.948.262,41

Manching, den 31.12.20..

Ayleen Muth

1 Schlussbilanz der Firma iMo

---

1 Du bist Praktikant/in in der Rechnungswesenabteilung der Firma iMo. Gemeinsam mit deiner Betreuerin Frau Kohler, der Abteilungsleiterin, führst du den Jahresabschluss durch.
Hierfür liegen dir folgende Daten vom Jahresanfang vor.
Bank: 15.000,00 €;
Maschinen: 84.000,00 €;
Betriebs- und Verwaltungsgebäude: 720.000,00 €;
Kasse: 22.000,00 €;
Verbindlichkeiten: 170.000,000;
Darlehen: 450.000,00 €;
Eigenkapital: ???.
Folgende Geschäftsfälle haben sich ereignet:
1) Barabhebung vom Bankkonto, 1.500,00 €.
2) Kauf von Rohstoffen bar, 7.616,00 € brutto.
3) Kauf von Schmieröl gegen Rechnung, 2.400,00 € netto.
4) Zielverkauf von VesMo-Rollern, 14.280,00 € brutto.

a) Erstelle die Eröffnungsbilanz.
b) Eröffne die Konten zu Jahresbeginn.
c) Bilde die Buchungssätze für die Geschäftsfälle und trage diese in die T-Konten ein. Erstelle gegebenenfalls noch weitere T-Konten.
d) Schließe die Konten ordnungsgemäß ab.
e) Erläutere, was dir im Konto GUV auffällt.
f) Erstelle das Schlussbilanzkonto.
g) Erstelle die Schlussbilanz.

1.7 Bilanzanalyse

Bilanzanalyse am Jahresende
Ayleen Muth möchte am Jahresende wissen, ob die Firma iMo gut gewirtschaftet hat. Für die Produktion der Roller benötigt iMo Werkstoffe. Maschinen und Personal sind kostenintensiv und auch weitere Vermögensgegenstände wie der Fuhrpark verursachen laufend Kosten. Reichen die Umsatzerlöse aus, um über die Kosten hinaus einen Gewinn zu erzielen?
Um diese Fragen beantworten zu können, setzt sich Frau Muth mit Sandra Kohler, der Leiterin der Buchhaltung, zusammen.

Ermittlung des Gewinns/Verlusts
Die beiden analysieren zunächst das Gewinn- und Verlustkonto aus dem aktuellen Jahresabschluss.

Mögliche Aufwendungen bei iMo:
- **Rohstoffe** wie Metall, Blech usw.
- **Hilfsstoffe** wie Schrauben
- **Fremdbauteile** wie Tachoanzeige, Spiegel
- **Betriebsstoffe** wie Strom, Öl, Wasser

Umsatzerlöse
entstehen durch den **Verkauf der Produkte** wie E-Roller, E-Quads usw.

S	8020 GUV (in EUR)		H
6000 AWR	415.539,00	5000 UEFE	859.280,00
6020 AWH	44.500,00		
3000 EK	399.241,00		
	859.280,00		859.280,00

Wie ihr bereits wisst, gibt es zwei Formen, die die GUV annehmen kann:

Wie erfolgreich war das vergangene Geschäftsjahr?

Möglichkeit 1: Reingewinn
Berechnung für das aktuelle Geschäftsjahr:

Umsatzerlöse	859.280,00 €
− Summe der Aufwendungen	460.039,00 €
= **Jahresüberschuss** (Reingewinn)	**399.241,00 €**

Erträge > Aufwendungen = Gewinn

Soll	8020 GUV (in EUR)	Haben
Aufwendungen		Erträge
Gewinn		

Möglichkeit 2: Reinverlust
Annahme: Die Umsatzerlöse betragen nur 400.000,00 €, da sich die internationale wirtschaftliche Lage verschlechtert hat.
Berechnung:

Umsatzerlöse	400.000,00 €
− Aufwendungen	460.039,00 €
= **Jahresfehlbetrag** (Reinverlust)	**60.039,00 €**

Aufwendungen > Erträge = Verlust

Soll	8020 GUV (in EUR)	Haben
Aufwendungen		Erträge
		Verlust

✗ Am Jahresende werden der Ertrag, das Eigen- und das Fremdkapital analysiert.
✗ Sind die Umsatzerlöse höher als die Aufwendungen, spricht man von einem Reingewinn.
✗ Sind die Umsatzerlöse niedriger als die Aufwendungen, spricht man von einem Reinverlust.

Eigenkapitalvergleich
Eine weiterer Ansatz zur Erfolgsanalyse ist ein Vergleich des Eigenkapitals.

Hierzu wird die Höhe der eigenen finanziellen Mittel am Jahresanfang und am Jahresende gegenübergestellt.

Aktiva	Bilanz der Firma iMo zum 01.01.20.. (in EUR)		Passiva
I. Anlagevermögen (AV)		**I. Eigenkapital (EK)**	
0500 GR	1.260.000,00	3000 EK	1.807.476,00
0530 BVG	810.000,00	**II. Fremdkapital (FK)**	
0870 BGA	571.500,00	4250 LBKV	1.350.860,00
II. Umlaufvermögen (UV)		4400 VE	1.014.274,00
2400 FO	583.200,00		
2800 BK	872.100,00		
2880 KA	75.810,00		
	4.172.610,00		4.172.610,00

Manching, den 01.01.20..
Ayleen Muth

Möglichkeit 1: Mehrung

Soll	8010 Schlussbilanzkonto (in EUR)		Haben
0500 GR	1.007.225,00	3000 EK	2.206.717,00
0530 BVG	698.600,00	4250 LBKV	545.700,00
0700 MA	502.790,00	4400 VE	1.151.765,41
0840 FP	265.500,00	4800 UST	44.080,00
0870 BGA	476.000,00		
2400 FO	859.280,00		
2600 VORST	21.957,16		
2800 BK	85.600,25		
2880 KA	31.310,00		
	3.948.262,41		3.948.262,41

Eigenkapital am 01.01.: 1.807.476,00 €
Eigenkapital am 31.12.: 2.206.717,00 €
Mehrung 399.241,00 €

Möglichkeit 2: Minderung
Annahme: EK am 31.12. 1.747.437,00 €.

Soll	8010 Schlussbilanzkonto (in EUR)		Haben
0500 GR	547.945,00	3000 EK	1.747.437,00
0530 BVG	698.600,00	4250 LBKV	590.200,00
0700 MA	502.790,00	4400 VE	1.151.765,41
0840 FP	265.500,00	4800 UST	44.080,00
0870 BGA	476.000,00		
2400 FO	859.280,00		
2600 VORST	21.957,16		
2800 BK	85.600,25		
2880 KA	75.810,00		
	3.533.482,41		3.533.482,41

Eigenkapital 01.01.: 1.807.476,00 €
Eigenkapital 31.12.: 1.747.437,00 €
Minderung 60.039,00 €

Weitere Möglichkeiten zur Bilanzanalyse
- **Vermögen:**
  Wie hat sich das Anlage- und Umlaufvermögen entwickelt?
- **Fremdkapital:**
  Wie hoch ist unsere Verschuldung zu Beginn und am Ende des Jahres?

Geschäftsbuchführung

1 Erkläre den Unterschied zwischen der Schlussbilanz und dem Schlussbilanzkonto.

2 a) Erörtere Möglichkeiten zur Ermittlung des Gewinns/Verlusts.
b) Beschreibe weitere Instrumente für eine Bilanzanalyse.

3 Dem Unternehmen „Skicenter Haller", das Ski- und Snowboards herstellt und vertreibt, liegt Bilanz 1 vor.

a) Eröffne alle Bestandskonten zum 01.01. ordnungsgemäß.
b) Bilde die Buchungssätze zu folgenden Geschäftsfällen.
  a) Eingangsrechnung über Hilfsstoffe, netto 400,00 €.
  b) Ein Kunde begleicht seine Schulden per Banküberweisung in Höhe von 25.000,00 €.
  c) Teilrückzahlung eines Kredits mit einer Laufzeit von 11 Monaten, 5.000,00 €.

Aktiva	Bilanz der Firma Haller zum 01.01.20.. (in EUR)		Passiva
I. Anlagevermögen		**I. Eigenkapital**	
0500 GR	500.000,00	3000 EK	399.000,00
0700 MA	150.000,00	**II. Fremdkapital**	
0840 FP	80.000,00	4200 KBKV	100.000,00
II. Umlaufvermögen		4250 LBKV	250.000,00
2400 FO	25.000,00	4400 VE	30.000,00
2800 BK	17.000,00		
2880 KA	7.000,00		
	779.000,00		779.000,00

Garmisch-Partenkirchen, 01. Jan. 20..
Kilian Haller

1 Bilanz

Quittung

Nettobetrag		150,00 €
+ Umsatzsteuer	19 %	28,50 €
Gesamtbetrag		178,50 €

Gesamtbetrag in Worten
einhundertundachtundsiebzig   Cent wie oben
(im Gesamtbetrag ist die Umsatzsteuer enthalten)
von   *Felix Neuritter*
für   *Ersatz-Skibindung Race*
richtig erhalten zu haben, bestätigt
Ort *Garmisch-Partenkirchen* Datum *18.01.20..*

Buchungsvermerk | Stempel/Unterschrift des Empfängers
Kilian Haller
Skicenter Haller e. K.

2 Beleg

Training

d) Zielkauf von Rohstoffen, 40.000,00 € netto.
e) Ausgangsrechnung an einen Großhändler, 71.400,00 € brutto.
f) Belege 2 – 4.

c) Trage die Buchungssätze in die entsprechenden Konten ein. Erstelle gegebenenfalls weitere Konten.

d) Schließe die Konten zum 31.12. ordnungsgemäß ab.
e) Erstelle die Schlussbilanz.
f) Analysiere die Bilanz der Firma mit zwei weiteren Instrumenten. Erläutere deine Vorgehensweise.

SKiCENTER Haller
Winterstraße 5
82467 Garmisch-Partenkirchen

SKiCENTER Haller Winterstraße 5 82467 Garmisch-Partenkirchen

Firma
Megasport München
Auguststr. 108
80333 München

Lieferdatum: 12. Sept. 20..

12. Sept. 20..
Kundennr. 1540

Rechnung Nr. 2098

Art.Nr.	Anzahl	Artikel	Einzelpreis	Gesamtpreis
CL-08	50	Paar Ski „Carver light"	500,00 €	25.000,00 €
SF-03	20	Snowboard „Snow Fun"	400,00 €	8.000,00 €
		Gesamt netto		33.000,00 €
		+ Umsatzsteuer (19 %)		6.270,00 €
		Rechnungsbetrag		39.270,00 €

Zahlungsziel: 30 Tage rein netto. Bei Zahlung innerhalb von 10 Tagen 3 % Skonto.
Lieferung „frei Haus". Lieferdatum entspricht Leistungsdatum
Bankverbindung: DE55 7526 6302 0240 3284 27
BIC: BYLASZU2GAR – Sparbank Garmisch-Partenkirchen
USt-IdNr. DE811123388 – Steuernummer 119/8726/5689

3 Beleg

Umsatzanzeige

Skicenter Haller
Konto: DE55 7526 6302 0240 3284 27

Sparbank
Garmisch-Partenkirchen

Umsätze im Zeitraum: 1 Woche ▼
Umsätze von: 17.10.
Umsätze bis: 24.10.

Startsaldo in €: 14.250,00 +
Endsaldo in €: 15.310,00 +

Umsatzdaten	Buchungstag	Wertstellung	Betrag in Euro
L. Fonn Rechnung Nr. 2177 Gutschrift	15.10.	15.10.	1.560,00 +
girocard Bankautomat Schillerstr. Auszahlung	16.10	16.10.	500,00 –

4 Beleg

1 | Vertiefte Strukturierung der Geschäftsbuchführung

Kompetent in …

§ 238 Buchführungspflicht
(1) Jeder Kaufmann ist verpflichtet, Bücher zu führen und in diesen seine Handelsgeschäfte und die *Lage seines Vermögens* nach den Grundsätzen ordnungsmäßiger Buchführung ersichtlich zu machen. Die Buchführung muss so beschaffen sein, dass sie einem *sachverständigen Dritten innerhalb angemessener Zeit einen Überblick über die Geschäftsvorfälle und über die Lage des Unternehmens vermitteln kann. Die Geschäftsvorfälle müssen sich in ihrer Entstehung und Abwicklung verfolgen* lassen.

§ 242 Pflicht zur Aufstellung
(1) Der Kaufmann hat zu *Beginn seines Handelsgewerbes* und für den *Schluss eines jeden Geschäftsjahrs* eine […] *Eröffnungsbilanz/Bilanz* aufzustellen. […]
(2) Er hat für den Schluss eines jeden Geschäftsjahrs eine *Gegenüberstellung der Aufwendungen und Erträge* des Geschäftsjahrs *(Gewinn- und Verlustrechnung)* aufzustellen.
(3) Die Bilanz und *die Gewinn- und Verlustrechnung* bilden den *Jahresabschluss*.

§ 243 Aufstellungsgrundsatz
(1) Der Jahresabschluss ist nach den Grundsätzen ordnungsmäßiger Buchführung aufzustellen.
(2) Er muss klar und übersichtlich sein.

§ 245 Unterzeichnung
Der Jahresabschluss ist vom Kaufmann unter Angabe des Datums zu unterzeichnen.

§ 257 Aufbewahrung von Unterlagen
Aufbewahrungsfristen
(1) Jeder Kaufmann ist verpflichtet, die folgenden Unterlagen geordnet aufzubewahren:
1. Handelsbücher, Inventare, Eröffnungsbilanzen, Jahresabschlüsse […]
4. Belege für Buchungen […] (Buchungsbelege). […]
(4) Die in Absatz 1 Nr. 1 und 4 aufgeführten Unterlagen sind zehn Jahre […] aufzubewahren.

§ 246 Vollständigkeit. Verrechnungsverbot
(1) Der Jahresabschluss hat sämtliche Vermögensgegenstände, Schulden, […] sowie Aufwendungen und Erträge zu enthalten […].
(2) Posten der Aktivseite dürfen nicht mit Posten der Passivseite, Aufwendungen nicht mit Erträgen […] verrechnet werden.

1 Die wichtigsten Paragrafen des HGB zum Jahresabschluss im Überblick

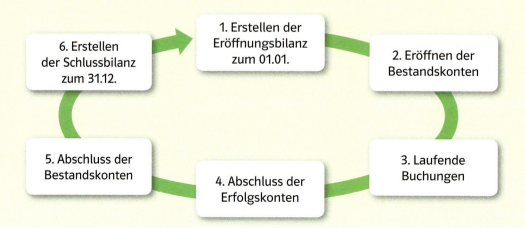

2 Die Buchführung im Jahreskreislauf

28

Kompetent

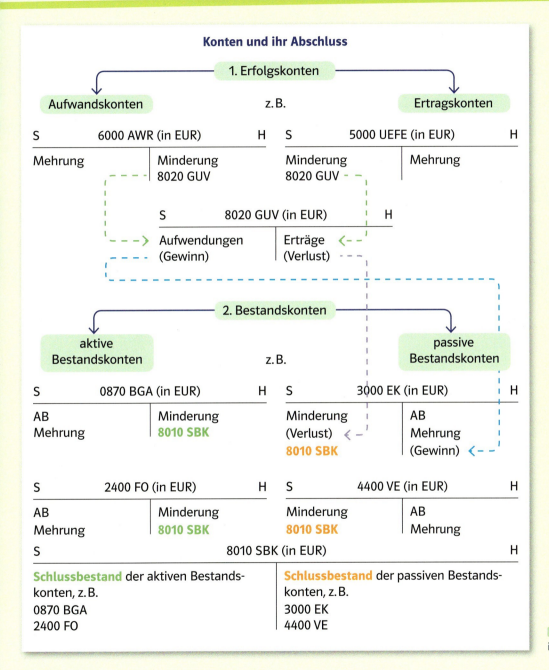

3 Kontenabschluss im Überblick

Jetzt kann ich ...
- Buchungssätze mit Kontennummern bilden.
- Bestandskonten zu Jahresbeginn aus der Eröffnungsbilanz eröffnen.
- laufende Buchungen in die T-Konten eintragen.
- Aufwands- und Ertragskonten ordnungsgemäß auf 8020 GUV abschließen.
- Bestandskonten auf das Schlussbilanzkonto abschließen.

2 | Beschaffung und Einsatz von Werkstoffen

Die unterschiedlichen Situationen beim Einkauf von Werkstoffen erfasst ein Unternehmen in der Buchführung. Dazu zählt neben der Einkaufskalkulation auch die Rücksendung von Werkstoffen. Lieferanten können auch im Nachhinein Nachlässe gewähren.

Ich werde ...
- Angebote von Lieferanten vergleichen und dabei Rabatt, Skonto und Lieferkosten berücksichtigen.
- abwägen, welche Faktoren jenseits des Einstandspreises bei der Beschaffung von Werkstoffen eine Rolle spielen.
- den Einkauf von Werkstoffen mit Bezugskosten verbuchen.
- Korrekturbuchungen und nachträgliche Preisnachlässe durchführen.
- Inventurergebnisse und Bestandsveränderungen buchhalterisch erfassen.

Wusstest du, dass ...
- Unternehmen beim Einkauf nicht nur den Preis, sondern viele andere Überlegungen mit einbeziehen?
- Kunden bei mangelhaften Waren verschiedene Rechte gegenüber Lieferanten haben?
- man bei schneller Bezahlung einen Nachlass bekommen kann?

2 | Beschaffung und Einsatz von Werkstoffen

2.1 Beschaffungsplanung

1 Herr Celik überprüft die Lagerbestände bei iMo.

Vom Fertigungsplan zum Beschaffungsplan
Frau Muth teilt Herrn Celik mit, dass iMo im nächsten Monat 1.200 Roller herstellen wird. Anhand der Baupläne der Roller lässt sich der dafür nötige Verbrauch an Werkstoffen wie Aluminium und Schrauben kalkulieren.
Herr Celik überprüft nun, wie viel Aluminium iMo derzeit vorrätig hat. Mit dieser Information kann er berechnen, wie viel Rohstoffe seine Mitarbeiter nachbestellen müssen.

In der Einkaufsabteilung und im Lager von iMo sind mehrere Mitarbeiter beschäftigt. Herr Celik ist einer der Abteilungsleiter bei iMo. Er ist dafür verantwortlich, dass immer ausreichend Werkstoffe für die Produktion der Roller zur Verfügung stehen.

Abstimmung mit anderen Abteilungen
Damit Herr Celik planen kann, wie viele Werkstoffe iMo im nächsten Monat benötigt, spricht er sich regelmäßig mit den Mitarbeitern aus der Produktion und dem Vertrieb ab. Denn Frau Muth möchte nicht, dass iMo Roller auf Halde produziert. Auf der Basis der aktuellen Bestellungen und der Erfahrungen der Vorjahre soll die Vertriebsabteilung einschätzen, wie viele Roller hergestellt und verkauft werden können. Wenn iMo die hergestellten Roller zügig an seine Kunden ausliefern kann, spart die Firma die Kosten für den Betrieb eines großen Fertigteillagers. Außerdem riskiert iMo nicht, zu viele Roller in wenig nachgefragten Farben zu produzieren, die sich dann nicht verkaufen lassen.

Auf Halde: auf Vorrat

Sobald Herr Celik weiß, **welche Werkstoffe** in **welchen Mengen** bestellt werden müssen, können seine Mitarbeiter Angebote von Lieferanten einholen.
Frau Muth will die Kosten für die Herstellung der Roller so gering wie möglich halten. Deshalb beachtet Herr Celik neben der Absatzplanung auch weitere Aspekte.

Die richtige Bestellmenge finden
Die Mitarbeiter der Einkaufsabteilung suchen geeignete Lieferanten für Werkstoffe aus und vergleichen Angebote miteinander. Dabei achten sie auf den Produktpreis, die Produktqualität und den Standort der Lieferanten. Bei jeder Lieferung führen die Mitarbeiter im Wareneingang eine Qualitätskontrolle durch. All das kostet Zeit, in der

- Bei der optimalen Bestellmenge sind die Kosten für Lagerung und Einkauf von Werkstoffen am geringsten.
- Die Beschaffungsplanung hat das Ziel, die Kosten für Werkstoffe zu minimieren.

die Mitarbeiter bezahlt werden müssen. Es entstehen **Bestellkosten**. Wenn iMo große Mengen auf einmal bestellt, fallen diese Kosten seltener an.

Durch größere Einmalbestellungen erhält iMo bei seinen Lieferanten einen Mengenrabatt. Der **Preis der Werkstoffe** sinkt. Transport-Lkws sind besser ausgelastet und müssen die Strecke zwischen dem Lieferanten und dem Werk von iMo nicht so oft zurücklegen. Zudem trägt iMo zum Schutz der Umwelt bei, indem die Firma unnötigen Verkehr und Abgase vermeidet.

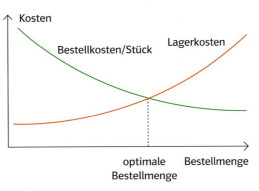

2 Die optimale Bestellmenge

> Eine größere Bestellmenge führt zu geringeren Bestellkosten und Einkaufspreisen.

iMo lagert Werkstoffe

Obwohl viele Argumente für die Bestellung von großen Mengen Aluminium sprechen, kauft Herr Celik nicht die maximal mögliche Menge des Rohstoffs ein. Für diese Vorgehensweise sprechen mehrere Gründe:

iMo muss das Aluminium bezahlen und benötigt dafür ausreichend **Kapital**. Wenn iMo viel Aluminium kauft, das in der Produktion erst zu einem späteren Zeitpunkt verarbeitet wird, kann Frau Muth dieses Kapital nicht für andere Zwecke wie z. B. den Kauf neuer Maschinen einsetzen.

Ein großer Lagerbestand birgt auch ein **Lagerrisiko**. Fremdbauteile wie Motoren können an Wert verlieren, wenn ein neues, verbessertes Modell auf den Markt kommt. Auch können Werkstoffe verloren gehen oder gestohlen werden.

Um große Mengen an Werkstoffen zu lagern, braucht iMo eine entsprechende Lagerhalle und genug Personal. Dies führt zu hohen **Lagerkosten**. Wenn iMo nur einen kleinen Vorrat hält, verlassen die Werkstoffe das Lager schnell wieder. Dafür reicht ein kleines Lager aus. Die Lagerkosten sind in diesem Fall geringer.

> Wenn iMo zu viele Werkstoffe beschafft, muss iMo sie einlagern. Das führt zu hohen **Lagerkosten**.

Herr Celik weiß, dass eine große Bestellmenge zu kleinen Bestellkosten, jedoch zu großen Lagerkosten führt. Er muss deshalb einen Kompromiss finden. Er berechnet, bei welcher Menge die Kosten für die Bestellung und die Lagerung der Werkstoffe insgesamt am geringsten sind.

> Bei der **optimalen Bestellmenge** sind die Kosten für Bestellung und Lagerung am geringsten.

Den richtigen Bestellzeitpunkt finden

Herr Celik weiß, dass sich die Preise von Werkstoffen regelmäßig ändern. Durch **Saisonrabatte** kann er manche Werkstoffe im Sommer deutlich günstiger einkaufen als im Winter.

Außerdem achtet Herr Celik darauf, dass iMo jederzeit einen bestimmten Mindestvorrat an allen Werkstoffe hält. Dieser Vorrat heißt „**eiserner Bestand**" bzw. „**eiserne Reserve**". Dadurch stellt Herr Celik sicher, dass bei iMo nicht wegen eines unvorhergesehenen Mangels an Werkstoffen die Produktion stillsteht.

2.2 Just-in-time-Produktion

1 Das Werkstofflager von iMo

In der **Fertigungsplanung** legt Frau Muth fest, welche Rollertypen in den nächsten Tagen produziert werden. Sie teilt den Herstellern der einzelnen Bauteile mit, an welchen Tagen iMo wie viele Ledersitze, Motoren und andere Werkstoffe benötigt. Wenige Stunden vor der Produktion liefern die Hersteller die bestellten Werkstoffe bei iMo an. Falls nötig erfolgt eine Anlieferung sogar mehrmals täglich.

Nach einer kurzen **Qualitätskontrolle** im Eingangslager von iMo werden die Werkstoffe direkt in die Produktion transportiert und dort verarbeitet.

Probleme der Lagerhaltung

Zur Herstellung der Roller benötigt iMo zahlreiche Werkstoffe wie Aluminium, Motoren oder Klebstoffe. Frau Muth will den Vorrat so gering wie möglich halten. Schließlich ergeben sich aus einer großen Lagerhaltung zahlreiche Nachteile.

- Vorräte **binden** viel **Kapital**, denn iMo muss die Vorräte bereits beim Einkauf bezahlen. Dieses Kapital steht nicht mehr für andere Investitionen zur Verfügung.
- Lieferanten entwickeln ihre Produkte stets weiter. Vorräte können **veralten**. Statt die neueste Technik zu verbauen, muss iMo erst einmal ältere Vorräte verbrauchen.
- Einige Werkstoffe wie Klebstoffe sind nicht unbegrenzt haltbar. Sie **verderben** und werden unbrauchbar.
- Auch kommt es aus verschiedenen Gründen vor, dass Werkstoffe spurlos **verschwinden**.

Anlieferung „just in time"

Um diese Probleme zu vermeiden, hat iMo seine Rollerproduktion umgestellt. Anstatt Werkstoffe in großen Mengen auf Vorrat zu kaufen, lässt iMo diese genau zu dem Zeitpunkt anliefern, zu dem die Produktion sie benötigt. Dieses Produktionsverfahren heißt „Just-in-time-Produktion".

> Die **Just-in-time-Produktion** ist ein Verfahren, bei dem die Werkstoffe genau **zum benötigten Zeitpunkt in der benötigten Menge** angeliefert werden.

Vor- und Nachteile der Just-in-time-Produktion

Dieses Produktionsverfahren bringt viele Vorteile und auch einige Nachteile mit sich. Drei Fachleute berichten:

Ayleen Muth, Inhaberin von iMo:
Wir haben uns entschlossen, in unserem Werk in Manching auf die Just-in-time-Produktion umzusteigen. Davon versprechen wir uns eine deutliche Senkung unserer Lagerkosten. Bisher mussten wir für die Lagerung der Rückspiegel, Bremsen und vieler anderer Teile eine Lagerhalle neben dem Fabrikgebäude mieten. Diese Kosten und auch das Risiko, dass von uns gelagerte Komponenten durch den technischen Fortschritt zu schnell veralten, können wir nun dramatisch reduzieren.

Allerdings hatten wir einige Bedenken. Wir machen unsere Produktion zu einem großen Teil von einzelnen Zulieferern abhängig und die stundengenaue Anlieferung lässt uns kaum Zeit zur Qualitätskontrolle. Wir müssen uns darauf verlassen, dass unsere Zulieferer einwandfreie Ware produzieren. Falls eine Lieferung nicht pünktlich erscheint,

✗ Die Lagerhaltung von Werkstoffen ist teuer und mit Nachteilen verbunden.
✗ Just-in-time-Produktion bedeutet Anlieferung von Werkstoffen in der richtigen Menge zum richtigen Zeitpunkt.

droht uns der „Worst Case": ein Produktionsausfall und damit hohe Kosten. Das System erfordert zudem einen sehr hohen Abstimmungsbedarf mit unseren Zulieferern. Jedoch ist bisher alles gut gegangen und die Umstellung ist ein voller Erfolg für uns!

Franz Winter, erster Bürgermeister der Marktgemeinde Manching:
Einige in unserer Gemeinde ansässige Unternehmen haben auf das Just-in-time-Verfahren umgestellt. Das ist nicht nur für die Unternehmen ein großer Schritt, sondern hat Auswirkungen auf unsere Gemeinde und die ganze Region!
Für die Unternehmen ist es unverzichtbar, dass sie die bestellten Teile zuverlässig geliefert bekommen. Daher siedeln sich jetzt viele Zulieferer in der Nähe ihrer Kunden hier in Manching und Umgebung an. Das bedeutet für unsere Bürger neue Arbeitsplätze!
Die neu ansässigen Zulieferer mit ihren Arbeitsplätzen spülen mehr Steuern in unsere Gemeindekasse. Gut für die Gemeinde, gut für die Bürger, sag' ich immer!
Einige Zulieferer haben ihren Sitz außerhalb von Manching ... Es ist schon auffällig, wie viele Lkws plötzlich durch unser Industriegebiet fahren – ein ständiges Hin und Her! Da kann ich die Beschwerden von Bürgern schon gut verstehen. Zu Recht wird darauf hingewiesen, dass die ununterbrochenen Lkw-Anlieferungen eine große Belastung für die Umwelt darstellen. Der Dieselgestank und der ganze CO_2-Ausstoß ...

Bianca Liebl, Marketingchefin der ELMOTAG Spezialmotoren GmbH, Nördlingen:
Unser Unternehmen beliefert Rollerhersteller in ganz Europa. Wir stellen nach den Vorgaben der Kunden gefertigte Motoren her. Für uns ist das eine große Erleichterung. Denn wir sind nicht gezwungen, eine große Auswahl an verschiedensten Motortypen ins Blaue hinein zu entwickeln, die sich vielleicht gar nicht so gut verkaufen.
Stattdessen können wir uns auf einzelne Teile spezialisieren und arbeiten sehr eng mit den Herstellern zusammen. Das verringert unser wirtschaftliches Risiko beträchtlich. Andererseits bedeutet die enge Verzahnung auch, dass wir uns in gewisser Weise von unseren Kunden abhängig machen.
Selbstverständlich können sich unsere Kunden darauf verlassen, dass wir zuverlässig liefern. Just-in-time-Lieferung heißt für unsere eigene Produktion, stets unter einem großen Termin- und Qualitätsdruck zu arbeiten. Falls wir Fehler machen, stehen bei unseren Kunden die Bänder still. Das können wir uns nicht leisten.
Mit unseren Kunden schließen wir nur langfristige Lieferverträge über mehrere Jahre ab. Wir machen uns zwar abhängig, dafür gewinnen wir andererseits finanzielle und planerische Sicherheit. Denn wir haben die vertragliche Garantie, in den kommenden Jahren die vereinbarten Mindestmengen an Produkten verkaufen zu können.

1 Just-in-time-Produktion ist in aller Munde. Erstellt eine Mindmap mit den Vor- und Nachteilen zu diesem Thema.

2 Begründet, wieso iMo trotz der von euch gesammelten Nachteile immer zumindest einen kleinen Vorrat an Werkstoffen vorhält.

2.3 Liefer- und Zahlungsbedingungen

[1] Ein Mitarbeiter prüft Menge, Größe und Verarbeitungsqualität von Elektromotoren.

▷ **Skonto:** nachträglicher Preisnachlass, den ein Lieferant gewährt, wenn ein Kunde die Rechnung innerhalb einer kurzen Frist begleicht.

prüfen die Mitarbeiter die Qualität des Fremdbauteils.
Der Lieferant sagt einen Mengenrabatt in Höhe von 15 % des Warenwertes zu. Zur Bezahlung des Rechnungsbetrags inklusive Vorsteuer hat iMo beim Lieferanten gewöhnlich 30 Tage Zeit.
Azubi Sebastian überprüft die Rechnung [2].

Zahlungsbedingung „rein netto"
Als Zahlungsbedingung gibt der Lieferant „30 Tage rein netto" an. iMo muss die Rechnung spätestens nach 30 Tagen, also am 22. November, begleichen. Dabei darf iMo keinen Skonto abziehen.
Als Azubi Sebastian die Rechnung überweisen will, wird er unsicher und fragt Frau Muth:

iMo hat bei seinem Lieferanten ELMOTAG Spezialmotoren GmbH 1.200 Elektromotoren bestellt. Nach dem Eingang der Motoren

---

ELMOTAG Spezialmotoren GmbH

Am Ries 8 – 86720 Nördlingen

iMo Intelligent Motion
Rechlinger Straße 44
85077 Manching

Tel: 09081 99757671
info@elmotag.com
DE63 7206 5010 0000 3849 11
GENODEF7ZUS
www.elmotag.com

Rechnung Nr. 8192343   22. Oktober 20..

Art.Nr.	Anzahl	Artikel	Einzelpreis	Gesamtpreis
48552	60	E-Motoren Typ 40AP 200 mm, 20 St./Packung	1.500,00 €	90.000,00 €
		Mengenrabatt 15 %		13.500,00 €
0001	1	Lieferung per Spedition		150,00 €
		Gesamt netto		76.650,00 €
		+ Umsatzsteuer (19 %)		14.563,50 €
		Rechnungsbetrag		**91.213,50 €**

Zahlungsbedingungen: 30 Tage rein netto
Die gelieferte Ware bleibt bis zur vollständigen Bezahlung Eigentum des Unternehmens.
Lieferung „ab Werk" – Rechnungsdatum entspricht Lieferdatum.
Erfüllungsort und Gerichtsstand ist Augsburg beim Amtsgericht Augsburg: HRB 28498
Steuernummer: 9/257/112/78976 – USt-IdNr. DE123966587

[2] Eingangsrechnung

- Die Zahlungsbedingung „rein netto" bedeutet, dass der Lieferant keinen Skonto anbietet.
- Bei der Lieferbedingung „ab Werk" trägt der Kunde die Kosten für Lieferung und Verpackung.
- Übernimmt der Lieferant die Kosten für die Anlieferung, ist die Lieferbedingung „frei Haus".

> Frau Muth, soll ich nun 76.650,00 € oder 91.213,50 € überweisen? Schließlich heißt es doch „rein netto" und netto heißt ohne Vorsteuer?

> Da liegst du nicht richtig, Sebastian! Als Zahlungsbedingung bedeutet „rein netto" nur, dass wir keinen Skonto in Anspruch nehmen dürfen. Wir müssen also den vollen Rechnungsbetrag – inklusive Vorsteuer – bezahlen.

übernimmt also sämtliche Kosten für die Verpackung und den Transport der Rückspiegel. In diesem Fall heißt die Lieferbedingung ▷ **„frei Haus"**.

Die Lieferbedingung, bei der der Kunde für die Liefer- und Verpackungskosten aufkommt, heißt **„ab Werk"**. Trägt der Lieferant diese Kosten alleine, spricht man von einer Lieferung **„frei Haus"**.

Bei der Zahlungsbedingung **„rein netto"** darf iMo keinen Skonto abziehen. Das Unternehmen muss den Rechnungsbetrag innerhalb der gesetzten Frist vollständig überweisen.

Lieferbedingungen

Für den Transport der Motoren vom Werk der ELMOTAG zu iMo **2** veranschlagt eine Spedition 150,00 € netto. Diese Kosten gibt die ELMOTAG über die Rechnung an iMo als Kunden weiter. Die Lieferbedingung lautet daher ▷ **„ab Werk"**.

Sebastian liegt eine weitere Eingangsrechnung **3** vor. Laut dieser Rechnung hat iMo die Rückspiegel „frei Haus" erhalten. Beim Einkauf der Rückspiegel **3** muss iMo also demnach keine Lieferkosten bezahlen. Der Hersteller, die OZP Motorradteile AG,

OZP Motorradteile AG

Willy-Brandt-Platz 14 – 86150 Augsburg
iMo Intelligent Motion
Rechlinger Straße 44
85077 Manching

Tel: 0821 473921
info@ozpteile.de
DE75 1405 9041 0544 3919 65
GENODEF7AUX
www.ozpteile.de

Rechnung Nr. 3446/331   29. Mai 20..

Art.Nr.	Anzahl	Artikel	Einzelpreis	Gesamtpreis
R761a	8.000	Rückspiegel, blau carbon	12,00 €	96.000,00 €
		– Rabatt,		14.400,00 €
		Gesamt netto		81.600,00 €
		+ Umsatzsteuer (19 %)		15.504,00 €
		Rechnungsbetrag		97.104,00 €

Zahlungsbedingungen: 8 Tage 2 % Skonto/30 Tage rein netto;
Die gelieferte Ware bleibt bis zur vollständigen Bezahlung Eigentum des Unternehmens.
Lieferung „frei Haus" – Rechnungsdatum entspricht Lieferdatum.
Erfüllungsort und Gerichtsstand ist Augsburg.
Registergericht Amtsgericht Augsburg: HRB 29008
Steuernummer: 102/120/11119 – USt-IdNr. DE212233499

3 Eingangsrechnung

Analysiere und vergleiche die beiden Eingangsrechnungen 2 und 3.

1 Worin unterscheiden sich die Rechnungen bezüglich der Lieferbedingungen?

2 Erkläre, was die Lieferbedingungen „frei Haus" und „ab Werk" über die Lieferkosten aussagen.

3 Bilde den Buchungssatz zur Eingangsrechnung **3**.

4 Berechne die Höhe des gewährten Rabatts der Eingangsrechnung **3** in Prozent.

○ 2, 3   ◐ 1, 4

37

2.4 Einkaufskalkulation

Frau Muth ist auf der Suche nach einem neuen Aluminiumlieferanten. Hierzu liegt ihr folgendes Angebot [1] vor.

Baumann Metall GmbH

Habsburger Allee 88 – 37586 Dassel

iMo Intelligent Motion
Rechlinger Straße 44
85077 Manching

Tel: 05564 99439210
info@baumanndassel.info
DE75 3940 2291 7665 0009 02
GENODEF7DAS
www.baumanndassel.info

Angebot Nr. 394/739-2 29. Oktober 20..

Gerne unterbreiten wir Ihnen folgendes Angebot:

Art.Nr.	Anzahl	Artikel	Einzelpreis	Gesamtpreis
74999	10	Aluminium, 1 Tonne	2.000,00 €	20.000,00 €
		– Rabatt 10 %		2.000,00 €
0020	1	Frachtkosten ab Werk		500,00 €
		Gesamt netto		18.500,00 €
		+ Umsatzsteuer (19 %)		3.515,00 €
		Gesamt brutto		22.015,00 €

Bei Zahlung innerhalb von 10 Tagen gewähren wir 2 % Skonto.
Über Ihren Auftrag würden wir uns sehr freuen!

Maria Baumann
Geschäftsführerin Baumann Metall GmbH

Lieferung „ab Werk" – Rechnungsdatum entspricht Lieferdatum
Erfüllungsort und Gerichtsstand ist Einbeck beim Amtsgericht Einbeck: HRB 2008
Steuernummer: 9/257/114/70506 - USt-IdNr. DE187987889

---

[1] Angebot

Rabatte vermindern den Listenpreis

Als Neukundin erhält die Firma iMo einen Rabatt in Höhe von 10 % des Listeneinkaufspreises des Aluminiums. Bei der Prüfung des Angebots rechnet Frau Muth nach:

	LEP	20.000,00 €	100 %
–	LR	2.000,00 €	10 %
=	ZEP	18.000,00 €	90 %

Dank des Rabatts zahlt iMo für das Aluminium nur noch den Zieleinkaufspreis von 18.000,00 € netto.

liquide: zahlungsfähig

Lieferanten gewähren Skonto

Für Unternehmen ist es wichtig, dass ihre Kunden offene Rechnungen so schnell wie möglich bezahlen. Schließlich sind bei der Herstellung der Produkte Kosten entstanden. Zu diesen gehören die Aufwendungen für selbst eingekaufte Werkstoffe ebenso wie Lohnkosten für das Personal in der Fertigung und im Büro.
Für all diese Kosten kann das Unternehmen nur dann aufkommen, wenn die Kunden Rechnungen pünktlich bezahlen. Je schneller ein Kunde seine Rechnungen begleicht, desto **liquider** ist das Unternehmen.

- Der Liefererrabatt mindert den Preis von Werkstoffen.
- Bei schneller Bezahlung erhält man mit dem Skonto einen nachträglichen Preisnachlass.
- Kosten für die Anlieferung verteuern den Einkauf von Werkstoffen.

Berechnung des Liefererskontos

Der Lieferant Baumann Metall GmbH bietet iMo bei schneller Zahlung einen Skonto in Höhe von 2 % des Warenwerts an. iMo erhält den Skonto allerdings nur, wenn die Rechnung innerhalb von zehn Tagen bezahlt wird.

Frau Muth möchte wissen, wie viel Geld sie sparen kann, wenn sie die Rechnung schnell bezahlt. Dazu setzt sie ihre Einkaufskalkulation fort:

	ZEP	18.000,00 €	100 %
−	LS	360,00 €	2 %
=	BEP	17.640,00 €	98 %

Die Baumann Metall GmbH gewährt einen **Liefererskonto (LS)** in Höhe von 2 % des Zieleinkaufspreises, also von 360,00 €. Das führt dazu, dass iMo für das Aluminium nur noch einen **Bareinkaufspreis (BEP)** von 17.640,00 € bezahlt.

> Der **Bareinkaufspreis** ist der Preis für Werkstoffe nach Abzug des Skontos.

Kosten für die Anlieferung

Aus dem Angebot geht hervor, dass der Lieferant für die Anlieferung 500,00 € berechnet. Dies sind die Kosten für die Spedition, die das Aluminium von der Fabrik des Lieferanten zum iMo-Werk nach Manching transportiert.

Lieferkosten führen dazu, dass sich der Einkauf von Werkstoffen, wie in diesem Fall des Aluminiums, verteuert. Für einen Angebotsvergleich verschiedener Lieferanten muss Frau Muth dies berücksichtigen. Für das Angebot der Baumann Metall GmbH kalkuliert Frau Muth:

	BEP	17.640,00 €
+	BZK	500,00 €
=	EP	18.140,00 €

Frau Muth addiert zum Bareinkaufspreis die **Bezugskosten (BZK)** und erhält so den **Einstandspreis (EP)**. Das ist der Preis, den iMo letztendlich für das Aluminium bezahlen wird.

> Der **Einstandspreis** ist der endgültige Preis der Werkstoffe. In ihm sind Rabatt, Skonto und Bezugskosten berücksichtigt.

---

1 Analysiere das Angebot [1] genau. Liste Unterschiede zu Angeboten, die du bereits kennst, auf.

2 Berechne die Einstandspreise (Angaben netto).
a) Listenpreis 28.000,00 €, Rabatt 20 %, Skonto 2 %, Anlieferung 290,00 €
b) Listenpreis 3.000,00 €, frei Haus, Rabatt 10 %, Skonto 3 %
c) Listenpreis 45.000,00 €, kein Rabatt, Skonto 2 %, Speditionskosten 400,00 €
d) Listenpreis 20.000,00 €, Rabatt 30 %, Skonto 2,5 %, Lieferkosten 150,00 €

3 iMo liegen zwei Angebote über Klebstoffe vor.
A Müller AG, Listenpreis 18.000,00 €, 15 % Mengenrabatt, 2 % Skonto, Lieferung 190,00 € netto
B Ogliky e. K., Listenpreis 16.000,00 €, 5 % Neukundenrabatt, 2 % Skonto, Lieferung frei Haus

a) Berechne das günstigste Angebot.
b) Beschreibe einen Aspekt zusätzlich zum Kaufpreis, den iMo bei der Lieferantenwahl bedenken sollte.

Einkaufskalkulation

1 iMo holt Angebote über Bremsen ein.

Lieferant	A	B	C
Standort	Ingolstadt	Stuttgart	Berlin
Listeneinkaufspreis/Stück	16,00 €	17,00 €	18,00 €
Bezugskosten	0,00 €	0,50 €/Stück	100,00 € pauschal
Rabatt	15 % Neukundenrabatt	5 %	10 %
Skonto	2 %	3 %	

a) Beschreibe zwei verschiedene Kriterien, nach denen iMo die Angebote vergleichen kann.
b) Begründe rechnerisch, für welchen Lieferanten sich iMo jeweils beim Kauf von 2.000 und 3.000 Stück entscheiden soll.
c) Erkläre, wieso Lieferant A als langfristiger Lieferant möglicherweise nicht interessant ist.

2 Berechne die Einstandspreise.

Lieferant	A	B	C
Listeneinkaufspreis	1.500,00 €	18.000,00 €	9.000,00 €
Bezugskosten	60,00 €	350,00 €	120,00 €
Rabatt	5 %	33 %	20 %
Skonto	2 %	3 %	2 %

3 iMo kauft Bremsscheiben bei einem Lieferanten aus Nürnberg. Der Listeneinkaufspreis beträgt 8,50 € pro Stück. iMo erhält einen Mengenrabatt von 22 % sowie 2 % Skonto. Die Lieferung erfolgt pauschal für 420,00 € netto.

a) Berechne den Einstandspreis für den Kauf von 6.000 Bremsscheiben.
b) Bilde den Buchungssatz zum Einkauf der Bremsscheiben auf Rechnung.
c) Wir begleichen die Rechnung nach 30 Tagen, ohne Skonto in Anspruch zu nehmen. Bilde den Buchungssatz zur Überweisung der Rechnung.
d) Begründe, wieso iMo bei der Auswahl des Lieferanten in diesem Fall besonderen Wert auf die Qualität der Teile legt.

4 iMo sucht einen Lieferanten für LED-Birnen. Es liegen zwei Angebote vor.

Schröder AG	
Preis/Stück	0,60 €
Rabatt bei Abnahme bis 9.999 Stück	5 %
Rabatt bei Abnahme bis 19.999 Stück	8 %
Rabatt bei Abnahme ab 20.000 Stück	15 %
Lieferbedingung	frei Haus
Zahlungsbedingungen	2 % bei Zahlung innerhalb von 10 Tagen, 30 Tage rein netto

Lux GmbH	
Preis/Stück	0,45 €
Rabatt bei Abnahme ab 20.000 Stück	20 %
Lieferbedingung	0,05 €/Stück
Zahlungsbedingungen	2 % bei Zahlung innerhalb von 10 Tagen, 30 Tage rein netto

Berechne den günstigsten Anbieter beim Kauf von 12.000 LED-Birnen.

5 iMo liegt folgendes Angebot vor.
a) Berechne die Höhe des gewährten Rabatts in Prozent, wenn iMo 50 Tonnen Aluminium bestellt.
b) Berechne den Einstandspreis für 20 Tonnen Aluminium.
c) Begründe rechnerisch, wieso es für Kunden der Dekker GmbH wenig Sinn macht, nur neun statt zehn Tonnen Aluminium zu kaufen.
d) Bilde den Buchungssatz zum Kauf von 20 Tonnen Aluminium auf Rechnung am 15. November.
e) iMo begleicht die offene Rechnung am 15. Januar per Überweisung. Buche.

6 Bilde die Buchungssätze zu folgenden Geschäftsfällen.
a) Beleg [2].
b) Einkauf von Schrauben auf Rechnung, netto 600,00 €.
c) Wir kaufen vier Paletten Birkenholz zu je netto 800,00 € gegen Bankscheck.
d) Eingangsrechnung der Stadtwerke über den Heizölverbrauch vom April, 2.142,00 €.
e) Kauf von Lacken, brutto 297,50 €, bar.
f) Einkauf von Metallhandgriffen, Rechnungsbetrag 5.474,00 €.
g) Ein Mitarbeiter tankt sein Vertriebsfahrzeug und bezahlt per EC-Karte, brutto 83,30 €.
h) Wir kaufen zwei Computer für das Büro auf Rechnung, je netto 700,00 €.
i) Eingangsrechnung des Lieferanten von Birkenholz, netto 13.000,00 €.

7 Für den Einkauf von 1.000 Rückspiegeln sucht iMo das günstigste Angebot.
a) Schätze, welches der drei Angebote das teuerste ist, und berechne den Einstandspreis.
b) Berechne die Einstandspreise der beiden übrigen Angebote.
c) Begründe, wieso die RORO GmbH bei der Lieferung von kleinen Mengen kein sinnvoller Lieferant ist.

DEKKER GmbH

Georg-Büchner-Straße 16, 21107 Hamburg

iMo Intelligent Motion
Rechlinger Straße 44
85077 Manching

Tel: 040 69876857611
info@dekker-gmbh.com
DE72 4498 0236 7995 0259 23
GENODEF9HAB
www.dekker-gmbh.com

Angebot Nr. 54685   05. November 20..

Gerne unterbreiten wir Ihnen folgendes Angebot:

Art.Nr.	Anzahl	Artikel	Einzelpreis	Gesamtpreis
74999	1	Aluminium, 1 Tonne	1.900,00 €	1.900,00 €
		– Rabatt		133,00 €
		Gesamt netto		1.767,00 €
		+ Umsatzsteuer (19 %)		335,73 €
		Rechnungsbetrag		**2.102,73 €**

Es gelten folgende Konditionen:
Ab einer Abnahmemenge von 10 Tonnen gewähren wir 20 % Rabatt.
Ab einer Lieferung von 10 Tonnen frei Haus, ansonsten 460,00 € netto
3 % Skonto bei Zahlung innerhalb 8 Tagen, 60 Tage rein netto

Roswitha Wendy
Geschäftsführerin Dekker GmbH – Erfüllungsort und Gerichtsstand ist Hamburg beim Amtsgericht Hamburg: HRB 211108 – Steuernummer: 9/257/656/79996 – USt-IdNr. DE176652398

[1] Angebot

Quittung

	Nettobetrag		66,00 €
	+ Umsatzsteuer	19 %	12,54 €
	Gesamtbetrag		78,54 €

Gesamtbetrag in Worten
achtundsiebzig   Cent wie oben

(im Gesamtbetrag ist die Umsatzsteuer enthalten)

von   *iMo Intelligent Motion*
für   *Putzmittel KLARFIX 2000*

richtig erhalten zu haben, bestätigt
Ort   *Ingolstadt*   Datum   *16.11.20..*

Buchungsvermerk   Stempel/Unterschrift des Empfängers
                       Simone Bohrmann
                       Bohrmann Chemiehandel e. Kfr.

[2] Beleg

	RORO GmbH	Max e. Kfm.	Zonk GmbH
Stückpreis lt. Liste	4,20 €	5,10 €	5,50 €
Anlieferung	pauschal 500,00 €	frei Haus	0,08 €/Stück
Rabatt	15 %	22 %	10 %
Skonto	2 %	2 %	2 %

2.5 Rückwärtskalkulation

Frau Muth hätte gerne Informationen zu einem Angebot. Sie fragt Azubi Sebastian.

Frau Muth: Sebastian, haben wir das Angebot der Schuster AG schon bekommen?
Sebastian: Ja, Frau Muth, das Angebot liegt vor. Ich hab' auch schon alles durchgerechnet: Der Einstandspreis für die 100 Motoren liegt bei 12.548,00 €.
Frau Muth: Wie viel verlangt die Schuster AG denn regulär für einen Motor?
Sebastian: Ich habe mir hier alles notiert: Wir bekommen 10 % Rabatt und 2 % Skonto. Und die Lieferung kostet 200,00 € netto.
Frau Muth: Wie hoch ist der Listeneinkaufspreis, Sebastian?
Sebastian: Oh je, ich finde die Preisliste gerade nicht mehr. Ich bin aber sicher, dass ich den Listeneinkaufspreis mit meinen Notizen berechnen kann!

In alle Richtungen rechnen

Bisher nutzte Sebastian die Einkaufskalkulation immer, um den Einstandspreis zu berechnen. Er kann das bekannte Schema auch nutzen, um rückwärts oder sogar zu einem Wert in der Mitte zu rechnen. So ist es Sebastian möglich, jeden unbekannten Wert zu berechnen, solange er genügend Informationen zur Berechnung hat.
Dazu stellt Sebastian das ihm bekannte Schema der Einkaufskalkulation auf. Dann ergänzt er Schritt für Schritt alle vorhandenen Informationen.

Vom Einstandspreis zum Listeneinkaufspreis

Da Sebastian der Einstandspreis vorliegt, beginnt er von diesem aus zu rechnen:

	LEP	
−	LR	
=	ZEP	
−	LS	
	BEP	12.348,00 €
+	BZK	200,00 €
=	EP	12.548,00 €

Sebastian weiß, dass die Schuster AG 2 % Skonto gewährt. Er weiß deshalb, dass der Bareinkaufspreis 98 % des Zieleinkaufspreises beträgt.
Er ergänzt das Schema und rechnet:

$$LS = \frac{2 \cdot 12.348,00\,€}{98} = 252,00\,€$$

	LEP		
−	LR		
=	ZEP	12.600,00 €	100 %
−	LS	252,00 €	2 %
	BEP	12.348,00 €	98 %
+	BZK	200,00 €	
=	EP	12.548,00 €	

Den Rabatt kennt Sebastian auch. So kann er das Schema erneut ergänzen und den Listeneinkaufspreis berechnen:

$$LR = \frac{10 \cdot 12.600,00\,€}{90} = 1.400,00\,€$$

	LEP	14.000,00 €		100 %
−	LR	1.400,00 €		10 %
=	ZEP	12.600,00 €	100 %	90 %
−	LS	252,00 €	2 %	
	BEP	12.348,00 €	98 %	
+	BZK	200,00 €		
=	EP	12.548,00 €		

✗ Mit dem Schema der Einkaufskalkulation kann man in alle Richtungen rechnen.

1 Sebastian findet eine E-Mail mit einem Angebot über 100 Eimer Schmiermittel nicht mehr. Er hatte sich folgende Notizen gemacht: Rabatt 5 %, Skonto 3 %, Lieferung 50,00 € netto, Einstandspreis 5.161,90 €.
a) Berechne den Listeneinkaufspreis der gesamten 100 Eimer Schmiermittel.
b) Berechne den Listeneinkaufspreis eines einzigen Eimers.
c) Wäge ab, welchen Rabatt der Lieferant iMo vermutlich gewährt.

2 iMo liegt ein Angebot über LED-Leuchten vor. Der Einstandspreis der Leuchten beträgt 19.919,60 €. Dabei sind 2 % Skonto sowie Lieferkosten in Höhe von 300,00 € netto berücksichtigt. Der Listeneinkaufspreis der Leuchten beträgt 28.600,00 €. Berechne die Höhe des gewährten Rabatts in Euro und Prozent.

3 iMo liegt die Rechnung **1** vor.
a) Nenne die Lieferbedingung.
b) Bis zu welchem Datum muss iMo die Rechnung ohne Skontoabzug überweisen?
c) Berechne die Anzahl der von iMo gekauften Rückspiegel.
d) Der Einstandspreis der Spiegel beträgt 50.630,00 €. Berechne die Höhe des gewährten Skontos in Euro und Prozent.
e) Bei der Bezahlung der Rechnung nimmt iMo keinen Skonto in Anspruch. Erläutere den möglichen Grund.
f) iMo überweist die Rechnung ohne Skontoabzug. Buche.

4 iMo erhält ein Angebot über Aluminium: Listeneinkaufspreis 73.000,00 €; Einstandspreis 60.809,00 €; Lieferung „frei Haus"; 15 % Rabatt.
a) Berechne die Höhe des gewährten Skontos in Euro und Prozent.
b) Bilde den Buchungssatz zum Kauf des Aluminiums auf Rechnung.

5 Berechne die fehlenden Werte.

OZP Motorradteile AG

Willy-Brandt-Platz 14 – 86150 Augsburg

iMo Intelligent Motion
Rechlinger Straße 44
85077 Manching

Tel: 0821 473921
info@ozpteile.de
DE75 1405 9041 0544 3919 65
GENODEF7AUX
www.ozpteile.de

Rechnung Nr. 3446/331   20.Oktober 20..

Art.Nr.	Anzahl	Artikel	Einzelpreis	Gesamtpreis
R761a		Rückspiegel, blau carbon	12,00 €	60.000,00 €
		– Rabatt, 15 %		9.000,00 €
		Lieferung per Spedition		650,00 €
		Gesamt netto		51.650,00 €
		+ Umsatzsteuer (19 %)		9.813,50 €
		Rechnungsbetrag		**61.463,50 €**

Zahlungsbedingungen: 8 Tage ... Skonto/30 Tage rein netto;
Die gelieferte Ware bleibt bis zur vollständigen Bezahlung Eigentum des Unternehmens.
Lieferung ... – Rechnungsdatum entspricht Lieferdatum.
Erfüllungsort ... Gerichtsstand ist Augsburg –
Registergericht Amtsgericht Augsburg: HRB 29008
Steuernummer: 102/120/11119 - USt-IdNr. DE212233499

1 Eingangsrechnung

	A	B	C
LEP (€)	????	4.800,00	12.000,00
EP (€)	5.066,25	4.330,40	9.372,80
LR (%)	25	10	????
LS (%)	5	3	2
BZK (€)	150,00	????	200,00

6 Frau Muth führt diese Buchung durch:

6020 AWH   6.400,00 €   an   4400 VE   7.616,00 €
2600 VORST 1.216,00 €

a) Formuliere einen Geschäftsfall zum Buchungssatz.
b) Der Lieferant gewährte 20 % Rabatt auf den Listeneinkaufspreis. Berechne die Höhe des Zieleinkaufspreises.
c) Der Einstandspreis der gekauften Ware beträgt 6.208,00 €. Die Lieferung erfolgte frei Haus. Berechne die Höhe des gewährten Skontos in Euro und Prozent.

2.6 Nichtmonetäre Aspekte bei der Lieferantenauswahl

Fokus auf Nachhaltigkeit: Betrieb aus Manching ist Vorreiter

iMo leistet einen wichtigen Beitrag zum Schutz der Umwelt und unterstützt seine Mitarbeiter.

Manching. Es war ein großer Tag für den aufstrebenden Rollerhersteller iMo mit Sitz in Manching bei Ingolstadt: Firmengründerin Ayleen Muth und ihre Mitarbeiterinnen und Mitarbeiter wurden am vergangenen Freitag mit dem renommierten „Fair Value Award" ausgezeichnet. Dieser Umweltpreis geht jedes Jahr an ein junges bayerisches Unternehmen, das sich durch nachhaltiges Wirtschaften in Verbindung mit hoher Produktqualität auszeichnet.

Die Begründung der Preisjury: Mit seinen Elektro-Rollern biete iMo seinen Kunden nicht nur ein innovatives, zukunftsweisendes Produkt. Das Unternehmen lege auch in vorbildlicher Weise Wert auf Nachhaltigkeit und eine verantwortungsvolle Produktion.

„Wir stellen hohe Ansprüche an neue Lieferanten. Der günstige Preis ist häufig nicht das wichtigste Argument", erklärt Unternehmensgründerin Ayleen Muth „Wir sehen Nachhaltigkeit als ernstzunehmende Verpflichtung – und als klar messbare Aufgabe. Unser Ziel besteht eindeutig darin, unseren Kunden ein perfektes, ökologisch sauberes Produkt zu bieten. Das betrifft nicht nur Design und Fahrspaß, sondern die gesamte Lieferkette von der weltweiten Rohstoffauswahl und der Wahl der Zulieferer über die ressourcenschonende Produktion bis zur Verantwortung für unsere Mitarbeiterinnen und Mitarbeiter. Wir sind sehr stolz darauf, dass unser Engagement für betrieblichen Umweltschutz und nachhaltiges Wirtschaften erfolgreich ist".

Der bayerische Rollerhersteller hat die Anforderungen an seine Zulieferer im vergangenen Jahr deutlich erhöht und setzt bei der Auswahl hohe Standards: Lieferanten müssen iMo nachweisen, unter welchen sozialen und ökologischen Bedingungen Rohstoffe abgebaut werden. Bei der Rohstoffgewinnung wird die Umwelt stark belastet, wenn beispielsweise Regenwälder abgeholzt werden oder durch Sprengungen große Mengen CO_2 in die Atmosphäre gelangen. Außerdem sind viele Rohstoffe endlich. Deshalb kauft iMo bei Lieferanten, die Rohstoffe recyceln oder möglichst nachhaltig abbauen. Ein wichtiges Kriterium für iMo ist auch die räumliche Nähe von Zulieferern zum Werk in Manching. Denn weite Lieferwege belasten die Umwelt.

Frau Muth: „Uns ist nicht egal, wo die bei uns verwerteten Werkstoffe herstammen! Im Gegenteil: Die Kunden können unsere Roller mit gutem Gewissen kaufen, denn unsere Bauteile werden nachweislich unter fairen Bedingungen hergestellt. Das betrifft unsere Produktion ebenso wie die Unternehmen, von denen wir die einzelnen Komponenten wie etwa Ledersitze einkaufen. Wir überprüfen, unter welchen Arbeitsbedingungen das Leder aufbereitet wird und die Sitze hergestellt werden. Wir wissen, dass wir Werkstoffe in manchen Ländern nur deshalb so günstig einkaufen können, weil die Menschen dort ausgebeutet werden und unter schlimmen Bedingungen arbeiten müssen."

Mit diesem Bekenntnis zu ökologischer und sozialer Fairness ist iMo nicht allein. Immer mehr Unternehmen sehen ihre Zukunft im nachhaltigen Wirtschaften. Die Kunden wissen das zu schätzen. So stieg der Umsatz mit nachhaltig produzierten Gütern in den letzten Jahren stetig an – und zwar branchenübergreifend.

---

1 a) Erarbeitet mithilfe des Textes, welche Faktoren iMo bei der Auswahl von Lieferanten berücksichtigt.

b) Erklärt, welchen Wettbewerbsvorteil dieses Verhalten von iMo

- Auf dem Markt treffen sich Angebot und Nachfrage.
- Bedarf entsteht, wenn ein Bedürfnis und die nötige Kaufkraft zusammentreffen.
- Konsum ist der Kauf und der Verbrauch von Waren/Dienstleistungen, meist für private Zwecke.

Faktoren bei der Lieferantenauswahl

iMo möchte mit seinen Rollern einen Gewinn erwirtschaften. Dies gelingt, indem iMo Werkstoffe zu möglichst günstigen Preisen einkauft. Der Preis für Werkstoffe, die Liefer- und Zahlungsbedingungen sind also wichtige Argumente bei der Auswahl von Lieferanten. Darüber hinaus bedenkt iMo weitere Faktoren.

Frau Muth kauft bewusst ein

Frau Muth möchte nicht nur als Unternehmerin, sondern auch in ihrem Privatleben verantwortungsvoll einkaufen.
Sie achtet im Supermarkt auf Saisonalität und Regionalität von Obst und Gemüse. Lebensmittel, die in unnötig viel Plastik verpackt sind, meidet sie.
Auch bei anderen Produkten versucht Frau Muth, auf mehr als die Marke und den Preis zu achten. Bevor sie Kleidung einkauft, informiert sie sich über die Arbeitsbedingungen in den meist asiatischen Werkstätten. Beim Kauf neuer Elektrogeräte achtet sie auf Energieeffizienz. So spart sie jeden Monat bares Geld und schont die Umwelt.

Siegel geben Orientierung

Als Verbraucherin fällt es Frau Muth im Alltag schwer, angesichts der Flut an Produkten den Überblick über Qualität und Produktionsstandards zu behalten. Zeitungsartikel oder Berichte zu einzelnen Herstellern oder Lebensmitteln zu recherchieren, ist oft aufwendig. Deshalb orientiert sie sich an sogenannten Produktsiegeln. Dies sind Symbole, die Hersteller auf die Verpackungen ihrer Produkte drucken und damit Verbrauchern Auskunft über ein Produkt geben. Dies ist erst nach einer eingehenden Produktprüfung durch unabhängige Teststellen oder staatliche Institutionen gestattet. Die Hersteller müssen dabei nachweisen, dass sie bestimmte Vorschriften einhalten. Erst dann dürfen sie ein Siegel benutzen und ihr Produkt damit bewerben.
Ein Siegel an sich bedeutet nicht immer höchste Qualität. Nicht alle Siegel garantieren den gleichen Standard. Manche sind mit weit strengeren Vorgaben verbunden als andere. Frau Muth sollte also genau hinsehen.

Ziel	Arbeitsbedingungen verbessern	Faire Bezahlung von Kleinbauern	Förderung biologischer Landwirtschaft	Vermeidung gefährlicher Chemikalien
Produkte	Lebensmittel, Textilien	Textilien	Lebensmittel	u.a. Alltag, Elektro, Bauen

1 Gütesiegel

haben kann und wie sich dieser auf den Gewinn des Unternehmens auswirken kann.

2 Informiere dich im Internet über verschiedene Siegel für Textilien und Lebensmittel und erstelle eine Mindmap.

3 Recherchiert, wie sich die Anforderungen zwischen dem „EU-Bio-Siegel" und dem „Naturland-Bio-Siegel" hinsichtlich Zahl der Tiere pro Einheit und Fütterung unterscheiden. Erstellt ein Schaubild, das die beiden Siegel darstellt und vergleicht.

4 Gehe auf Spurensuche bei dir zu Hause! Suche Siegel auf den Produkten in deinem Haushalt und erstelle eine kurze Präsentation zu einem von dir gefundenen Siegel. Stelle das Siegel dar und beschreibe, welche Voraussetzungen es für das Siegel gibt.

2.7 Bezugskosten buchen

Nach dem Kauf von Aluminium erhält iMo folgende Rechnung [1].

Rhein Alu AG

Inselstraße 88, 67065 Ludwigshafen am Rhein

iMo Intelligent Motion
Rechlinger Straße 44
85077 Manching

Tel: 0621 8994049300
info@rheinalu.ag
DE73 8405 3849 0055 3140 24
GENODEF7RLU
www.rheinalu.ag

Rechnung Nr. 381-192   11. November 20..

Art.Nr.	Anzahl	Artikel	Einzelpreis	Gesamtpreis
38394	60	Aluminium, Block 400 × 80 × 400 mm	300,00 €	18.000,00 €
0001	1	Lieferung per Spedition		150,00 €
		Gesamt netto		18.150,00 €
		+ Umsatzsteuer (19 %)		3.448,50 €
		Rechnungsbetrag		21.598,50 €

Zahlungsbedingungen: 30 Tage rein netto
Die gelieferte Ware bleibt bis zur vollständigen Bezahlung Eigentum des Unternehmens.
Lieferung „ab Werk" – Rechnungsdatum entspricht Lieferdatum
Erfüllungsort und Gerichtsstand ist Ludwigshafen am Rhein beim Landgericht Ludwigshafen am Rhein: HRB 3739
Steuernummer: 1/599/221/21806 – USt-IdNr. DE967987445

[1] Eingangsrechnung nach dem Kauf von Aluminium

Bezugskosten verteuern den Einkauf

Beim Kauf des Aluminiums bezahlt iMo nicht nur den Rohstoff, sondern auch die Anlieferung per Spedition. Das führt dazu, dass sich der Einkauf der Rohstoffe in Beispiel [1] um 150,00 € netto verteuert.
Frau Muth möchte genau wissen, wie viel iMo jeweils für das Aluminium und die Anlieferung bezahlt. Deshalb erfasst sie beide Kosten auf jeweils eigenen Aufwandskonten.
Um einen Überblick über die Frachtkosten zu erhalten, richtet sie ein **Unterkonto 6001 BZKR (Bezugskosten für Rohstoffe)** ein. Dieses Unterkonto erfasst nur die Kosten für die Beschaffung. Dazu zählen Kosten für den Transport, Leihpaletten und Verpackung.

S	6001 BZKR (in EUR)		H
4400 VE	150,00		

Die Kosten für das Aluminium selbst bucht Frau Muth auf dem dazugehörigen **Hauptkonto 6000 AWR**.

S	6000 AWR (in EUR)		H
4400 VE	18.000,00		

Sie bucht also:

6000 AWR   18.000,00 €   an   4400 VE   21.598,50 €
6001 BZKR   150,00 €
2600 VORST   3.448,50 €

> Das **Aufwandskonto 6001 BZKR (Bezugskosten für Rohstoffe)** erfasst alle Kosten, die bei der Lieferung von Rohstoffen anfallen. Es ist ein **Unterkonto zum Hauptkonto 6000 AWR**.

Bezugskosten aller Werkstoffe erfassen

https://wiki.klett.de/pages/viewpage.action?pageId=17270357&src=contextnavpagetreemode

iMo kauft Putzmittel und bezahlt sie sofort per Banklastschrift. Wie mit dem Händler vereinbart bezahlt iMo die Kosten für die Lieferung bar beim Transportunternehmen. Dazu liegt der Buchhaltung die Quittung [2] vor.
Laut Quittung bezahlt iMo hier nur die Lieferkosten für die Putzmittel, nicht aber die Putzmittel selbst. Deshalb bucht Frau Muth:

6031 BZKB   8,00 €   an   2880 KA   9,52 €
2600 VORST   1,52 €

Frau Muth erfasst die Lieferkosten für die Putzmittel auf dem **Aufwandskonto 6031 BZKB (Bezugskosten für Betriebsstoffe)**.

- ✗ Bezugskosten verteuern den Einkauf von Werkstoffen.
- ✗ Bezugskosten werden auf eigenen Aufwandskonten erfasst.
- ✗ Die Aufwandskonten für Bezugskosten sind Unterkonten der jeweiligen Hauptkonten.

Für jeden Werkstoff gibt es jeweils eigene Aufwandskonten für Werkstoffe und Bezugskosten.

iMo führt folgende Aufwandskonten, die mit dem Einkauf und dem Verbrauch von Werkstoffen zu tun haben:

Verbrauch von Werkstoffen	6000 AWR	6010 AWF	6020 AWH	6030 AWB
Bezugs-kosten	6001 BZKR	6011 BZKF	6021 BZKH	6031 BZKB

2 Quittung für die Lieferung von Putzmitteln

1 Erkläre, wieso iMo Kosten für die Anlieferung von Werkstoffen auf eigenen Unterkonten führt.

2 Erläutere den Unterschied zwischen den Lieferbedingungen „ab Werk" und „frei Haus".

3 Ein Kollege behauptet: „Angebote, bei denen der Lieferant ‚frei Haus' liefert, sind immer die günstigsten." Beurteile, ob diese Aussage stimmt.

4 Nenne drei Beispiele für Kosten, die iMo auf dem Konto 6001 BZKR verbucht.

5 Bilde die Buchungssätze.
a) Einkauf von Schrauben gegen Banklastschrift, netto 8.000,00 €, Fracht 120,00 € netto.
b) Kauf von Rückspiegeln auf Rechnung, netto 12.500,00 €, zzgl. 200,00 € netto Fracht.
c) Barzahlung der Spedition bei Anlieferung von Blech, netto 180,00 €.
d) Kauf von 300 Ledersitzen für die Roller auf Rechnung, netto je 65,00 €, Lieferung frei Haus.
e) Kauf von Lack für netto 15.000,00 €, zzgl. 310,00 € netto Fracht, auf Rechnung.

6 iMo kauft Aluminium für netto 22.000,00 € auf Rechnung. Außerdem fallen Kosten für die Spedition an. Der Rechnungsbetrag beträgt 26.894,00 €.
a) Berechne die Höhe der Speditionskosten.
b) Bilde den Buchungssatz zum Geschäftsfall.

7 Erkläre, wie sich Bezugskosten auf die Verkaufspreise der Roller auswirken.

8 Am Ende des Quartals liegen folgende Informationen vor:
Aufwendungen für Rohstoffe: 76.000,00 €;
Bezugskosten für Rohstoffe: 4.000,00 €.
a) Berechne, wie hoch die Kosten für Rohstoffe insgesamt waren.
b) Berechne, wie viel Prozent der Rohstoffkosten nur auf die Anlieferung entfielen.
c) Mache einen Vorschlag, wie die Kosten für die Anlieferung gesenkt werden könnten.
d) Beschreibe zwei mögliche Vorteile, die sich daraus ergeben.

○ 1, 2, 4, 6   ◐ 3, 5, 7   ● 8

Bezugskosten

2 | Beschaffung und Einsatz von Werkstoffen

Beleg 1 – Eingangsrechnung

DEKKER GmbH

Georg-Büchner-Straße 16, 21107 Hamburg

Tel: 040 69876857611
info@dekker-gmbh.com
DE72 4498 0236 7995 0259 23
GENODEF9HAB
www.dekker-gmbh.com

iMo Intelligent Motion
Rechlinger Straße 44
85077 Manching

Rechnung Nr. 233/54685   15. November 20..

Wir erlauben uns, mit Lieferung in Rechnung zu stellen:

Art.Nr.	Anzahl	Artikel	Einzelpreis	Gesamtpreis
74999	15	Aluminium, 1 Tonne	1.900,00 €	28.500,00 €
99a		Lieferung per Spedition		460,00 €
		Gesamt netto		28.960,00 €
		+ Umsatzsteuer (19 %)		5.502,40 €
		Rechnungsbetrag		**34.462,40 €**

Zahlungsbedingungen: 30 Tage rein netto;
Die gelieferte Ware bleibt bis zur vollständigen Bezahlung Eigentum des Unternehmens.
Lieferung „???????" – Rechnungsdatum entspricht Lieferdatum.
Erfüllungsort und Gerichtsstand ist Hamburg – Amtsgericht Hamburg: HRB 211108
Steuernummer: 9/257/656/79996 - USt-IdNr. DE176652398

1 Eingangsrechnung

Beleg 2 – Quittung

Quittung

Nettobetrag		25,00 €
+ Umsatzsteuer	19 %	4,75 €
Gesamtbetrag		29,75 €

Gesamtbetrag in Worten: neunundzwanzig

Cent wie oben

(im Gesamtbetrag ist die Umsatzsteuer enthalten)

von: iMo Intelligent Motion
für: Lieferung Schrauben

richtig erhalten zu haben, bestätigt

Ort: Manching   Datum: 14.11.20..

Buchungsvermerk   Stempel/Unterschrift des Empfängers: Katharina Gsell
ZWO Transport Gsell e. Kfr.

2 Quittung

---

1 Dir liegt Beleg **1** vor.
a) Bilde den Buchungssatz zum Eingang der Rechnung.
b) Nenne den Fachbegriff für die Lieferbedingung.
c) Erkläre, was man unter der angegebenen Zahlungsbedingung versteht.
d) Bilde den Buchungssatz zur Überweisung der Rechnung am 15. Dezember.

2 Bei der Anlieferung von Schrauben stellt die Lieferantin Beleg **2** aus. Buche.

3 Bilde die Buchungssätze zu folgenden Geschäftsfällen.
a) Einkauf von Ledersitzen, netto 28.000,00 €, zzgl. 430,00 € netto Fracht, auf Rechnung.
b) Eingangsrechnung über Klebstoffe, netto 7.300,00 €, Frachtkosten 150,00 € netto.
c) Einkauf von 5 Paletten Aluminiumstangen zu je 850,00 € netto, zzgl. 94,00 € netto Fracht je Palette, auf Rechnung.
d) Eingangsrechnung des Heizöllieferanten, netto 1.300,00 €. Für die Anlieferung wird außerdem eine Anfahrtspauschale von 25,00 € netto berechnet.
e) Barverkauf eines Rollers, netto 900,00 €.
f) iMo kauft mehrere Kanister Schmiermittel gegen Bankscheck. Die Schmiermittel belaufen sich auf insgesamt 300,00 € netto. Für Verpackung wird netto 12,00 € berechnet.
g) Einkauf von Motoren auf Rechnung, netto 14.200,00 €, zzgl. netto 300,00 € Fracht.
h) Eingangsrechnung des Lieferanten von Schrauben, Rechnungsbetrag 1.071,00 €. Im Rechnungsbetrag sind Frachtkosten in Höhe von netto 100,00 € enthalten.
i) iMo kauft 10 Packungen Rückspiegel auf Rechnung für netto 250,00 € je Packung. Der Lieferant stellt außerdem 40,00 € Fracht netto in Rechnung.

4 Frau Muth gibt folgenden Buchungssatz in das Buchhaltungsprogramm ein:

6000 AWR   12.300,00 €   an   4400 VE   14.946,40 €
6001 BZKR   260,00 €
2600 VORST   2.386,60 €

a) Formuliere einen Geschäftsfall zum Buchungssatz.
b) iMo kaufte die Rohstoffe mit 30 % Mengenrabatt ein. Berechne die Höhe des Listeneinkaufspreises der Rohstoffe.

5 iMo liegt Beleg 3 vor.

a) Erkläre, wie der Lieferant aufgrund seiner Rechtsform haftet.
b) Erläutere, wo im Handelsregister iMo Informationen zum Lieferanten findet.
c) Grenze den Lieferanten und iMo in Bezug auf die Unternehmenshaftung ab.
d) Berechne die Einstandspreise zum Bezug von 300 und 1.000 Packungen Schrauben.
e) iMo kauft 300 Packungen Schrauben auf Rechnung. Bilde den Buchungssatz.
f) Nach 30 Tagen begleicht iMo die Rechnung per Überweisung. Bilde den Buchungssatz.

6 Bilde den Buchungssatz zu Beleg 4.

7 Bilde die Buchungssätze.

a) Barkauf von 400 Ledersitzen für netto je 45,00 €.
b) iMo kauft Klebstoffe für netto 4.000,00 € auf Rechnung. Außerdem wird eine Frachtpauschale von insgesamt 90,00 € netto berechnet.
c) iMo begleicht die Rechnung über Klebstoffe (siehe 3 b) per Banküberweisung.
d) Aufnahme eines kurzfristigen Bankkredits über 2.500,00 €. Die Auszahlung erfolgt auf unser Girokonto.
e) Eingangsrechnung des Aluminiumlieferanten, Rechnungsbetrag 7.616,00 €. Im Rechnungsbetrag sind Speditionskosten über netto 400,00 € enthalten.
f) iMo bezahlt die Spedition für die Anlieferung von mehreren Kisten Muttern direkt bei Lieferung bar, netto 90,00 €.
g) Ein Kunde begleicht die Rechnung über zwei Motorroller per Banküberweisung, brutto 1.880,20 €.

Schalitzky ETS GmbH

Kapuzinerstraße 105, 94474 Vilshofen an der Donau

iMo Intelligent Motion
Rechlinger Straße 44
85077 Manching

Tel: 08541 98765732
info@schalitzkyets.de
DE75 8874 1254 3698 4479 97
GENODEF7VIR
www.schalitzkyets.de

Angebot 1555/23/1   04.12.20..

Zu der von Ihnen angefragten Menge unterbreiten wir folgendes Angebot:

Art.Nr.	Anzahl	Artikel	Einzelpreis	Gesamtpreis
4643	200	Schrauben TZX-92 8mm, 1.000 Stück/Packung	80,00 €	16.000,00 €
1333	1	Lieferung		340,00 €
		Gesamt netto		16.340,00 €
		+ Umsatzsteuer (19 %)		3.104,60 €
		Rechnungsbetrag		**19.444,60 €**

Ergänzend bieten wir Ihnen folgende Rabattstaffel an:
Ab 250 Packungen: 10 % Rabatt   Ab 500 Packungen: 25 % Rabatt
Ab 1.000 Packungen: 30 % Rabatt, Lieferung frei Haus

Zahlungsbedingungen: 8 Tage 2 % Skonto, 30 Tage rein netto;
Die gelieferte Ware bleibt bis zur vollständigen Bezahlung Eigentum des Unternehmens.
Lieferung „ab Werk" - Rechnungsdatum entspricht Lieferdatum
Erfüllungsort ist Vilshofen an der Donau beim Amtsgericht Passau: HRB 5471
Steuernummer: 2/937/147/90106 - USt-IdNr. DE447932391

3 Angebot

Transporte Ebner GmbH

Ulmenstraße 11a, 82256 Fürstenfeldbruck

iMo Intelligent Motion
Rechlinger Straße 44
85077 Manching

Tel: 08141 26964311
info@ebner-transport.biz
DE45 1118 0799 0001 0346 44
GENODEF4FFB
www.ebner-transport.biz

Rechnung 206/211   20. November 20..

Wir erlauben uns, folgende Transportdienstleistung in Rechnung zu stellen:

Ausgangsort	Zielort	Ware	Preis
Lacke Bauer e. Kfm. Müllerweg 91 86441 Zusmarshausen	iMo Intelligent Motion Rechlinger Straße 44 85077 Manching	Lacke, 10 Paletten	145,00 €
		+ Umsatzsteuer (19 %)	27,55 €
		Rechnungsbetrag	**172,55 €**

Zahlungsbedingungen: 30 Tage rein netto;
Die gelieferte Ware bleibt bis zur vollständigen Bezahlung Eigentum des Unternehmens.
Lieferung „frei Haus" – Rechnungsdatum entspricht Lieferdatum
Erfüllungsort und Gerichtsstand ist München – Amtsgericht München: HRB 21108
Steuernummer: 4/114/147/74906 - USt-IdNr. DE123913425

4 Eingangsrechnung

2.8 Rücksendung von Werkstoffen

Herr Celik führt die Qualitätskontrolle einer Lieferung neuer Rückspiegel durch. Dabei stellt er fest, dass alle 50 Rückspiegel beim Transport beschädigt wurden. Sofort schreibt Herr Celik eine E-Mail  an den Lieferanten. Am nächsten Tag erhält Herr Celik eine Antwort. Im Anhang findet er Beleg .

E-Mail

An: vertrieb@ohs-spiegel.de
Betreff: Lieferung beschädigter Rückspiegel

*Sehr geehrte Damen und Herren,
bei der Qualitätskontrolle der bei Ihnen bestellten Außenspiegel mussten wir leider feststellen, dass 50 Spiegel zerbrochen geliefert wurden. Als Nachweis finden Sie zwei Bilder der beschädigten Spiegel im Anhang.
Da wir die Spiegel für die Produktion unserer Roller dringend benötigen, bitte ich Sie, umgehend 50 neue, mangelfreie Exemplare zu schicken. Ansonsten schicken wir die Rückspiegel auf Ihre Kosten an Sie zurück und bitten um eine Gutschrift über die 50 mangelhaften Exemplare.*

*Mit freundlichen Grüßen
Enes Celik
iMo Intelligent Motion*

spiegel1.jpg   spiegel2.jpg

1 Reklamation

OHS Spiegel GmbH

Steinweg 55, 93413 Cham

Tel: 09971 73949485
vertrieb@ohs-spiegel.de
DE19 9542 9991 0873 3315 20
GENODEF1CHA
www.ohs-spiegel.de

iMo Intelligent Motion
Rechlinger Straße 44
85077 Manching

Gutschrift Nr. 38/293/30   28. November 20..

Sehr geehrte Damen und Herren,

für die mangelhafte Lieferung unserer Produkte möchten wir uns vielmals entschuldigen. Die Qualität unserer Spiegel steht für uns an höchster Stelle. Wir werden die Ursache des Problems umgehend erforschen und versichern, dass derartige Probleme in Zukunft nicht wieder auftreten werden.
Bitte schicken Sie die defekten Spiegel an uns zurück. Wir haben Ihnen zur Rechnung vom 27. November, Re. 39/304/11, für die 50 mangelhaften Spiegel eine Gutschrift über 1.500,00 € netto (50 × 30,00 €) erstellt.
Für die Unannehmlichkeiten möchten wir uns vielmals entschuldigen.

Mit freundlichen Grüßen
Martin Hauser
Geschäftsleitung

Erfüllungsort und Gerichtsstand ist Cham – Amtsgericht Cham: HRB 2341
Steuernummer: 1/257/183/71106 – USt-IdNr. DE144987381

2 Gutschrift

Buchung der Eingangsrechnung
Beim Eingang der Rechnung über 50 Spiegel zu netto je 30,00 € bucht iMo (1):

6010 AWF   1.500,00 € an   4400 VE   1.785,00 €
2600 VORST   285,00 €

---

1 Bei den zerbrochenen Spiegeln liegt ein Sachmangel vor. Wann würdest du bei einer Ware ebenfalls von einem Sachmangel sprechen? Nenne zwei Beispiele aus dem Alltag.

2 Erläutere die beiden Möglichkeiten, die Herr Celik dem Lieferanten gibt, das Problem mit den zerbrochenen Spiegeln zu lösen.

3 Mit der Rücksendung wird der Kauf der Spiegel rückgängig gemacht. Das Gleiche passiert nun in der Buchhaltung.
Überlege, wie du den passenden Buchungssatz formulieren würdest.

✗ Bei Falschlieferungen oder Sachmängeln kann iMo Werkstoffe zurückschicken.
✗ Für die Rücksendung erhält iMo eine Gutschrift, die den offenen Rechnungsbetrag mindert.
✗ Bei Rücksendungen korrigiert iMo die bereits verbuchte Vorsteuer.

iMo schickt die Rückspiegel zurück

Wie mit dem Lieferanten vereinbart schickt iMo die defekten Rückspiegel zurück. Damit muss iMo diese Spiegel nicht mehr bezahlen. In der Buchhaltung macht Frau Muth die Buchung einer Eingangsrechnung rückgängig. Sie bucht (2):

4400 VE   1.785,00 € an **6010** AWF   1.500,00 €
                          2600 VORST   285,00 €

Durch diesen Buchungssatz macht Frau Muth die erste Buchung rückgängig. Dieser Vorgang heißt **Stornobuchung**. Dadurch ergeben sich drei Konsequenzen:

1. Durch die Gutschrift muss der Rechnungsbetrag **nicht mehr bezahlt** werden. Dadurch sinken die **Verbindlichkeiten**, die sich aus der Eingangsrechnung ergeben haben.

S	4400 VE (in EUR)		H
2) 6010 AWF, 1.785,00 2600 VORST		1) 6010 AWF, 1.785,00 2600 VORST	

2. iMo schickt die ursprünglich verbuchten Rückspiegel zurück. Mit der Buchung auf der Haben-Seite **korrigiert** Frau Muth die **Aufwendungen für Fremdbauteile**. Schließlich kaufte und verbrauchte iMo diese Spiegel nicht mehr.

S	6010 AWF (in EUR)		H
1) 4400 VE	1.500,00	2) 4400 VE	1.500,00

3. iMo zahlt Vorsteuer nur auf tatsächlich eingekaufte Produkte. Frau Muth **korrigiert** deshalb auch die **Vorsteuer**.

S	2600 VORST (in EUR)		H
1) 4400 VE	285,00	2) 4400 VE	285,00

3 Quittung

---

4 Beschreibe zwei Rechte von Kunden bei Sachmängeln.

5 Bilde die Buchungssätze zu folgenden Geschäftsfällen.
a) Rücksendung von Aluminium für 7.000,00 € netto gegen Gutschrift.
b) Rückgabe von falsch gelieferten Schrauben gegen Banküberweisung, netto 1.300,00 €.

6 Dir liegt Beleg 3 vor. Buche.

7 iMo kauft Aluminium im Wert von netto 28.000,00 € auf Rechnung.
a) Bilde den Buchungssatz zum Rechnungseingang.
b) Aufgrund von Sachmängeln schickt iMo Aluminium im Wert von netto 5.000,00 € gegen Gutschrift zurück. Buche.
c) Nach 30 Tagen begleicht iMo den noch offenen Rechnungsbetrag per Überweisung. Berechne, wie viel iMo noch überweisen muss und bilde den Buchungssatz.

2.9 Nachlässe von Lieferanten

Erklärfilm
Buchung von Nachlässen
n2v6vw

Bei der Kontrolle von gerade angelieferten Aluminiumplatten stellt ein Mitarbeiter fest, dass der Hersteller die Platten nicht in der vereinbarten Länge geliefert hat. iMo kann die Platten zwar verwenden, jedoch muss ein Mitarbeiter alle Platten vorher mit einem Spezialwerkzeug bearbeiten.
Die Geschäftsleitung ist mit dieser Situation unzufrieden. Sie wendet sich deshalb an den Lieferanten und bittet um einen Lösungsvorschlag.
Am nächsten Tag erhält iMo einen Brief 2.
iMo könnte das Aluminium zurückschicken, muss dann aber mit Verzögerungen und Produktionsausfällen rechnen, da der Hersteller das Aluminium just in time geliefert hatte. Der geringste Zeitverlust entsteht, wenn ein Mitarbeiter bei iMo das Aluminium nachbearbeitet.

iMo erhält einen nachträglichen Preisnachlass

Laut Beleg 2 gewährt der Hersteller einen Preisnachlass in Höhe von 30% auf den Warenwert. iMo erhält diesen Nachlass erst **nach** dem Kauf des Aluminiums. Dieser Nachlass aufgrund von Sachmängeln ist deshalb ein **nachträglicher Preisnachlass**.

1 Ein Mitarbeiter bei der Qualitätskontrolle von Aluminiumplatten

---

Rhein Alu AG

Inselstraße 88, 67065 Ludwigshafen am Rhein

Tel: 0621 8994049300
info@rheinalu.ag
DE73 8405 3849 0055 3140 24
GENODEF7RLU
www.rheinalu.ag

iMo Intelligent Motion
Rechlinger Straße 44
85077 Manching

Gutschrift Nr. 381-76485   30. November 20..

Sehr geehrte Damen und Herren,

für die mangelhafte Lieferung unserer Produkte möchten wir uns vielmals entschuldigen. Wie von Ihnen beschrieben können Ihre Mitarbeiter die Aluminiumplatten bearbeiten. Als Ausgleich für die dabei entstehenden zusätzlichen Kosten gewähren wir Ihnen einen nachträglichen Preisnachlass in Höhe von 30% auf den Warenwert von netto 35.000,00 €. Sie erhalten diesen Nachlass in Form dieser Gutschrift. Wir werden sicherstellen, dass alle zukünftigen Lieferungen wieder zu Ihrer gewohnten Zufriedenheit durchgeführt werden.

Eduard Estner
Geschäftsleitung

Erfüllungsort und Gerichtsstand ist Ludwigshafen am Rhein
Amtsgericht Ludwigshafen am Rhein: HRB 3739
Steuernummer: 1/599/221/21806 – USt-IdNr. DE967987445

2 Brief des Lieferanten nach Mängelrüge

> Ein Lieferant gewährt **Sofortrabatte**, wenn er ein Angebot erstellt. Sofortrabatte machen Werkstoffe von vornherein günstiger. **Nachträgliche Preisnachlässe** machen Werkstoffe erst nach Rechnungsstellung günstiger.

Durch den nachträglichen Preisnachlass sinkt der Preis des eingekauften Aluminiums. Dadurch sinken auch die Verbindlichkeiten gegenüber dem Lieferanten. Frau Muth rechnet:

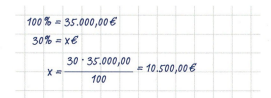

Nun kann Frau Muth die Gutschrift buchen:

- Bei Sachmängeln oder anderen Lieferproblemen gewähren Lieferanten nachträgliche Preisnachlässe.
- Nachträgliche Preisnachlässe werden auf eigenen Unterkonten verbucht.

4400 VE 12.495,00 € an 6002 NR 10.500,00 €
2600 VORST 1.995,00 €

Frau Muth erfasst die nachträglichen Preisnachlässe auf dem **Unterkonto 6002 NR (Nachlässe für Rohstoffe)**. Bei diesem Konto handelt es sich um ein Unterkonto zum Hauptkonto 6000 AWR. So behält Frau Muth jederzeit den Überblick über den ursprünglichen Wert der eingekauften Rohstoffe und die nachträglichen Preisnachlässe.
Genau wie bei der Rücksendung korrigiert Frau Muth auch bei nachträglichen Preisnachlässen die Vorsteuer. Denn durch den Nachlass vermindert sich der Warenwert und damit auch die zu zahlende Vorsteuer.

S	6000 AWR (in EUR)		H
1) 4400 VE	35.000,00		

S	6002 NR (in EUR)		H
		2) 4400 VE	10.500,00

Mit den Informationen aus beiden Konten kann Frau Muth berechnen, wie viel iMo letztendlich für das Aluminium bezahlt.

> Nachträgliche Preisnachlässe werden auf Unterkonten der jeweiligen Aufwandskonten erfasst, z.B. 6002 NR (Nachlässe für Rohstoffe). Sie mindern den Warenwert im Nachhinein.

1 Grenze Sofortrabatte und nachträgliche Preisnachlässe ab. Liste Gemeinsamkeiten und Unterschiede auf.

2 Nach einer Mängelrüge wegen mangelhaft gelieferter Lacke liegt Beleg **3** vor. Der Hersteller lieferte Lacke im Wert von 7.000,00 €.
a) Bilde den Buchungssatz zu Beleg **3**.
b) Berechne die Höhe des Nachlasses in Prozent.

3 iMo kauft Ledersitze.
a) Einkauf von 400 Sitzen zu netto je 145,00 € auf Rechnung, zzgl. 240,00 € Fracht. Bilde die Buchungssätze.
b) Leider sind 20 Sitze nicht fehlerfrei. iMo schickt sie nicht zurück. Der Lieferant gewährt einen Nachlass in Höhe von 30 % auf die mangelhaften Ledersitze. Bilde den Buchungssatz zur Gutschrift.
c) iMo begleicht den verbleibenden Rechnungsbetrag per Überweisung. Buche.

4 Bilde die Buchungssätze zu folgenden Geschäftsfällen.
a) Gutschrift wegen mangelhaft gelieferter Schrauben, netto 3.000,00 €.
b) iMo erhält einen nachträglichen Preisnachlass in Höhe von brutto 4.760,00 € wegen unpünktlich gelieferter Motoren.
c) Gutschrift über netto 60,00 € auf Schmiermittel wegen Lieferung in minderer Qualität.
d) Gutschrift nach Rücksendung von falsch gelieferten Bremsscheiben, netto 4.300,00 €.
e) iMo erhält einen nachträglichen Preisnachlass auf Lack über netto 900,00 € per Überweisung.

Industriebank Ingolstadt
Detailanzeige Umsatz

Ihr Login:
iMo Intelligent Motion
Benutzerkennung
0004829

Konto: DE97 7215 1040 0240 3284 27
Saldo in EUR alt: 43.201,00 €
Saldo in EUR neu: 45.700,00 €
Online verfügbar: 95.700,00 €

Buchungstag:	22.12.	
Valuta:	22.12.	
Betrag in EUR	2.499,00 €	H
Auftraggeber:	Lacke Volk GmbH	
Vorgang:	Bankgutschrift	
Empfänger:	iMo Intelligent Motion	
IBAN:	DE26 8844 6645 5688 1253 90	
Verwendungszweck 1:	Nachlass Lacke	
Verwendungszweck 2:	auf Rechnung 20/34-912 v. 18.12.	
Verwendungszweck 3:		

3 Bankgutschrift

2.10 Skonto beim Einkauf

Erklärfilm
Skonto im Einkaufsbereich
n2v6vw

iMo hat die Rechnung [1] für Schrauben erhalten. Frau Muth hat die Rechnung noch nicht bezahlt.

Berechnung des Skontos
Frau Muth hat entschieden, den Skonto in Anspruch zu nehmen. Dadurch kauft iMo die Schrauben günstiger ein, denn der Lieferant gewährt bei schneller Zahlung einen nachträglichen Preisnachlass.
Um Skonto zu erhalten, muss Frau Muth die Rechnung am 30.11. bezahlen und diesen Vorgang buchen. Dafür berechnet sie zunächst, wie viel iMo durch den Skonto sparen kann.

Schritt 1:
Berechnung des Überweisungsbetrags
Frau Muth darf 2 % des Rechnungsbetrags als Skonto abziehen. Sie rechnet:

Rechnungsbetrag (RB)	19.040,00 €	100 %
− Bruttoskonto	380,80 €	2 %
= Überweisungsbetrag	18.659,20 €	98 %

Frau Muth muss 380,80 € weniger an den Lieferanten überweisen, wenn sie die Rechnung innerhalb der Skontofrist begleicht.

Schritt 2:
Berechnung des Nettoskontos
Weil es sich beim Skonto um einen nachträglichen Preisnachlass handelt, berechnet Frau Muth auch den Nettowert des Skontos. Schließlich muss sie diesen Wert wie gewohnt in der Buchhaltung erfassen. Dabei korrigiert sie auch die Vorsteuer, denn die eingekauften Schrauben werden durch den Skontoabzug günstiger. Diesen Vorgang kennt Frau Muth bereits von nachträglichen Preisnachlässen bei Sachmängeln.
Sie rechnet:

Bruttoskonto	380,80 €	119 %
− Vorsteuer	60,80 €	19 %
= Nettoskonto	320,00 €	100 %

Schalitzky ETS GmbH

Kapuzinerstraße 105, 94474 Vilshofen an der Donau

iMo Intelligent Motion
Rechlinger Straße 44
85077 Manching

Tel: 08541 98765732
info@schalitzkyets.de
DE75 8874 1254 3698 4479 97
GENODEF7VIR
www.schalitzkyets.de

Rechnung 5584-121 22. 11. 20..

Art.Nr.	Anzahl	Artikel	Einzelpreis	Gesamtpreis
4643	200	Schrauben TZX-92 8 mm, 1.000 Stück/Packung	80,00 €	16.000,00 €
		Gesamt netto		16.000,00 €
		+ Umsatzsteuer (19 %)		3.040,00 €
		Rechnungsbetrag		**19.040,00 €**

Zahlungsbedingungen: 8 Tage 2 % Skonto, 30 Tage rein netto;
Die gelieferte Ware bleibt bis zur vollständigen Bezahlung Eigentum des Unternehmens.
Lieferung „frei Haus" – Rechnungsdatum entspricht Lieferdatum
Erfüllungsort ist Vilshofen an der Donau beim Amtsgericht Passau: HRB 5471
Steuernummer: 2/937/147/90106 – USt-IdNr. DE447932391

[1] Eingangsrechnung für Schrauben

> Der **Skonto** ist ein nachträglicher Preisnachlass. Durch ihn verringert sich der Betrag, den iMo überweisen muss. Der Nettoskonto wird auf dem jeweiligen Nachlasskonto verbucht. Außerdem korrigiert iMo die Vorsteuer.

✗ Der (oder das) Skonto ist ein nachträglicher Preisnachlass.
✗ iMo kann den Skonto nutzen, wenn iMo eine Rechnung innerhalb der Skontofrist begleicht.
✗ Der Skonto wird auf dem Nachlasskonto verbucht.

Buchung der Überweisung

Nun hat Frau Muth alle Zahlen vorliegen und kann die Überweisung verbuchen:

1 Dir liegt Infografik 2 vor.
a) Berechne, um wie viel Prozent die Zahl der Gesamtinsolvenzen und der Unternehmensinsolvenzen zwischen 2009 und 2018 zurückgegangen ist.
b) Erschließe zwei Gründe, wieso Unternehmen in Zahlungsschwierigkeiten geraten können.
c) Beschreibe, wie Unternehmen ihre Zahlungsfähigkeit durch die Gewährung eines Skonto verbessern können.

2 Bilde die Buchungssätze zu folgenden Geschäftsfällen.
a) iMo überweist die Rechnung eines Aluminiumlieferanten mit 3 % Skontoabzug, Rechnungsbetrag 16.065,00 €.
b) iMo überweist eine Rechnung für Schrauben und nimmt 2 % Skonto in Anspruch, Rechnungsbetrag 5.950,00 €.

3 iMo baut einen neuen Rollertyp. Die Mitarbeiter führen folgende Aufgaben durch:
a) Ein Lieferant für Spiegel bietet folgende Konditionen an: Listenpreis eines Spiegels 13,20 €, Rabatt 15 %, Skonto 2 %, Lieferpauschale 160,00 €. Berechne den Einstandspreis für 800 Spiegel.
b) iMo kauft die Spiegel auf Rechnung. Buche.
c) iMo überweist die offene Rechnung innerhalb der Skontofrist. Berechne die nötigen Beträge und buche.

4 Am 28.03. bezahlt iMo eine Rechnung über Schmiermittel mit Abzug von 2 % Skonto. Deshalb überweist iMo den Betrag von 816,34 €.
a) Berechne die Höhe des Rechnungsbetrags.
b) Das Zahlungsziel betrug 10 Tage bei Skontoabzug. Gib an, an welchem Tag iMo die Rechnung erhalten hat.
c) Bilde den Buchungssatz zum Eingang der Rechnung an diesem Tag.
d) Bilde den Buchungssatz zur Überweisung am 28.03.

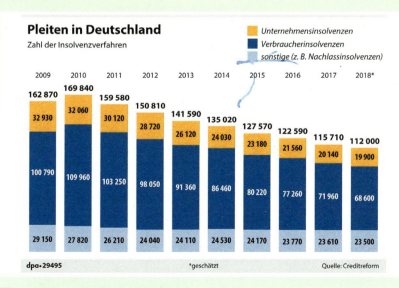

2 Infografik „Pleiten in Deutschland"

Skonto

1 iMo liegt Rechnung ① vor.

OZP Motorradteile AG

Tel: 0821 473921
info@ozpteile.de
DE75 1405 9041 0544 3919 65
GENODEF7AUX
www.ozpteile.de

Willy-Brandt-Platz 14 – 86150 Augsburg

iMo Intelligent Motion
Rechlinger Straße 44
85077 Manching

Rechnung Nr. 3446/331   01. Dezember 20..

Art.Nr.	Anzahl	Artikel	Einzelpreis	Gesamtpreis
R761a	1.500	Rückspiegel, mirror black	14,00 €	21.000,00 €
		– Rabatt, 15 %		– 3.150,00 €
		Gesamt netto		17.850,00 €
		+ Umsatzsteuer (19 %)		3.391,50 €
		Rechnungsbetrag		21.241,50 €

Zahlungsbedingungen: 8 Tage 2 % Skonto/30 Tage rein netto;
Die gelieferte Ware bleibt bis zur vollständigen Bezahlung Eigentum des Unternehmens.
Lieferung „frei Haus" – Rechnungsdatum entspricht Lieferdatum.
Registergericht Amtsgericht Augsburg: HRB 29008
Steuernummer: 102/120/11119 – USt-IdNr. DE212233499

① Eingangsrechnung

a) Bilde den Buchungssatz zum Eingang des Belegs.
b) Ermittle, welche Beträge iMo zahlen müsste, wenn Frau Muth die Rechnung am 08.12. oder am 30.12. überweisen würde.
c) Frau Muth begleicht die Rechnung am 08. Dezember. Bilde den Buchungssatz.

2 iMo überweist weitere Rechnungen unter Abzug von Skonto. Berechne und buche.

Werkstoff	RB (€)	Skonto (%)
1) Carbon	33.796,00	2
2) Lack	5.831,00	3
3) Sitze	43.435,00	2
4) Schmiermittel	1.547,00	2,5

3 Bilde die Buchungssätze zu folgenden Geschäftsfällen.
a) Einkauf von Schrauben für netto 6.000,00 € auf Rechnung.
b) iMo begleicht die Rechnung nach 8 Tagen mit Abzug von 3 % Skonto per Überweisung.
c) Rücksendung von falsch gelieferten Klebstoffen gegen Gutschrift, netto 800,00 €.
d) Einkauf von Carbon im Wert von 23.500,00 € netto, zzgl. 410,00 € netto Fracht, auf Rechnung.
e) Rücksendung von Leihpaletten an den Carbon-Lieferanten gegen Gutschrift, netto 120,00 €.
f) iMo begleicht eine offene Rechnung über Rückspiegel mit 3 % Skontoabzug per Überweisung, Rechnungsbetrag 23.740,50 €.

4 Frau Muth führt folgende Buchung in ihrem Buchhaltungsprogramm durch.

4400 VE   476,00 € an 6002 NR   400,00 €
                         2600 VORST   76,00 €

a) Formuliere den Geschäftsfall zum Buchungssatz.
b) Beschreibe zwei Sachverhalte, die zu einem solchen Geschäftsfall führen könnten.

5 iMo benötigt 2.000 Ledersitze für die Rollerproduktion. Ein Hersteller aus Fürth schickt folgendes Angebot ②:

- **Einzelpreis: 38,50 €** netto
- **Lieferung & Verpackungspauschale: 640,00 € netto**, bei Rückgabe der Leihpaletten Gutschrift über 75,00 € netto
- **Mengenrabatt 11.550,00 €** netto
- 3 % Skonto bei Zahlung binnen 8 Tagen, 30 Tage rein netto

② Angebot

a) Berechne den gesamten Einstandspreis und den Einstandspreis pro Stück der Ledersitze.
b) Berechne die Höhe des gewährten Rabatts in Prozent.
c) iMo kauft die Ledersitze auf Rechnung. Bilde den Buchungssatz zum Rechnungseingang.
d) iMo begleicht die Rechnung 8 Tage nach Zahlungseingang. Bilde den Buchungssatz.

e) Einen Monat später schickt iMo die Leihpaletten gegen Gutschrift zurück. Bilde den Buchungssatz.

6 iMo liegt Beleg 3 vor.
a) Analysiere den Beleg und leite ab, um welchen Betrag es sich bei der Überweisung handelt.
b) Berechne die Höhe des ursprünglichen Rechnungsbetrags.
c) Bilde den Buchungssatz zum Beleg.
d) Gib an, um welche Art von Unternehmen es sich beim Lieferanten aufgrund seiner Rechtsform handelt.
e) Beschreibe je einen Vor- und Nachteil dieser Rechtsform für Unternehmensinhaber gegenüber eingetragenen Kaufleuten.

7 Frau Muth führt folgende unvollständige Buchung in ihrem Buchhaltungsprogramm durch.

4400 VE 33.320,00 € an 2800 BK 32.653,60 €
                         6002 NR   xxx,xx €
                         2600 VORST 106,40 €

a) Berechne die Höhe des gewährten Skontos in Euro und Prozent.
b) Formuliere einen Geschäftsfall zum Buchungssatz.
c) Bilde den Buchungssatz zum Eingang der ursprünglichen Rechnung.
d) Die Ware wurde just in time angeliefert. Beschreibe jeweils einen Vor- und Nachteil dieses Produktionsverfahrens aus Sicht von iMo.

8 iMo begleicht folgende Rechnungen 4. Berechne und buche.

9 Bilde die Buchungssätze zu folgenden Geschäftsfällen.
a) Einkauf von Bremsscheiben auf Rechnung, netto 33.800,00 €, zzgl. 310,00 € netto Fracht.
b) Rücksendung der Leihpaletten an den Lieferanten der Bremsscheiben, Gutschrift über 55,00 € netto.

Industriebank Ingolstadt
Detailanzeige Umsatz

Ihr Login:
iMo Intelligent Motion
Benutzerkennung
0004829

Konto: DE97 7215 1040 0240 3284 27
Saldo in EUR alt: 43.201,00 €
Saldo in EUR neu: 28.040,40 €
Online verfügbar: 78.040,40 €

Buchungstag:	10.12.	
Valuta:	10.12.	
Betrag in EUR	15.160,60 €	H
Auftraggeber:	iMo Intelligent Motion	
Vorgang:	Banklastschrift	
Empfänger:	ZHO Motoren GmbH	
IBAN:	DE97 7775 0640 1793 1134 91	
Verwendungszweck 1:	RE. 4958594 abzgl. 2 % Skonto	
Verwendungszweck 2:		
Verwendungszweck 3:		

3 Kontoauszug

c) iMo erhält eine Gutschrift des Carbon-Lieferanten nach Mängelrüge, netto 3.200,00 €.
d) Barkauf von Putzmitteln, brutto 148,50 €.
e) Barzahlung der Spedition bei Anlieferung von Klebstoffen, netto 105,50 €.
f) iMo nimmt bei Überweisung der Rückspiegel-Rechnung 3 % Skonto in Anspruch, Rechnungsbetrag 20.706,00 €.

Werkstoff	Rechnungsbetrag RB/ Überweisungsbetrag ÜB (€)	Skonto (%)
Aluminium	ÜB 47.788,02	3
LED-Leuchten	RB 19.513,62	2
Schrauben	ÜB 17.495,73	3
Batterie	ÜB 34.026,22	2
Carbon	RB 56.695,17	2

4 Zu begleichende Rechnungen

2.11 Abschluss der Unterkonten

Erklärfilm
Abschluss des Unterkontos 6001 BZKR
n2v6vw

1 Frau Muth kalkuliert das Betriebsergebnis.

Bevor Frau Muth das Hauptkonto 6000 AWR abschließen kann, muss sie zunächst dessen Unterkonten abschließen. So erhält sie am Ende den tatsächlichen Betrag, den iMo für die Rohstoffe bezahlte.

> Beim Jahresabschluss werden zunächst die **Unterkonten** abgeschlossen. Erst nach diesen **vorbereitenden Abschlussbuchungen** können die richtigen Salden in den **Hauptkonten** berechnet werden.

Frau Muth kalkuliert das Betriebsergebnis des zurückliegenden Geschäftsjahres. Dazu sammelt sie zunächst alle Informationen zu den Aufwendungen und Erträgen im abgelaufenen Geschäftsjahr.
Um die Aufwendungen für Rohstoffe zu ermitteln, öffnet sie das Konto im Buchhaltungsprogramm und liest:

S	6000 AWR		H
1) 4400 VE 180.000,00		4) 4400 VE 15.000,00	
3) 4400 VE 160.000,00			
5) 4400 VE 85.000,00			

Der Wert der eingekauften Rohstoffe betrug in diesem Geschäftsjahr laut Konto 6000 AWR 410.000,00 €. Allerdings ist dies nicht der Betrag, den iMo für den Einsatz von Rohstoffen tatsächlich bezahlt hat. Denn:
- iMo bezahlte für die Anlieferung der Rohstoffe Bezugskosten und
- erhielt bei schneller Zahlung einen Nachlass in Form eines Skontos.

Abschluss von Bezugskosten

Frau Muth beginnt mit den Unterkonten, auf denen die Bezugskosten der Werkstoffe verbucht sind.
Beim Einkauf von Aluminium zahlte iMo häufig Bezugskosten für die Anlieferung der Rohstoffe. Das Konto 6001 BZKR weist folgende Eintragungen auf:

S	6001 BZKR (in EUR)	H
1) 4400 VE 1.600,00		
3) 4400 VE 1.200,00		

Bezugskosten **verteuerten** die Rohstoffe im abgelaufenen Geschäftsjahr um 2.800,00 € (Summe der Sollseite). Der Abschluss des Kontos 6001 BZKR erfolgt genau wie der Abschluss von Hauptkonten.

> Unterkonten werden stets über die jeweiligen Hauptkonten abgeschlossen.

✗ Bezugskosten und Nachlässe für Werkstoffe werden auf eigenen Unterkonten verbucht.
✗ Der Abschluss von Unterkonten erfolgt über die jeweiligen Hauptkonten.
✗ Beim Abschluss von Konten müssen Sollseite und Habenseite ausgeglichen werden.

S	6001 BZKR (in EUR)		H
1) 4400 VE	1.600,00	6) 6000 AWR	2.800,00
3) 4400 VE	1.200,00		
	2.800,00		2.800,00

1. Summe der wertmäßig größeren Seite
2. Übertrag auf die andere Kontenseite
3. Ermitteln des Saldos, der von Unterkonten ins Hauptkonto geht (6)
4. Buchhalternase

Der Buchungssatz zum Abschluss von Unterkonten lautet:

6000 AWR	an	6001 BZKR	2.800 €
Hauptkonto	an	Unterkonto	

Somit sind jetzt die Bezugskosten ins Hauptkonto integriert.

Abschluss des Nachlasskontos 6002 NR
Im abgelaufenen Geschäftsjahr nahm iMo bei der ersten Rohstofflieferung Skonto in Anspruch. Deshalb weist das Konto 6002 NR folgende Eintragung auf:

S	6002 NR (in EUR)		H
		2) 4400 VE	5.400,00

Wegen des Skontos konnte iMo das Aluminium günstiger einkaufen. Diesen Preisnachlass muss Frau Muth im Hauptkonto 6000 AWR erfassen. Dazu schließt sie das Konto 6002 NR ab. Sie bucht (7):

S	6002 NR (in EUR)		H
7) 6000 AWR	5.400,00	2) 4400 VE	5.400,00
	5.400,00		5.400,00

6002 NR	an	6000 AWR	5.400,00 €
Nachlasskonto	an	Hauptkonto	

Das Hauptkonto enthält nun alle Fakten
Durch den Abschluss der beiden Unterkonten enthält das Hauptkonto 6000 AWR alle Fakten zum Einkauf der Rohstoffe. Damit kann Frau Muth die Höhe der Aufwendungen für Rohstoffe endgültig berechnen (GUV).

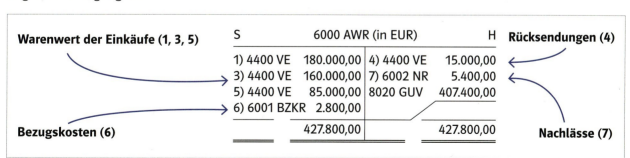

Warenwert der Einkäufe (1, 3, 5)
Bezugskosten (6)
Rücksendungen (4)
Nachlässe (7)

1 Bilde die Buchungssätze zum Abschluss der folgenden Konten mit den jeweiligen Salden.

a)
6011 BZKF	500,00 €
6021 BZKH	850,00 €
6031 BZKB	100,00 €

b)
6022 NH	700,00 €
6012 NF	200,00 €
6032 NB	120,00 €

2 Berechne die Höhe des Skontos in Prozent, den iMo laut Eintrag im Konto 6002 NR oben auf dieser Seite erhalten hat.

3 Begründe, wieso Frau Muth zunächst alle Unterkonten abschließen muss, bevor sie die Gewinn- und Verlustrechnung durchführen kann.

Abschluss der Unterkonten

1 Begründe, wieso der Abschluss von Unterkonten zu den sogenannten „vorbereitenden Abschlussbuchungen" gehört.

2 Am Ende des Geschäftsjahres liegen folgende Konten vor. Übertrage das Konto 6000 AWR in dein Heft und trage die Buchungen dieser Aufgabe ins T-Konto ein.

S	6000 AWR (in EUR)		H
1) 4400 VE	14.800,00	5) 4400 VE	4.000,00
2) 4400 VE	9.000,00		
3) 4400 VE	54.000,00		

S	6001 BZKR (in EUR)		H
1) 4400 VE	400,00	4) 4400 VE	90,00
2) 4400 VE	80,00		
3) 4400 VE	310,00		

S	6002 NR (in EUR)		H
		6) 4400 VE	350,00

a) Formuliere einen Geschäftsfall, der zur Eintragung 4) im Konto 6001 BZKR geführt haben könnte.
b) Formuliere den Buchungssatz, der zur Eintragung 5) im Konto 6000 AWR geführt hat.
c) Berechne den Saldo des Kontos 6001 BZKR und bilde den Buchungssatz zum Abschluss des Kontos.
d) Berechne den Saldo des Kontos 6002 NR und bilde den Buchungssatz zum Abschluss des Kontos.
e) Berechne den Saldo des Kontos 6000 AWR und bilde den Buchungssatz zum Abschluss des Kontos.
f) Bilde den Buchungssatz zum Abschluss des Kontos 5000 UEFE mit einem Saldo von 1.800.000,00 €.
g) Frau Muth berechnet, dass iMo in diesem Geschäftsjahr einen Gewinn in Höhe von 340.000,00 € erzielte. Bilde den Buchungssatz zum Abschluss des Kontos 8020 GUV.

3 Frau Muth schließt weitere Konten mit folgenden Salden ab. Bilde die Buchungssätze zu den vorbereitenden Abschlussbuchungen.

6011 BZKF	7.850,00 €
6021 BZKH	4.200,00 €
6031 BZKB	800,00 €
6012 NF	900,00 €
6022 NH	1.210,00 €
6032 NB	440,00 €

4 Zeichne T-Konten für die Konten 6010 AWF, 6011 BZKF und 6012 NF und trage die Buchungen dieser Aufgabe in die Konten ein.

a) iMo kauft Motoren im Wert von 58.500,00 € netto zzgl. 410,00 € netto Fracht auf Rechnung.
b) iMo schickt Leihpaletten für netto 50,00 € gegen Gutschrift an den Motorenhersteller zurück.
c) Nach einer Mängelrüge erhält iMo einen Nachlass in Höhe von 5 % des Warenwerts als Gutschrift vom Motorenhersteller.
d) iMo erhält am 28.10. eine weitere Motorenlieferung frei Haus auf Rechnung, netto 18.900,00 €.
e) iMo begleicht die Lieferung vom 28.10. per Überweisung mit Abzug von 3 % Skonto.
f) Berechne den Saldo des Kontos 6011 BZKF und bilde den Buchungssatz für die vorbereitende Abschlussbuchung.
g) Berechne den Saldo des Kontos 6012 NF und bilde den Buchungssatz für die vorbereitende Abschlussbuchung.
h) Berechne den Saldo des Kontos 6010 AWF und bilde den Buchungssatz zum Abschluss des Kontos.
i) Die Aufwendungen für Fremdbauteile machten 38 % der Materialkosten im abgelaufenen Geschäftsjahr aus. Berechne die Höhe der gesamten Materialkosten.

5 Dir liegt Beleg vor.

a) Berechne den Einstandspreis für das angeforderte Aluminium.

b) Beschreibe einen Aspekt, den iMo bei der Lieferantenauswahl abgesehen vom Preis beachten sollte.

c) Nenne die Lieferbedingung, die im Angebot enthalten ist.

d) iMo akzeptiert das vorliegende Angebot und kauft die Waren auf Rechnung. Bilde den Buchungssatz.

e) Nach einer Mängelrüge erhält iMo 720,00 € netto per Gutschrift. Bilde den Buchungssatz.

f) iMo begleicht die offene Rechnung nach 30 Tagen per Überweisung. Bilde den Buchungssatz.

g) Am Ende des Geschäftsjahres ist das Konto 6001 BZKR mit einem Saldo von 5.800,00 € abzuschließen. Bilde den Buchungssatz.

6 Dir liegt Beleg vor.

a) Bilde den Buchungssatz zum Beleg.

b) Bilde den Buchungssatz zum Eingang der ursprünglichen Lieferung. Diese erfolgt frei Haus.

c) Das Konto 6022 NH weist am Jahresende folgende Eintragungen auf:

S	6022 NH		H
		1) 4400 VE	535,00
		2) 4400 VE	375,00

Bilde den Buchungssatz zur vorbereitenden Abschlussbuchung.

Baumann Metall GmbH

Baumann METALL GmbH

Habsburger Allee 88 – 37586 Dassel

iMo Intelligent Motion
Rechlinger Straße 44
85077 Manching

Tel: 05564 99439210
info@baumanndassel.info
DE75 3940 2291 7665 0009 02
GENODEF7DAS
www.baumanndassel.info

Angebot Nr. 394739 3. November 20..

Gerne unterbreiten wir Ihnen folgendes Angebot:

Art.Nr.	Anzahl	Artikel	Einzelpreis	Gesamtpreis
74999	15	Aluminium, 1 Tonne	1.900,00 €	28.500,00 €
		– Rabatt		2.850,00 €
0020	1	Fracht und Verpackung		500,00 €
		Gesamt netto		26.150,00 €
		+ Umsatzsteuer (19 %)		4.968,50 €
		Rechnungsbetrag		31.118,50 €

Bei Zahlung innerhalb von 10 Tagen gewähren wir 2 % Skonto.
Über Ihren Auftrag würden wir uns sehr freuen!

Maria Baumann
Geschäftsführerin Baumann Metall GmbH
Lieferung „ab Werk" – Rechnungsdatum entspricht Lieferdatum
Erfüllungsort und Gerichtsstand ist Einbeck beim Amtsgericht Einbeck: HRB 2008
Steuernummer: 9/257/114/70506 – USt-IdNr. DE187987889

[1] Beleg

Industriebank Ingolstadt
Detailanzeige Umsatz

Ihr Login:
iMo Intelligent Motion
Benutzerkennung
0004829

Konto: DE97 7215 1040 0240 3284 27
Saldo in EUR alt: 43.201,00 €
Saldo in EUR neu: 18.371,65 €
Online verfügbar: 68.371,65 €

Buchungstag:	18.11.	
Valuta:	18.11.	
Betrag in EUR	24.829,35 €	S
Auftraggeber:	iMo Intelligent Motion	
Vorgang:	Banklastschrift	
Empfänger:	HUPP Der Schraubenexperte e. Kfm.	
IBAN:	DE51 7403 8302 8400 0053 12	
Verwendungszweck 1:	Re. 39484933	
Verwendungszweck 2:	abzgl. 2,5 % Skonto	
Verwendungszweck 3:		

[2] Beleg

2.12 Bestandsveränderungen im Werkstofflager

1 Inventur bei der Firma iMo

▷ **Betriebsmittel:** Gegenstände, die iMo besitzt, z. B. Möbel, Maschinen, Fahrzeuge

Die Mitarbeiter von iMo sind mit der Inventur beschäftigt. Sie erfassen alle Betriebsmittel des Unternehmens. Außerdem zählen und bewerten sie den Vorrat an Werkstoffen wie Aluminium, Schrauben und Motoren.
Obwohl sich iMo für die **Just-in-time-Produktion** entschieden hat, hält iMo stets einen kleinen Vorrat an diesen wichtigen Werkstoffen.

Erste Erfassung der Vorräte in der Bilanz
Vor wenigen Wochen kaufte iMo 600 Motoren für netto je 200,00 €. Dazu buchte Frau Muth **1**:

6010 AWF   120.000,00 € an 4400 VE 142.800,00 €
2600 VORST   22.800,00 €

Aufwandskonten wie das Konto 6010 AWF messen den Verbrauch von Werkstoffen. Bei der Buchung ging Frau Muth also davon aus, dass iMo die eingekauften Motoren sofort verbaut.
Bei der Inventur stellen die Mitarbeiter nun fest, dass 50 Motoren auf Lager sind. iMo hat diese Motoren also nicht verbaut, sondern einen Vorrat angelegt.
Um den Vorrat im Wert von 10.000,00 € zu erfassen, richtet Frau Muth ein neues Konto für die Fremdbauteile **2010 F** ein. Dazu bucht sie **2**:

2010 F   an   6010 AWF   10.000,00 €

Frau Muth erfasst den Vorrat für Fremdbauteile auf dem aktiven Bestandskonto 2010 F (Fremdbauteile).

> Die Vorräte der einzelnen Werkstoffe werden auf aktiven Bestandskonten verbucht: 2000 R, 2010 F, 2020 H, 2030 B.

Indem Frau Muth das Konto 6010 AWF auf der Habenseite bucht, korrigiert sie den Verbrauch von Motoren. Schließlich verbrauchte iMo weniger Motoren, als das Konto 6010 AWF angab.

S	6010 AWF (in EUR)		H
1) 4400 VE 120.000,00		2) 2010 F	10.000,00
		3) 8020 GUV	110.000,00

Das Konto 6010 AWF gibt nun den tatsächlichen Verbrauch von Fremdbauteilen an. Frau Muth kann das Konto deshalb abschließen und bucht (3):

8020 GUV an   6010 AWF   110.000,00 €

Nach dem Erfassen des Fremdbauteilelagers schließt Frau Muth das Konto 2010 F wie alle aktiven Bestandskonten über das Schlussbilanzkonto ab. Dazu bucht sie:

8010 SBK an   2010 F   10.000,00 €

Bestandsveränderungen im Lager
Ein Jahr später führt iMo erneut eine Inventur durch. Frau Muth vergleicht die Ergebnisse aus der Inventur anschließend mit den Werten aus der Buchhaltung:

Werkstoff	Eröffnungsbilanz	Inventur
Rohstoffe 2000 R	122.000,00 €	115.000,00 €
Fremdbauteile 2010 F	110.000,00 €	119.000,00 €

✗ Die Vorratshaltung minimiert die Risiken der Just-in-time-Produktion.
✗ Bei der Inventur erfassen Mitarbeiter die gelagerten Werkstoffe.
✗ Die Ergebnisse der Inventur werden in das Inventar und in die Bilanz eingetragen.

Bestandsminderung = Mehrverbrauch

Während zu Beginn des Geschäftsjahres noch Rohstoffe im Wert von 122.000,00 € auf Lager waren, besitzt iMo am Ende des Jahres nur noch Rohstoffe im Wert von 115.000,00 €. Bei der Herstellung der Roller verbrauchte iMo also alle in diesem Jahr eingekauften Rohstoffe und zusätzlich Rohstoffe aus dem Lager. Frau Muth rechnet.

Schlussbestand	115.000,00 €
− Anfangsbestand	122.000,00 €
= **Mehrverbrauch**	**7.000,00 €**

Frau Muth erfasst die Bestandsveränderung durch folgenden Buchungssatz (4):

6000 AWR   an   2000 R   7.000,00 €

Dadurch korrigiert sie den tatsächlichen Rohstoffverbrauch auf dem Konto 6000 AWR. Nun kann sie das Konto 2000 R mit dem korrekten Saldo abschließen.

S	2000 R (in EUR)		H
AB	122.000,00	4) 6000 AWR	7.000,00
		5) 8010 SBK	115.000,00
	122.000,00		122.000,00

Sie bucht (5):

8010 SBK   an   2000 R   115.000,00 €

Bestandsmehrung = Minderverbrauch

Im Lager für Fremdbauteile zeigt sich ein anderes Bild. Am Ende des Geschäftsjahres besitzt iMo einen deutlich größeren Vorrat an Fremdbauteilen als noch zu Beginn des Jahres. iMo verbrauchte also nicht alle eingekauften Fremdbauteile, sondern nahm nicht benötigte Teile ins Lager auf.

Frau Muth rechnet erneut:

Schlussbestand	119.000,00 €
− Anfangsbestand	110.000,00 €
= **Minderverbrauch**	**9.000,00 €**

Frau Muth erfasst die Bestandsveränderung durch folgenden Buchungssatz (6):

2010 F   an   6010 AWF   9.000,00 €

Sie bucht die Bestandserhöhung im aktiven Bestandskonto 2010 F auf der Sollseite. Zugleich korrigiert sie das Konto 6010 AWF, denn iMo verbrauchte weniger Fremdbauteile als bisher gebucht. Das Konto 2010 F weist nun ebenfalls den korrekten Saldo in Höhe von 119.000,00 € auf:

S	2010 F (in EUR)		H
AB	110.000,00	8010 SBK	119.000,00
6) 6010 AWF	9.000,00		
	119.000,00		119.000,00

8010 SBK   an   2010 F   119.000,00 €

> Eine **Bestandsmehrung** bedeutet, dass nicht alle gekauften Werkstoffe auch verbraucht und deshalb eingelagert wurden.
> Eine **Bestandsminderung** bedeutet, dass alle gekauften Werkstoffe verbraucht wurden. Zusätzlich wurden Werkstoffe aus dem Vorratslager verbraucht.

---

1 Dir liegen folgende Informationen vor.

	Laut AB (€)	Laut Inventur (€)
Hilfsstoffe	9.000,00	13.000,00
Betriebsstoffe	2.500,00	1.800,00

a) Berechne die Höhe der Bestandsveränderungen und trage die Werte der T-Konten ein.

b) Bilde die Buchungssätze zum Abschluss der Bestandskonten.

c) Berechne den Verbrauch von Hilfsstoffen, wenn iMo in diesem Jahr Hilfsstoffe im Wert von 670.000,00 € einkaufte.

d) Bilde den Buchungssatz zum Abschluss des Kontos 6020 AWH.

Bestandsveränderungen bei Werkstoffen

1 Dir liegen folgende Informationen vor.

	Bestand laut AB (€)	Bestand laut Inventur (€)
2000 R	31.000,00	28.000,00
2010 F	54.500,00	59.000,00
2020 H	21.800,00	19.400,00
2030 B	7.900,00	8.900,00

a) Zeichne die T-Konten und trage die Anfangsbestände ein.
b) Berechne die Höhe der Bestandsveränderungen der jeweiligen Konten.
c) Bilde die Buchungssätze zu den Bestandsveränderungen.
d) Trage die Bestandsveränderungen in die T-Konten ein und schließe die Konten ab.
e) Bilde die Buchungssätze zum Abschluss der Aktivkonten.

2 Es liegen dir folgende T-Konten vor.

S	2000 R (in EUR)		H
AB	28.000,00		
1) 6000 AWR	3.500,00		

S	2010 F (in EUR)		H
AB	45.000,00	2) 6010 AWF	6.000,00

a) Leite ab, wie sich die Vorratsbestände der beiden Werkstoffe laut den vorliegenden Eintragungen verändert haben.
b) Gib an, durch welche Buchungssätze die Eintragungen in den beiden T-Konten erfolgten.
c) Bilde die Buchungssätze zum Abschluss der beiden dargestellten Konten.
d) Der Wert der eingekauften Rohstoffe betrug in diesem Geschäftsjahr 946.700,00 €. Berechne die Höhe des Rohstoffverbrauchs.
e) Bilde den Buchungssatz zum Abschluss des Kontos 6000 AWR.
f) iMo kaufte Fremdbauteile im Wert von 1.840.500,00 € ein. Berechne den Verbrauch von Fremdbauteilen in diesem Geschäftsjahr.
g) Bilde den Buchungssatz zum Abschluss des Kontos 6010 AWF.

3 Dir liegt folgender Auszug aus der Schlussbilanz von iMo vor.

Aktiva	Bilanz 31.12. (in EUR)	Passiva
2000 R	68.300,00	
2010 F	112.000,00	
2020 H	12.800,00	

a) Nenne den Fachbegriff für das Erfassen aller Vermögenswerte und Schulden.
b) Neben der Bilanz werden diese Werte in einem zweiten Dokument erfasst. Gib an, wie dieses Dokument heißt und beschreibe Unterschiede zur Bilanz.
c) Laut Buchführung kam es im Konto 2000 R zu einer Bestandsmehrung von 23.500,00 €. Berechne den Wert des Rohstofflagers zu Beginn des Geschäftsjahres.
d) Bilde den Buchungssatz zur Anpassung des Bestandes im Konto 2000 R.
e) Zu Beginn des Jahres hatte das Fremdbauteillager einen Wert in Höhe von 121.900,00 €. Berechne die Bestandsveränderung und beschreibe, was dies über den Verbrauch von Fremdbauteilen aussagt.
f) Bilde den Buchungssatz zur Anpassung des Bestandes im Konto 2010 F.
g) Bilde die Buchungssätze zum Abschluss der Konten 2000 R, 2010 F und 2020 H.

4 Bilde die vorbereitenden Abschlussbuchungen.
a) Abschluss des Kontos 6021 BZKH, Saldo 4.500,00 €.
b) Abschluss des Kontos 6022 NH, Saldo 1.200,00 €.
c) Mehrbestand an Betriebsstoffen in Höhe von 2.000,00 €.
d) Minderbestand an Fremdbauteilen in Höhe von 24.000,00 €.
e) Anfangsbestand von Rohstoffen 88.300,00 €, Schlussbestand 71.200,00 €.

5 Die Geschäftsbuchführung von iMo weist am Jahresende einen Schlussbestand bei Rohstoffen im Wert von 49.300,00 € auf. Der Bestand betrug laut Eröffnungsbilanz 31.700,00 €. Im Verlauf des Geschäftsjahres kaufte iMo Rohstoffe im Wert von 755.000,00 €. Allerdings schickte iMo nach Mängelrügen Rohstoffe für 9.100,00 € zurück.
a) Berechne und buche die Bestandsveränderung.
b) Berechne die Höhe des Rohstoffverbrauchs in diesem Geschäftsjahr.
c) Bilde den Buchungssatz zum Abschluss des Kontos 2000 R.
d) Bilde den Buchungssatz zum Abschluss des Kontos 6002 NR mit einem Saldo von 4.000,00 €.
e) Bilde den Buchungssatz zum Abschluss des Kontos 6001 BZKR mit einem Saldo von 13.200,00 €.
f) Berechne den Saldo des Kontos 6000 AWR. Nutze dazu die Informationen aus der Angabe und den Teilaufgaben.
g) Bilde den Buchungssatz zum Abschluss des Kontos 6000 AWR.

6 iMo verzichtet auf eine umfangreiche Lagerhaltung von Werkstoffen. Stattdessen setzt das Unternehmen auf die Just-in-time-Produktion.
a) Beschreibe die Merkmale dieses Produktionsverfahrens.
b) Erläutere mögliche Vor- und Nachteile dieses Produktionsverfahrens aus Sicht von iMo und von Lieferanten.
c) Nenne die Vor- und Nachteile, die sich für die Gemeinde und die Bewohner in Manching, dem Standort von iMo, ergeben.

7 Bilde die Buchungssätze zum Abschluss der folgenden Konten.

Konto	Saldo (€)
6001 BZKR	7.000,00 €
6022 NH	2.500,00 €
6031 BZKB	1.200,00 €
6010 AWF	350.000,00 €
6012 NF	2.400,00 €
2030 B	3.000,00 €

8 Frau Muth erwägt nach dem Besuch einer Fachmesse, die Produktion auf das „Just-in-sequence-Verfahren" umzustellen. Nutzt das Internet und recherchiert Gemeinsamkeiten und Unterschiede zwischen dem Just-in-time- (JIT) und dem Just-in-sequence-Verfahren (JIS). Erstellt auf der Grundlage eurer Recherche eine Kurzpräsentation, in der ihr die beiden Verfahren darstellt.

Beschaffung und Einsatz von Werkstoffen

DEKKER GmbH

Georg-Büchner-Straße 16, 21107 Hamburg

Tel: 040 69876857611
info@dekker-gmbh.com
DE72 4498 0236 7995 0259 23
GENODEF9HAB
www.dekker-gmbh.com

iMo Intelligent Motion
Rechlinger Straße 44
85077 Manching

Rechnung Nr. 54685   22. November 20..

Wir erlauben uns, mit Lieferung in Rechnung zu stellen:

Art.Nr.	Anzahl	Artikel	Einzelpreis	Gesamtpreis
74999	22	Aluminium, 1 Tonne	1.750,00 €	38.500,00 €
99b	1	Lieferung per Spedition		500,00 €
		Gesamt netto		39.000,00 €
		+ Umsatzsteuer (19 %)		7.410,00 €
		Gesamt brutto		**46.410,00 €**

Zahlungsbedingungen: 30 Tage rein netto; 3% Skonto bei Zahlung binnen 8 Tagen
Die gelieferte Ware bleibt bis zur vollständigen Bezahlung Eigentum des Unternehmens.
Lieferung „???????" – Rechnungsdatum entspricht Lieferdatum.
Erfüllungsort und Gerichtsstand ist Hamburg – Amtsgericht Hamburg: HRB 211108
Steuernummer: 9/257/656/79996 – USt-IdNr. DE176652398

1 Beleg

OHS Spiegel GmbH

Steinweg 55, 93413 Cham

Tel: 09971 73949485
vertrieb@ohs-spiegel.de
DE19 9542 9991 0873 3315 20
GENODEF1CHA
www.ohs-spiegel.de

iMo Intelligent Motion
Rechlinger Straße 44
85077 Manching

Gutschrift Nr. 38/293/30   02. Dezember 20..

Sehr geehrte Damen und Herren,

nach Prüfung durch einen unserer Mitarbeiter bestätigen wir, dass in unserer letzten Lieferung von Rückspiegeln leider 400 Stück leichte Kratzer und andere Mängel aufweisen.
Für alle Unannehmlichkeiten möchten wir uns hiermit entschuldigen.
Als langjähriger Kunde liegt uns Ihre Zufriedenheit sehr am Herzen.
Wie mit Frau Muth besprochen gewähren wir Ihnen auf die mangelhaften Produkte einen Nachlass von 70% des Warenwertes.

Ihre Gutschrift netto	6.160,00 €
+ Umsatzsteuer (19 %)	1.170,40 €
= **Gutschrift brutto**	**7.330,40 €**

Martin Hauser
Geschäftsleitung

Erfüllungsort und Gerichtsstand ist Cham – Amtsgericht Cham: HRB 2341
Steuernummer: 1/257/183/71106 – USt-IdNr. DE144987381

2 Beleg

---

1 iMo liegt Beleg **1** vor.
a) Nenne den Fachbegriff für die Lieferbedingung, die du aus dem Beleg ableiten kannst.
b) Bilde den Buchungssatz zum Beleg.
c) Bei der Qualitätskontrolle fällt auf, dass 4 Tonnen Aluminium leichte Mängel aufweisen. Nach einer schriftlichen Mängelrüge gewährt der Lieferant auf die fehlerhaften Teile 40 % Nachlass. Berechne und buche die Gutschrift.
d) iMo begleicht den offenen Rechnungsbetrag am 30. November per Überweisung. Bilde den Buchungssatz.

2 iMo liegt Beleg **2** vor.
a) Berechne die Höhe des ursprünglichen Nettowerts der Spiegel.
b) Bilde den Buchungssatz zum Eingang der ursprünglichen Rechnung. Bei der Lieferung verlangte der Hersteller neben dem Warenwert auch Lieferkosten in Höhe von 210,00 € netto.
c) Bilde den Buchungssatz zum Beleg.
d) iMo überweist den noch fälligen Rechnungsbetrag nach 30 Tagen ohne Skontoabzug. Bilde den Buchungssatz.
e) Erkläre, wie der Lieferant aufgrund seiner Rechtsform haftet.
f) Erläutere stichpunktartig, welche Voraussetzungen und Schritte zur Gründung einer GmbH nötig sind.

3 iMo liegt Beleg **3** vor.
a) Formuliere einen Geschäftsfall zum Beleg.
b) Bilde den Buchungssatz zum Beleg.
c) 👥 Der Einkauf der Ledersitze erfolgt außerplanmäßig und in großer Eile. Ohne die Ledersitze hätte iMo die Produktion von Rollern für mehrere Stunden unterbrechen müssen.
Ermittle mithilfe deiner Kenntnisse über die Beschaffungsplanung, welche Ursachen der außerplanmäßige Einkauf von Ledersitzen haben könnte.

4 iMo liegt Beleg 4 vor.
a) Bilde den Buchungssatz zum Beleg.
b) Erkläre, wieso Lieferanten Skonto anbieten.
c) Die Lieferung der Schrauben erfolgte frei Haus. Beschreibe, was man unter dieser Lieferbedingung versteht.

5 iMo kauft Schrauben bei verschiedenen Lieferanten zu folgenden Konditionen.

	A	B	C
LEP (€)	8.300,00	#WERT	8.500,00
Rabatt	18 %	25 %	25 %
Skonto	2 %	3 %	#WERT
BZK (€)	#WERT	300,00	350,00
EP (€)	7.069,88	6.265,50	6.533,75

a) Berechne die fehlenden Werte.
b) Bilde jeweils den Buchungssatz zum Einkauf der Schrauben auf Rechnung.

6 iMo führt eine Inventur durch. Dabei erfassen Mitarbeiter auch die Vorräte. Zusammen mit den Informationen der Buchhaltung ergibt sich folgende Aufstellung.

Rohstoffe 01.01.	24.900,00 €
Rohstoffe 31.12.	21.000,00 €
Fremdbauteile 01.01.	27.000,00 €
Fremdbauteile 31.12.	35.600,00 €
Hilfsstoffe 01.01.	6.700,00 €
Hilfsstoffe 31.12.	8.000,00 €

a) Grenze die Begriffe „Inventur" und „Inventar" voneinander ab.
b) Erläutere die Unterschiede zwischen einem Inventar und einer Bilanz.
c) Berechne die Bestandsveränderungen und bilde die Buchungssätze zum Erfassen der Bestandsveränderungen.
d) Zeichne drei T-Konten zu den aktiven Bestandskonten. Trage die Anfangsbestände und Bestandsveränderungen ein.

e) Bilde die Buchungssätze zum Abschluss der aktiven Bestandskonten. Trage die Salden in die Konten ein und schließe die Konten ab.

Quittung

	Nettobetrag		110,00 €
	+ Umsatzsteuer	19 %	20,90 €
Gesamtbetrag in Worten	Gesamtbetrag		130,90 €

einhundertunddreißig   Cent wie oben

(im Gesamtbetrag ist die Umsatzsteuer enthalten)

von   iMo Intelligent Motion
für   Anlieferung Ledersitze

richtig erhalten zu haben, bestätigt
Ort   Manching   Datum   02.12.20...

Buchungsvermerk   Stempel/Unterschrift des Empfängers
                    Axel Schulte
                    Spedition Euro Cargo

3 Beleg

Industriebank Ingolstadt
Detailanzeige Umsatz

Ihr Login:
iMo Intelligent Motion
Benutzerkennung
0004829

Konto: DE97 7215 1040 0240 3284 27
Saldo in EUR alt: 43.201,00 €
Saldo in EUR neu: 34.312,89 €
Online verfügbar: 84.312,89 €

Buchungstag:	02.12	
Valuta:	02.12	
Betrag in EUR	8.888,11 €	S
Auftraggeber:	iMo Intelligent Motion	
Vorgang:	Banklastschrift	
Empfänger:	Schrauben Spezialist Völkert GmbH	
IBAN:	DE97 7225 0010 1713 1554 91	
Verwendungszweck 1:	Re. 4958594 abzgl. 3 % Skonto	
Verwendungszweck 2:		
Verwendungszweck 3:		

4 Beleg

2 | Beschaffung und Einsatz von Werkstoffen

Kompetent in ...

1 Faktoren bei der Beschaffung von Werkstoffen

Wann?	Bei mangelhaften Werkstoffen, die iMo nicht verwenden kann
Geschäftsfall	Rücksendung von defekten Spiegeln für netto 2.000,00 € gegen Gutschrift
Buchungsart	Stornobuchung
Buchung	4400 VE 2.380,00 € an 6010 AWF 2.000,00 € 2600 VORST 380,00 €

2 Rücksendung von Werkstoffen

Wann?	Bei Lieferung leicht mangelhafter Werkstoffe oder als Entschädigung für andere Lieferfehler
Geschäftsfall	Gutschrift nach Mängelrüge über falsche Lackfarbe, netto 800,00 €
Buchungsart	Korrekturbuchung
Buchung	4400 VE 952,00 € an 6022 NH 800,00 € 2600 VORST 152,00 €

3 Nachlässe nach Mängelrüge

Wann?	Bei Zahlung einer offenen Rechnung innerhalb der Skontofrist, meist 8 – 10 Tage
Geschäftsfall	2 % Skonto auf Aluminium-Lieferung, Rechnungsbetrag 8.330,00 €
Buchungsart	Korrekturbuchung
Buchung	**Schritt 1: Berechnung** RB 8.330,00 € 100 % − Skonto 166,60 € 2 % = ÜB 8.163,40 € 98 % BSk 166,60 € 119 % − VORST 26,60 € 19 % = NSk 140,00 € 100 % **Schritt 2: Korrekturbuchung** 4400 VE 8.330,00 € an 2800 BK 8.163,40 € 6002 NR 140,00 € 2600 VORST 26,60 €

4 Skonto bei schneller Zahlung

Kompetent

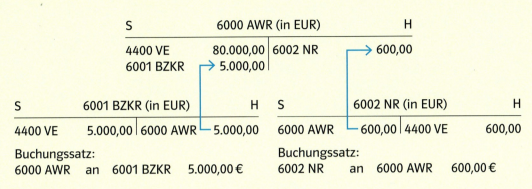

Buchungssatz:
6000 AWR an 6001 BZKR 5.000,00 €

Buchungssatz:
6002 NR an 6000 AWR 600,00 €

5 Abschluss von Unterkonten

	Bestandsminderung	**Bestandsmehrung**
Berechnung	Schlussbestand 2000 R 20.000,00 € − Anfangsbestand 2000 R 25.000,00 € = Minderbestand 5.000,00 €	Schlussbestand 2020 H 18.000,00 € − Anfangsbestand 2020 H 16.000,00 € = Mehrbestand 2.000,00 €
Verbrauch	Der Bestand an Rohstoffen ist im Wert um 5.000,00 € gesunken. Damit verbrauchte iMo mehr Rohstoffe, als es einkaufte. → Mehrverbrauch in Höhe von 5.000,00 €	Der Bestand an Hilfsstoffen ist im Wert um 2.000,00 € angestiegen. Das bedeutet, dass iMo Hilfsstoffe im Wert von 2.000,00 € zwar einkaufte, aber in diesem Geschäftsjahr nicht verbrauchte. → Minderverbrauch in Höhe von 2.000,00 €
Buchung	6000 AWR an 2000 R 5.000,00 €	2020 H an 6020 AWH 2.000,00 €

6 Erfassen von Bestandsveränderungen

Jetzt kann ich …
- in der Einkaufskalkulation Skonto und Bezugskosten berücksichtigen.
- die Vor- und Nachteile von Lagerhaltung und Just-in-time-Produktion abwägen.
- Bezugskosten beim Einkauf von Werkstoffen buchen.
- Rücksendungen und nachträgliche Preisnachlässe bei Sachmängeln buchen.
- die Überweisung einer Lieferantenrechnung unter Berücksichtigung von Skonto buchhalterisch erfassen.
- Bestandsveränderungen im Vorratslager berechnen und buchen.

3 | Aspekte des Marketings

Jeder von uns kommt täglich in Kontakt mit den Marketinginstrumenten von Unternehmen. Das bekannteste Instrument ist die Werbung. Unternehmen stehen noch viele weitere Möglichkeiten zur Verfügung, um die Konsumenten zum Kauf zu bewegen. Auf den folgenden Seiten lernst du die Tricks kennen, die vielleicht auch dich schon einmal zum Kauf eines Produkts verführt haben.

Der abgefahrenste Typ in der Gegend
VesMo II – Coolness pur!
Für smarte **1.399,99 €**

Hol ihn dir!

Ich werde ...
- ökonomische und psychologische Unternehmensziele unterscheiden.
- lernen, wie man mehrere Unternehmensziele in Einklang bringt.
- analysieren, wie ein Unternehmen seine Produktpalette optimiert.
- verstehen, wie Preise von Produkten zustande kommen.
- Werbung analysieren und selbst gestalten.
- verschiedene Absatzkanäle für ein Produkt untersuchen.
- Kosten für Marketingmaßnahmen buchen.

Wusstest du, dass ...
- bereits vor über 2.000 Jahren die römischen Händler auf Steintafeln Werbung für ihre Waren betrieben?
- im Jahr 1956 der erste deutsche TV-Werbespot für ein Waschmittel ausgestrahlt wurde?
- im Internetmarketing die großen Suchmaschinen, Videoplattformen und sozialen Netzwerke am beliebtesten für die Werbetreibenden sind?

3 | Aspekte des Marketings

3.1 Marketingziele

1 Brainstorming in der Marketingabteilung der Firma iMo

Was ist Marketing?
In der Unternehmensführung der Firma iMo spielt der Bereich Marketing eine wichtige Rolle. Die Abteilung Marketing beschäftigt sich allgemein mit der **Vermarktung** und dem **Absatz von Produkten.** Ziel ist es, besser als die Konkurrenz zu handeln. Das bedeutet, das Unternehmen erfolgreich am Markt zu positionieren, indem man ▷ Kundenbedürfnisse erkennt und dadurch die Kunden zum Kauf des eigenen Produkts führt. Dies ist ein sehr umfangreicher Prozess, bei dem viele Faktoren eine Rolle spielen.

Marketingziele definieren
Bevor sich Strategien im Marketing planen lassen, sind Marketingziele zu definieren. Dabei gilt es einige Fragen zu klären: Wie ist das Unternehmen momentan auf dem Markt positioniert? Was möchte das Unternehmen erreichen? Wie möchte es von den Kunden wahrgenommen werden? Marketingziele leiten sich also aus den Unternehmenszielen ab und definieren einen gewünschten Zustand in der Zukunft. Um am Ende den Erfolg einer Marketingmaßnahme messen zu können **(Istzustand → Sollzustand),** ist es wichtig, Ziele möglichst genau zu formulieren:

▷ **Istzustand:** aktuelle Lage im Unternehmen, z. B. Zahlen in der aktuellen GuV und Bilanz

▷ **Sollzustand:** zukünftige, gewünschte Situation, z. B. Gewinnsteigerung um 3 % im nächsten Geschäftsjahr

- **Inhalt** (z. B. Steigerung des Marktanteils),
- **Auswirkungsgrad** (z. B. um 2 %) und
- **Zeitraum** (kurz- oder langfristig).

Arten von Marketingzielen
Grundsätzlich lassen sich **zwei Arten von Marketingzielen** unterscheiden:

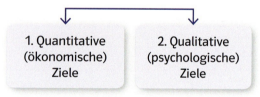

1. Ökonomische Ziele
Die ökonomischen Ziele dienen der Verbesserung der wirtschaftlichen Lage eines Unternehmens und sind quantitativ messbar. Es lässt sich also rechnerisch nachprüfen, ob der Sollzustand erreicht wurde.

✗ Marketing beschäftigt sich mit der Vermarktung und dem Absatz von Produkten.
✗ Es gibt quantitative (ökonomische) und qualitative (psychologische) Marketingziele.
✗ Ökonomische Ziele können Umsatz-/Gewinnsteigerung und Vergrößerung des Marktanteils sein.

a) Umsatzsteigerung

Aus der Gewinn- und Verlustrechnung lassen sich auf der Habenseite die Umsatzerlöse für eigene Erzeugnisse herauslesen. iMo erzielt z. B. im aktuellen Geschäftsjahr Umsätze in Höhe von 2.000.000,00 €. Ein ökonomisches Ziel lautet: **Steigerung des Umsatzes um 10 % im folgenden Geschäftsjahr.** Am Ende des folgenden Geschäftsjahres folgt die Überprüfung:
10 % von 2.000.000,00 € = 200.000,00 € Umsatzsteigerung.
Die Umsatzerlöse für eigene Erzeugnisse (Roller) müssten also **2.200.000,00 €** (2.000.000,00 € + Steigerung von 200.000,00 €) oder mehr betragen, um die Zielvorgabe zu erfüllen.

b) Gewinnsteigerung

Der Gewinn ist beim Abschluss der Gewinn- und Verlustrechnung ersichtlich. Grundsätzlich müssen die **Umsatzerlöse höher als die Aufwendungen** sein, um einen Gewinn zu erzielen. Dieser wird als Saldo auf der Sollseite ausgewiesen.

S	8020 GUV (in EUR)		H
6000 AWR	995.000,00	5000 UEFE	
6010 AWF	500.000,00		2.000.000,00
6020 AWH	95.000,00		
Gewinn	410.000,00		
	2.000.000,00		2.000.000,00

Angestrebtes Ziel bei iMo ist eine **Gewinnsteigerung um 10 %** bis zum Folgejahr.
10 % von 410.000,00 € = 41.000,00 € Gewinnsteigerung
Um das Ziel im Folgejahr zu erreichen, muss ein Gewinn in Höhe von 451.000,00 € ausgewiesen werden (410.000,00 € + 41.000,00 €).

c) Kosteneinsparung

Eine weitere mögliche Zielsetzung ist die Senkung der bestehenden ▷ **Produktionskosten.** Hierfür stehen sämtliche Aufwendungen auf dem Prüfstand. So lassen sich beispielsweise Werkstofflieferanten vergleichen. Eventuell ist es möglich, zu besseren Konditionen (Rabatt, Skonto) einzukaufen. Oftmals reduzieren Unternehmen auch die Personalkosten.

d) Vergrößerung des Marktanteils

Der ▷ **Marktanteil** gibt an, wie viel (prozentualen) Anteil ein Unternehmen mengen- (Absatz) oder wertmäßig (Umsatz) am gesamten ▷ **Marktvolumen** zu einem bestimmten Zeitpunkt besitzt. Unter dem Marktvolumen versteht man den maximal möglichen Absatz/Umsatz auf einem Markt. Auf dem Markt für motorisierte Roller können beispielsweise jährlich 10.000 Stück verkauft werden. Wie hoch ist der Anteil der Firma iMo?

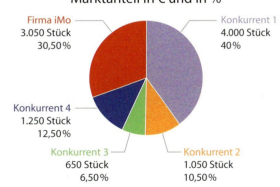

2 Marktvolumen auf dem Rollermarkt: 10.000 Stück

Formuliertes Ziel der Marketingabteilung:
„**Steigerung des Marktanteils auf 35 % in den folgenden zwei Jahren bei gleichbleibendem Marktvolumen und gleicher Konkurrenz.**"
3.050 Stück ≙ 30,50 %
        x ≙ 35,00 %
        x ≙ 3.500 Stück
→ iMo muss zur Erreichung des Ziels 3.500 Roller verkaufen.

3.2 Psychologische Marketingziele

1 Psychologische Überlegungen im Marketing

▷ **Zielgruppe:**
Personengruppe (potenzielle Kunden), die ein Unternehmen durch Marketingmaßnahmen erreichen will.

2. Psychologische Marketingziele

Psychologische Marketingziele sind auf geistige Verarbeitungsprozesse bei der Zielgruppe, den (potenziellen) Kunden, gerichtet. Der Erfolg psychologischer Ziele ist schwieriger zu messen als der ökonomischer Ziele. Was den Kunden durch den Kopf geht, wenn sie das iMo-Logo sehen, ist nur mit großem Aufwand zu ermitteln. Die Motive der Kunden, bei iMo oder der Konkurrenz einzukaufen, können vielschichtig sein.

Die größte Herausforderung der Marketingabteilung besteht darin, psychische Einflussgrößen positiv für das eigene Unternehmen zu lenken und die Kunden zum Kauf zu bewegen. Bevor ein Kauf erfolgt, sind mentale Hürden beim Kunden zu überwinden:

2 Kauftrichter des Kunden

1 Bekanntheit: die Grundvoraussetzung für den Kauf des Produkts

Wenn sich ein Kunde für einen Roller interessiert, hat er die Wahl aus unzähligen Produkten und Marken – mit einer wesentlichen Einschränkung: Der Kunde kann nur die Produkte berücksichtigen, die er kennt. In dieser Phase entscheidet sich, welcher Prozentsatz aus allen verfügbaren Produkten in den Trichter kommt. Die **Steigerung des Bekanntheitsgrades** ist daher ein unverzichtbares psychologisches Marketingziel. Bekannter am Markt zu sein, ist für ein Unternehmen die Grundvoraussetzung für höhere Absatz- und Umsatzzahlen.

2 Vertrautheit: positives ▷ Markenimage

An was denkt der Kunde, wenn er den Firmennamen iMo liest? Das Markenimage ist die bewusste und unbewusste Wahrnehmung, die Verbraucher von einer Marke haben. Ziel ist es, die eigenen Produkte mit positiven Eigenschaften zu verknüpfen und ein **positives Markenimage** auf- bzw. auszubauen. Zunächst muss eine Firma herausfinden, was ihr Produkt oder ihre Dienstleistung von der Konkurrenz abhebt und aus der Sicht der Kunden einzigartig macht. Beispiele für iMo könnten Qualität, Zuverlässigkeit oder die Vermittlung eines jugendlichen, hippen Lebensgefühls sein. Die Kunden haben dabei einen großen Einfluss

- Psychologisches Marketing zielt auf die Beeinflussung mentaler Prozesse beim Kunden ab.
- Ziel ist, die Bekanntheit der eigenen Marke und ihr positives Image zu fördern.
- Längerfristig gilt es, die Kunden an sich zu binden und zu erneuten Käufen zu bewegen.

auf die Produktaußenwirkung – positiv wie negativ. Im positiven Fall wird das Produkt zu einem Bestseller oder Trendprodukt. Negativ wirkt sich aus, wenn Kunden schlechte Erfahrungen etwa durch Bewertungen im Internet weitergeben. Ebenso nachteilig wären beispielsweise Rückrufaktionen wegen Sicherheitsmängeln.

3 In die engere Auswahl der Käufer gelangen

Als Käufer sortiert man schon im Vorfeld bestimmte Marken/Unternehmen aus. Wenn du dir beispielsweise ein neues Smartphone kaufen willst, ist die Markenauswahl in deinem Kopf unbewusst bereits eingegrenzt. Es bestehen Kaufpräferenzen. Ziel des Unternehmensmarketings ist es, von möglichst vielen Käufern in Betracht gezogen zu werden. Kauft jemand einen Roller, sollte die Firma iMo möglichst oft in der engeren Wahl stehen. Deshalb müssen Produkteigenschaften, die das Markenimage verspricht, langfristig gegeben sein, um die Glaubwürdigkeit der Firma aufrechtzuerhalten.

Oberstes Unternehmensziel ist **4 der Kundenkauf** der eigenen Produkte.

5 Kundenbindung: Zufriedenheit der Kunden steigern

Ein zentrales psychologisches Marketingziel stellt die **langfristige Bindung der Kunden** dar. Denn einen Neukunden zu gewinnen kostet ein Vielfaches dessen, was nötig ist, um einen Kunden zu halten. Grundvoraussetzung für einen erneuten Kauf ist die Zufriedenheit des Kunden. So kann ein Unternehmen auf Dauer mit **Qualität, Service** oder einem zuverlässig guten **Preis-Leistungs-Verhältnis** überzeugen. Die Firma iMo steht für hohe Qualität und nachhaltig faire Produktion. iMo bemüht sich, das hohe Niveau ihrer Produkte etwa durch Preisauszeichnungen oder positive Warentests und Bewertungen immer wieder unter Beweis zu stellen. Dadurch werden Kunden mit hoher Wahrscheinlichkeit die Firma bei einem weiteren Kauf in Betracht ziehen bzw. weiterempfehlen.

---

1 Im aktuellen Geschäftsjahr erzielte iMo einen Umsatz von 4.000.000,00 €.
a) Beschreibe, wo du diese Zahl im Jahresabschluss findest.
b) Ein Ziel der Marketingabteilung ist eine Umsatzsteigerung in den folgenden drei Jahren um insgesamt 24,5 %. Berechne den Mindestumsatz in drei Jahren, um das Ziel zu erreichen.

2 a) Du bist Mitarbeiter im Unternehmen „Adventure Bike", das hochwertige Mountainbikes herstellt. Formuliere ein konkretes Ziel zur Gewinnsteigerung und belege dies anhand von Zahlen. Denke dabei an die drei wichtigen Kriterien der Zielformulierung.
b) Erläutert drei konkrete Maßnahmen, um die Kosten in einem Unternehmen zu senken, ohne dass Qualitätsverluste damit einhergehen.

3 Das Marktvolumen für Naturjoghurt beträgt 550 Mio. €.
a) Wie viel Umsatz erreicht die Firma JoghuFRESH, wenn sie einen Marktanteil von 42 % besitzt?
b) Erstelle mit einem geeigneten PC-Programm eine Grafik zu den Marktanteilen für Naturjoghurts. Neben JoghuFRESH sind tätig:
Konkurrent 1: 7 %,
Konkurrent 2: 25 %,
Konkurrent 3: 11 %,
Konkurrent 4: 15 %.

4 Ein Hersteller von Sneakers möchte sein Markenimage positiv beeinflussen. Überlege dir drei Eigenschaften, die Alleinstellungsmerkmale für Turnschuhe sein könnten.

5 Erstelle eine Mindmap, in der du mögliche Maßnahmen zur Kundenbindung aufzeigst.

3.3 Zielbeziehungen zwischen Marketingzielen

Ziele in Einklang bringen
Der erste Schritt zur Erstellung eines Marketingkonzepts besteht in der Formulierung konkreter Ziele mit **Zielinhalt, Zielausmaß** und **Zeitspanne.**
Jedes Ziel muss anhand von Zahlen messbar oder anderweitig nachprüfbar sein. Unternehmen verfolgen mehrere Ziele gleichzeitig, ein **Zielsystem**. Ziele sind nicht immer miteinander vereinbar.

Mögliche Zielbeziehungen im Marketing
Im Idealfall ergänzen sich die Ziele wechselseitig. Man sagt, sie sind **komplementär** [1].
Ein Beispiel: Bei iMo lautet ein ökonomisches Marketingziel „Umsatzsteigerung um 2 % innerhalb der nächsten drei Jahre". Zugleich möchte iMo die Kunden an sich binden und zu einem Wiederkauf bzw. einer Weiterempfehlung bewegen (psychologisches Ziel). Beide Ziele ergänzen sich, da durch einen erneuten Kauf oder eine Empfehlung der Umsatz gesteigert wird. Andere Ziele dagegen stehen sich gegenseitig im Weg. Man spricht hier von einer **konkurrierenden** Zielbeziehung [2]. Dies bedeutet, dass die Erreichung eines Ziels die Erreichung eines anderen Ziels behindert. Die Einsparung von Kosten zulasten der Qualität beeinträchtigt beispielsweise das angestrebte Markenimage „Nachhaltigkeit und Hochwertigkeit".

Falls Ziele sich nicht gegenseitig beeinflussen, stehen sie in einer **neutralen** Beziehung [3] zueinander.
Ein Beispiel: iMo möchte als süddeutsches Unternehmen im Norden Deutschlands ein Markenimage aufbauen. Dieses Ziel hat keinerlei Auswirkungen auf das weitere Ziel der Neukundengewinnung in Bayern.

Konkurrierende Zielkonflikte lösen
Der Chef der iMo-Marketingabteilung, Herr Johansson, bemüht sich, für die konkurrierenden Ziele im Unternehmen eine Lösung zu finden.
Herr Johansson erstellt eine **Rangfolge der Ziele.** Frau Muth entscheidet gemeinsam mit ihm, welches Ziel am wichtigsten erscheint. Im obigen Beispiel „Kosten versus Qualität" gewichtet Frau Muth die Kostensenkung stärker. Sie nimmt einen eventuellen Verlust des Markenimages in Kauf.
Als weitere Möglichkeit bringt Herr Johansson die **Formulierung von Nebenbedingungen** ins Spiel. Er schlägt vor, das Ziel „Senkung der Kosten für Werbung" nur bis zu dem Punkt zu verfolgen, an dem beim zweiten Ziel „Bekanntheitsgrad steigern" eine Bekanntheitsquote von 75 % unterschritten wird.

[1] Komplementäre Zielbeziehung [2] Konkurrierende Zielbeziehung [3] Neutrale Zielbeziehung

✗ Bei der Verfolgung von Marketingzielen entstehen positive und negative Zielbeziehungen.
✗ Es gibt komplementäre, konkurrierende und neutrale Ziele.
✗ Der Marketingmix beschäftigt sich mit der Festlegung und Umsetzung der Marketingziele.

Zielumsetzung: der Marketingmix
Wenn die ökonomischen und psychologischen Marketingziele ausformuliert sind, gilt es diese umzusetzen. Dies erfolgt über den Marketingmix. Als **Marketingmix** bezeichnet man alle Aktivitäten, um die Marketingziele zu erreichen.
Der Marketingmix teilt sich in **vier Bereiche** auf, die sorgfältig miteinander zu kombinieren und aufeinander abzustimmen sind.

Passende Instrumente aus den vier Bereichen wählen
Aus allen Bereichen des Marketingmix wählt iMo die passenden **Marketinginstrumente** aus. Darunter versteht man ein Maßnahmenbündel oder Einzelmaßnahmen zur Erreichung der Ziele. iMo hat dazu viele verschiedene Steuerungshebel:

4 Die vier klassischen Ps des Marketingmix

1 a) Erläutere je zwei Beispiele für
• komplementäre,
• konkurrierende und
• neutrale
Zielbeziehungen für das Unternehmen iMo.

b) Erstelle und begründe eine Rangfolge für die bei a) konkurrierenden Ziele.

2 iMo musste im letzten Quartal einen Absatzrückgang verzeichnen. Nennt aus jedem Bereich des Marketingmix zwei Maßnahmen, um die Verkaufszahlen zu verbessern.

3.4 Produktpolitik

[1] Entwicklung eines neuen Rollermodells bei iMo

Die optimale Programmgestaltung

Die Produktpolitik zählt zu den Instrumenten des Marketingmix. Daher treffen iMo-Marketingchef Johansson und sein Team zusammen mit der Entwicklungsabteilung **Entscheidungen** über die **Gestaltung bestehender und zukünftiger Produkte**.
Wie soll ein neues Rollermodell aussehen? Wie kann ein älteres Modell für Kunden attraktiv bleiben? Sollen wir ältere Produkte überarbeiten? Wie viele verschiedene Modelle bieten wir den Kunden an?
iMo stehen zur **Programmgestaltung** verschiedene Entscheidungsfelder zur Verfügung.

1. Produktinnovation
Entwickelt iMo ein neues Rollermodell (**Produktinnovation**) und erweitert damit die bestehende Produktpalette, so ist dies eine **Produktdiversifikation.** Manchmal haben Konkurrenzunternehmen bereits Produkte auf dem Markt wie beispielsweise Roller mit Elektroantrieb. iMo hat die Idee der ressourcenschonenden E-Motorisierung aufgegriffen und mit unternehmenseigenen Eigenschaften verknüpft. So kann ebenfalls ein neues Produkt entstehen. In diesem Fall spricht man von einer **Produktdifferenzierung.**

2. Produktvariation/-verbesserung
Bestehende Produkte werden modernisiert und optimiert, z. B. in der Ausstattung oder der Funktion, um die Kundenbedürfnisse zu befriedigen. Stetige Weiterentwicklung bedeutet langfristige Absatzsicherung.

3. Produktelimination
Nicht mehr gefragte Produkte verschwinden aus der Produktpalette.

Der Lebenszyklus eines Produkts
Die Marketingabteilung von iMo steht vor der Frage, welche Maßnahmen sie ergreift, um die Produktpalette bestmöglich zu gestalten. In allen Entscheidungsfeldern spielt der **Produktlebenszyklus** [2] eine bedeutende Rolle. Produkte haben, ähnlich wie Lebensmittel, eine „natürliche" Lebensdauer. Der Produktlebenszyklus gibt den Unternehmen eine Orientierungshilfe für den Einsatz von Marketinginstrumenten. Ist ein Modell beispielsweise gerade auf dem Markt eingeführt worden, gilt es über Marketingmaßnahmen den Bekanntheitsgrad zu steigern. Befindet sich hingegen ein Rollermodell schon länger mit rückläufigem Umsatz auf dem Markt, setzt iMo das Marketing ein, um das Produkt neu auszurichten. Alternativ entfernt iMo das Modell aus der Produktpalette.

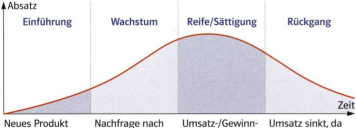

Einführung	Wachstum	Reife/Sättigung	Rückgang
Neues Produkt wird auf dem Markt eingeführt. **Ziel:** Steigerung des Bekanntheitsgrads, um einen höheren Absatz zu erwirtschaften	Nachfrage nach dem Produkt steigt und das Unternehmen erzielt erstmals Gewinn. **Ziel:** Produktanpassungen/-verbesserungen	Umsatz-/Gewinnmaximum. Keine steigende Nachfrage mehr, da meist die Konkurrenz ähnliche Produkte anbietet. **Ziel:** Produktvariation oder Kostensenkung	Umsatz sinkt, da keine Nachfrage mehr. **Ziel:** Produkt vom Markt nehmen oder Neuausrichtung des Produkts an den veränderten Bedürfnissen der Kunden

[2] Produktlebenszyklus

✗ Produktpolitik beschäftigt sich mit der Gestaltung aktueller und zukünftiger Produkte.
✗ Der Produktlebenszyklus unterstützt die Suche nach geeigneten Marketinginstrumenten.
✗ Die Portfolioanalyse teilt alle Produkte in vier Kategorien ein, um eine Strategie auszuwählen.

Portfolioanalyse

Für iMo ist es schwer einzuschätzen, welche Modelle aus der Produktpalette gestärkt oder eliminiert werden sollen. Als Entscheidungshilfe bietet sich die Portfolioanalyse ③ an.

Produkte zu Beginn des Lebenszyklus
z. B. Roller mit E-Motoren
→ aktuell kaum Gewinn, aber Wachstumspotenzial
Strategie: investieren, damit das Produkt zum Star wird oder Produkt einstellen, falls Konkurrenz erfolgreicher

Top-Produkte des Unternehmens
z. B. bewährtes Rollermodell mit gefragtem Design
→ bringen hohen Gewinn ein
Strategie: weiter investieren, um alle Potenziale auszuschöpfen

Problem- oder Auslaufprodukte
z. B. fünf Jahre altes Rollermodell
→ bringen keinen Gewinn mehr ein
Strategie: Produkt eliminieren oder modernisieren

Beständige, beliebte Produkte
z. B. Roller mit gutem Preis-Leistungsverhältnis für Fahranfänger
→ bringen den höchsten Gewinn ein
Strategie: abschöpfen und erzielte Einnahmen in andere Produkte investieren

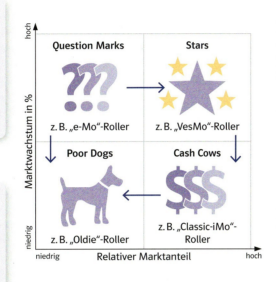

③ Portfolioanalyse

1 👥 Erläutere deinem Banknachbarn mithilfe von konkreten Beispielen drei Möglichkeiten, das Produktprogramm eines Unternehmens zu bearbeiten.

2 Du bist Mitarbeiter in der Marketingabteilung des Unternehmens „cherry", das Elektrogeräte herstellt. Das Unternehmen hat ein Smartphone namens „C-Phone" auf dem Markt, das sich gerade in der Reife-/Sättigungsphase befindet.
a) Nenne drei produktpolitische Maßnahmen, um den Absatz bei diesem Produkt stabil zu halten.
b) Die Nachfrage nach dem C-Phone ist trotz der Maßnahmen zurückgegangen. Beschreibe dem Marketingleiter mögliche Optionen zur weiteren Vorgehensweise.

3 Das Unternehmen „cherry" weist das Produktportfolio ④ auf.

a) Beschreibe die jeweilige Position der Produkte.
b) Entwickle für jedes Produkt eine geeignete Strategie, um den Umsatz für das Unternehmen zu optimieren.

④ Portfolio der Firma „cherry"

3.5 Preispolitik I

1 Wie viel darf ein Motorroller kosten?

Optimales Preis-Leistungs-Verhältnis
Wie viel kann iMo für das neu entwickelte Elektro-Rollermodell „e-Mo" verlangen? Die Preispolitik umfasst alle Entscheidungen in Bezug auf den zu entrichtenden Preis vom Kunden. Die Gesetzmäßigkeiten des Marktpreises verlaufen immer in zwei Richtungen:
- *Je höher der Preis, desto höher der Gewinn.*
- *Je höher der Preis, desto geringer der Absatz.*

Über die Preispolitik versucht ein Unternehmen das optimale Preis-Leistungs-Verhältnis zu finden.

Das „magische Dreieck"
Die Preisbildung hängt nicht ausschließlich von eigenen Kostenfaktoren und Preiswünschen ab. Andere Wettbewerber auf dem Markt spielen eine große Rolle.
iMos größter Konkurrent „E-Motions" bietet ebenfalls E-Roller an. iMo muss sich deshalb an Preisen der Konkurrenzfirma orientieren. Ein weiterer wichtiger Entscheidungsfaktor ist die Kaufbereitschaft des Kunden, der Preise und Qualität verschiedener Anbieter vor Augen hat. Bei der Preisbildung beeinflussen sich also drei Faktoren stetig wechselseitig.

2 „Magisches Dreieck" der Preisbildung

Gestaltung der Zahlungsbedingungen
iMo bietet besonderen Kunden spezielle Konditionen an. Dadurch schafft iMo Anreize für den Kauf und bindet die Kunden an das Unternehmen. Verschiedene **kurzfristige preispolitische Maßnahmen** stehen zur Umsetzung zur Auswahl.

- **Rabatte:** iMo hat zu Beginn des Lebenszyklus den Listenverkaufspreis für einen „e-Mo"-Roller kalkuliert und so den Mindestpreis im Verkauf festgelegt. Treuen Kunden oder Großabnehmern gewährt iMo zusätzlich Rabatte auf den kalkulierten Listenpreis. Dadurch kann iMo flexibel auf Preisänderungen Einfluss nehmen. Der Käufer hat das Gefühl, einen besonderen Stellenwert für das Unternehmen zu haben und baut gedanklich eine positive Verknüpfung zur Marke auf.
- ▷ **Bonus/Boni:** Erreichen Kunden am Jahresende einen bestimmten Umsatz, vergibt Frau Muth Boni. Diese werden den Kunden am Jahresende auf das Konto rückvergütet.
- **Skonto:** Um die Käufer zum schnellen Bezahlen anzuregen, gewährt iMo außerdem Skonti. Bezahlt der Kunde innerhalb einer bestimmten Frist, so vergünstigt sich der Rechnungsbetrag um 1 bis 3 %.

Um nicht Gefahr zu laufen, durch die Preisnachlässe mit Verlust zu produzieren, kalkulieren Unternehmen Nachlässe wie Skonti oder Rabatte vorab in den Listenverkaufspreis mit ein.

Langfristige Preisstrategien
Die grundsätzlichen Überlegungen im „magischen Dreieck" der Preisbildung 2 sind eher kurzfristig angelegt. Langfristigen Anforderungen der Preispolitik werden sie nicht in ausreichendem Maße gerecht.

Festpreisstrategien
Die Qualität der Produkte ist entscheidend für die Festlegung des grundsätzlichen Preisniveaus eines Produkts.

- Kosten, Konkurrenz und die Kaufbereitschaft der Kunden beeinflussen die Preisbildung.
- Die Produktqualität ist ausschlaggebend für die Wahl einer Hoch- oder Niedrigpreisstrategie.
- Abhängig von der Art des Produkts erhöht sich/sinkt der Preis im Laufe des Lebenszyklus.

Hoch- versus Niedrigpreisstrategie

Frau Muth legt größten Wert auf hohe Qualitäts- und Umweltstandards bei der Produktion der Motorroller. Entsprechend hoch fallen auch die Kosten für die Produktion und Vermarktung der Produkte aus.

Um diese Kosten zu decken, ist ein **höheres Preisniveau** unumgänglich. Die höheren Einnahmen sichern langfristig wiederum eine hervorragende Produktqualität und ein positives Produktimage.

iMo verfolgt eine **Hochpreisstrategie**. Diese Strategie birgt auch Risiken. iMo ist dauerhaft gefordert, die Qualität der Produkte unter Beweis zu stellen. Kunden sind ansonsten nicht bereit, hohe Preise zu bezahlen. Die Sicherung eines hohen Marktanteils gestaltet sich schwieriger, da weniger Nachfrager im hohen Preissegment vorhanden sind. Viele Unternehmen setzen daher auf hohe Absatzzahlen. Discounter für Lebensmittel oder Möbel, Billigfluggesellschaften oder auch Billigmobilfunkanbieter verfolgen eine **Niedrigpreisstrategie**. Ziel ist, die Konkurrenzangebote preislich zu unterbieten. Der Preis ist hier das Hauptkriterium. Die Produktqualität entspricht den Mindestanforderungen und ist auf Funktionalität ausgerichtet. Den Nachfragern genügt in bestimmten Bereichen eine Minimalqualität und wird als optimales Preis-Leistungs-Verhältnis empfunden.

Unternehmen mit einer Niedrigpreisstrategie müssen kostengünstig produzieren und vermarkten. Die Kostenersparnis wird an die Kunden über einen günstigeren Preis weitergegeben. Durch hohe Absatzzahlen können Unternehmen schnell einen großen Marktanteil aufbauen. Niedrigpreise verbinden Kunden jedoch oft mit schlechter Qualität. Dadurch besteht die Gefahr, dass die Marke ein negatives Image erhält.

Strategien zum Markteintritt

Zur Markteinführung eines Produktes gibt es zwei Strategien.

- **Skimming- oder Abschöpfungsstrategie:** Technisch innovative, begehrte Produkte wie Smartphones oder Laptops werden bei der Produkteinführung hochpreisig angesetzt. Der Verkaufspreis sinkt dann relativ schnell.
  Unternehmen versuchen durch einen hohen Einstiegspreis einen möglichst großen Gewinn abzuschöpfen. Diese Strategie wird als Skimming- oder Abschöpfungsstrategie bezeichnet. Besonders bei Produkten, die schnell veralten, also an Imagewert verlieren, bietet sich diese Strategie an.

- Im Gegensatz dazu steht die **Penetrationsstrategie** (oft auch Dumping genannt). Durch einen günstigen Einführungspreis will man sofort viele Käufer erreichen. Der Einstiegspreis deckt oftmals nicht einmal die eigenen Kosten. Nehmen die Kunden das Produkt an, wird der Preis angehoben.

Skimmingstrategie: engl. „to skim" = abschöpfen, absahnen

Penetrationsstrategie: lat. „penetrare" = eindringen, durchdringen

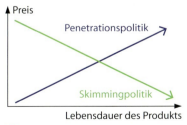

3 Markteintrittsstrategien

---

1 Finde je zwei Beispiele für Unternehmen, die
a) eine Hochpreisstrategie,
b) eine Niedrigpreisstrategie verfolgen.

c) Erläutere für a) Merkmale, die einen hohen Preis für die Produkte des Unternehmens rechtfertigen.

2 Analysiere, welche Markteintrittsstrategie für iMos neuen Elektroroller „e-Mo" sinnvoll erscheint.

3.6 Preispolitik II

[1] Arten der Preisdifferenzierung

Unterschiedliche Preise für ein Rollermodell?
iMo verlangt für das gleiche Rollermodell „VesMo" unterschiedliche Preise. Die Strategie, das gleiche Produkt zu unterschiedlichen Preisen anzubieten, wird als ▷ **Preisdifferenzierung** bezeichnet. Hauptziel dieser Preispolitik ist der Absatz größerer Mengen und somit eine Steigerung des Gewinns. Doch wie funktioniert das?

Mengenmäßige Preisdifferenzierung
Kauft ein Kunde größere Mengen auf einmal oder über einen bestimmten Zeitraum, zahlt er einen geringeren Preis. iMo hat für Großkunden eine Liste erstellt, auf der der Preis abhängig von der gekauften Menge gestaffelt ist:

Staffelpreise „VesMo"
ab 1 Stück: 1.399,99 €
ab 10 Stück: 1.319,99 €
ab 15 Stück: 1.299,99 €

Diese Preise sind vorab kalkuliert, um Verluste durch Staffelpreise zu vermeiden.
In Branchen, in denen häufige Kollektionswechsel stattfinden, ist oft eine Räumung der Verkaufsfläche notwendig. So setzt zum Beispiel die Mode- oder Lebensmittelbranche dieses preispolitische Instrument zum Abverkauf von Saisonwaren ein: Schokohasen nach Ostern oder Bademode im Herbst. Wird die vergünstigte Preisdifferenzierung zu häufig eingesetzt, besteht die Gefahr, Kunden zu verärgern, die den regulären Preis bezahlen. Der Zeitpunkt muss also für Käufer nachvollziehbar sein.

Zeitliche Preisdifferenzierung
iMos Verkaufszahlen steigen jedes Jahr im März an. Woran könnte dies liegen? Witterungsbedingt interessieren sich Kunden im Frühjahr/Sommer häufiger für Roller. Verkaufsrückgängen im Winter lässt sich durch die Vergünstigung des Preises, beispielsweise ab Oktober, entgegenwirken.
Die zeitliche Preisdifferenzierung ist eine Möglichkeit, zu unterschiedlichen Jahreszeiten, Uhrzeiten oder Bestellzeitpunkten geringere oder höhere Preise zu verlangen. Mit dieser Verkaufsstrategie strebt iMo eine gleichmäßige Auslastung der Produktion über das gesamte Geschäftsjahr an. Voraussetzung ist, dass zu den Zeiten mit reduzierten Preisen ein Kaufinteresse besteht. iMo geht davon aus, dass das Klima in Deutschland auch im Herbst/Winter eine Nachfrage nach Rollern zulässt bzw. Kunden sich aufgrund des günstigen Preises zu einem Kauf entschließen.
Weitere Beispiele sind Frühbucherrabatte in der Reisebranche, die Happy Hour in Restaurants, Nachtstromangebote oder Saisonwaren.

- Mittels Preisdifferenzierung wird ein identisches Produkt zu unterschiedlichen Preisen verkauft.
- Die psychologische Wirkung von Schwellenpreisen verführt zum Kauf.

Personelle Preisdifferenzierung

Käufer lassen sich nach verschiedenen Kriterien, wie Lebensalter, Beruf oder Gruppenzugehörigkeit (z. B. Verein, Mitarbeiter, Stammkunden) differenzieren. Jede Gruppe zahlt unterschiedliche Preise für das gleiche Produkt. Schüler, Studenten und Senioren erhalten oft ermäßigte Eintrittspreise oder Vergünstigungen. Spezielle Angebote für Stammkunden, die vom Unternehmen mit Kundenkarten oder Coupons ausgestattet sind, fallen ebenfalls darunter. Die Mitarbeiter von iMo beispielsweise können über einen Mitarbeiterrabatt Roller vergünstigt erwerben. Dies fördert ein positives Betriebsklima und die Identifizierung der Mitarbeiter mit dem Unternehmen.

Raumbezogene Preisdifferenzierung

iMos Preise im Ausland sind geringer als im Inland. In den südlichen EU-Ländern, etwa in Italien, konkurriert iMo mit ortsansässigen Herstellern, die vergleichbare Roller günstiger anbieten. Die Kunden sind dort nicht bereit, den gleichen Preis wie die Kunden in Deutschland zu bezahlen.
Ein weiteres Beispiel sind die Benzinpreise. Tankstellen in Grenznähe oder in der Stadtmitte sind aufgrund des Konkurrenzdrucks günstiger.
Unternehmen sollten auf ausreichende Entfernung zwischen den Standorten mit unterschiedlichen Preisen achten, um Kunden nicht zu verärgern.

Günstige Käufe erzeugen Glücksgefühle

Die Optik des Preises ist oft kaufentscheidend. Die Preispsychologie hat festgestellt, dass Kunden nach einem (vermeintlichen) Schnäppchenkauf ein Glücksgefühl erleben. Die Marketingabteilung muss also die Preiswahrnehmung positiv gestalten. Käufer setzen sich unbewusst Preisschwellen. **Schwellen- oder gebrochene Preise** liegen knapp unter einem runden Betrag. Margarine für 0,99 € erscheint günstig, alles über einem Euro teuer.
Bei iMo wählt man für die Roller deshalb Preise, die meist auf 99 Cent enden. Das Modell „VesMo" wird zu einem optisch günstigen Preis von 1.399,99 € angeboten.

Augen auf beim Schnäppchenkauf!

Der Verbraucher sollte sich der Tricks der Unternehmen bewusst sein. Schon die gedankliche Aufrundung eines Preises kann vor unüberlegten Käufen schützen. Eine beliebte Vorgehensweise von Unternehmen ist die unbewusste Preiserhöhung. Statt die Kunden durch eine offensichtliche Preiserhöhung von beispielsweise 4,99 € auf 5,49 € abzuschrecken, wählen Unternehmen geschicktere Strategien. Hersteller in der Lebensmittelbranche z. B. setzen versteckte Preiserhöhungen durch die Reduzierung der Inhaltsmenge um. Es lohnt sich also, die Verpackung genauer unter die Lupe zu nehmen.

2 Schwellenpreise

3 Vorschlag Mindmap M&S

---

1 a) Ordne die Grafiken ① den verschiedenen Arten der Preisdifferenzierung zu. Erkläre deine Entscheidung.
b) Finde für jede Art der Preisdifferenzierung ein weiteres Beispiel.

2 Benenne verschiedene Rabattarten und erläutere diese an Beispielen.

3 Ihr seid Mitarbeiter im Marketing der Modekette „M&S". Stellt die Teilaufgaben a)–c) in Form einer Mindmap dar (siehe ③). Eure Ergebnisse stellt ihr im Anschluss eurer Klasse vor und ergänzt die Ideen eurer Mitschüler.
a) Erarbeitet für jede Art der Preisdifferenzierung zwei konkrete Umsetzungsmöglichkeiten für das Modeunternehmen M&S.
b) Benennt die Ziele, die das Unternehmen mit der Preisdifferenzierungsstrategie verfolgt.
c) Beschreibt Voraussetzungen, damit die Maßnahmen Wirkung zeigen.

3.7 Kommunikationspolitik I

Werbemittel:
In welcher Form erscheint die Werbung?

Werbeträger:
Wo erscheint die Werbung?

Die Kommunikationspolitik ist ein weiterer Bestandteil des Marketingmix. Kommunikation bedeutet hier, **Informationen** an bestimmte Zielgruppen zu **vermitteln,** um sie zu **beeinflussen.** Wichtige Zielsetzungen sind mehr Umsatz und Gewinn, die Steigerung des Bekanntheitsgrades oder der Imageaufbau.

Was ist Werbung?
In Zeitungen, im Fernsehen, im Internet, im Radio und auf Plakaten – Werbung ist im Alltag unumgänglich. **Hauptziel** der Unternehmen ist der Verkauf der eigenen Produkte. Die Kunden entscheiden in der Vielfalt des Produktangebotes über ihre Käufe. Daher sind die Unternehmen gezwungen, die Entscheidungsprozesse der Kunden gezielt durch Werbung zu ihren Gunsten zu beeinflussen.

„Nur mit diesem Handy bist du wirklich angesagt!"
Werbung verknüpft Informationen zu Produktdetails wie Preis oder Qualität mit positiven Gefühlen dem Produkt oder dem Unternehmen gegenüber.
Käufer eines iMo-Elektrorollers beweisen umweltfreundliches Verhalten und sollen ihr Fahrzeug zugleich als Statussymbol empfinden.

Werbung effektiv einsetzen
Herr Johansson und sein Marketingteam bei iMo überlegen, wie sie das neue Rollermodell „e-Mo" am besten mithilfe von Werbung bekannt machen. Viele Medien finanzieren sich über Werbung als wichtigste Einnahmequelle [1]. iMo muss ein Budget für die geplante Werbekampagne vorgeben und zwei weitere grundsätzliche Entscheidungen treffen:
1. Welche Zielgruppe sprechen wir an?
iMo definiert die Personengruppe, die sie mit der Werbekampagne erreichen will. Die Leitfrage ist: Wer hat Interesse am Kauf eines Elektrorollers?
2. Welche Werbemittel/Werbeträger setzen wir dafür ein?
Auf welchem **Werbemittel** soll iMo die Werbung platzieren? Typisch sind z. B. Anzeigen, Plakate, TV-Spots, Internet-Videos oder Prospekte.
Der **Werbeträger** ist das übergeordnete Medium. So ist für die TV-Werbung das Fernsehen der Werbeträger und für die gedruckte Anzeige die Zeitung.

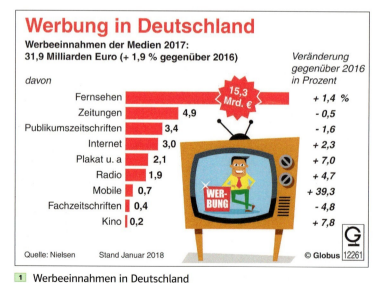

[1] Werbeeinnahmen in Deutschland

---

1 👥 Listet Orte auf, an denen ihr Werbung finden könnt.

2 Als Mitarbeiter eines Schokoladeherstellers bist du für die Werbegestaltung der neuen „Caramel and Cookies Schoki" zuständig. Definiere und begründe
a) mögliche Zielgruppen,
b) passende Werbemittel/Werbeträger.

✗ Werbung zielt auf die Einflussnahme der Verbraucher zugunsten des eigenen Produkts ab.
✗ Die Form der Werbung ist abhängig von den gewählten Werbemitteln und dem Werbebudget.
✗ Ausgaben für Werbung werden auf das Aufwandskonto 6870 WER gebucht.

Mit der AIDA-Formel zum Kauf verführen

Das Marketingteam von iMo entscheidet sich für das Werbemittel „Anzeige". Eine erfahrene Werbeagentur unterstützt iMo bei der Erstellung der Werbeanzeige. Sie soll u.a. in einer Fachzeitschrift für Zweiräder erscheinen. Hierfür verwendet sie die AIDA-Formel.
Die AIDA-Formel beinhaltet die wichtigsten Werbeziele.

Begriff AIDA	Werbung soll ...
Attention (Aufmerksamkeit)	Aufmerksamkeit beim Kunden erregen.
Interest (Interesse)	Interesse erzeugen.
Desire (Wunsch)	einen Besitzwunsch auslösen.
Action (Handeln)	einen Entschluss zur Kaufhandlung bewirken.

2 iMo-Werbeanzeige

Tricks bei der Umsetzung

Wie schafft es Werbung, unsere Aufmerksamkeit zu erlangen? Um die Verbraucher anzusprechen, bedienen sich Werbeexperten psychologischer Tricks. **Farben, Sprüche oder ansprechende Motive** als Blickfang sorgen für Aufmerksamkeit. Bekannte **Prominente** oder **Models,** die die Produkte vertreten, sollen Vertrauen schaffen und zum Nachahmen animieren. Der Verbraucher möchte unbewusst genauso schön, schlank oder beliebt sein wie das prominente Vorbild. **Experten**, z. B. Ärzte, sollen Glaubhaftigkeit vermitteln.

Buchhalterische Erfassung von Werbung

Die Abteilung Rechnungswesen bei iMo erhält die Rechnung für die **Schaltung der Werbeanzeige** 2 in der Fachzeitschrift „Drive Smart" über 2.500,00 € netto. Im Kontenplan findet sich das Konto **6870 Werbung.** Es umfasst alle Aufwendungen für Werbematerial und Werbemittel wie Prospekte, Plakate, Inserate (auch online) oder Fernsehspots.

Der Buchungssatz lautet:
6870 WER 2.500,00 € an 4400 VE 2.975,00 €
2600 VORST 475,00 €

3 Tricks der Werbung

3 Sucht euch in einer Zeitschrift/Zeitung eine Werbeanzeige, die sich an Jugendliche eurer Altersgruppe richtet. Analysiert diese mithilfe der AIDA-Formel und präsentiert sie vor der Klasse.

4 a) Erstellt am PC ein Werbeplakat für die neue Schokoladensorte „Caramel and Cookies" (Aufgabe 2). Orientiert euch dabei an der Zielgruppe und der AIDA-Formel.

b) Beschreibt, wie ihr die Aufmerksamkeit der Kunden erlangt.

5 Erstelle eine Mindmap mit den Vor- und Nachteilen von Werbung aus Sicht des Verbrauchers.

3.8 Kommunikationspolitik II

[1] PR-Instrumente der Firma iMo

Öffentlichkeitsarbeit:
„Tue Gutes und rede darüber"

Was nützt es einem Unternehmen, wenn es engagiert und erfolgreich ist, und keiner erfährt davon? Aufgabe der **Öffentlichkeitsarbeit,** auch ▷ **Public Relations (PR)** genannt, ist es, positive Nachrichten über ein Unternehmen zu verbreiten. Die PR-Abteilung prägt mit ihrer Arbeit wesentlich das Bild des Unternehmens nach außen. Die Öffentlichkeit soll das Unternehmen kennenlernen und mit bestimmten Werten in Verbindung bringen. iMo nutzt Auszeichnungen, Verleihungen oder soziales Engagement, um ein positives Unternehmensimage aufzubauen. Die Verbreitung der Nachrichten, dass iMo ein vorbildlicher, sozialer Arbeitgeber ist, oder dass die Firma einen Preis für Elektroinnovation gewonnen hat, können so doppelt genutzt werden. Potenzielle Kunden sind dadurch positiv in ihrer Meinungsbildung beeinflusst. Verbraucher sprechen untereinander über das Engagement des Unternehmens, was zu einer Steigerung des Bekanntheitsgrades führt.

PR-Instrumente
Um Öffentlichkeitsarbeit wirksam zu betreiben, bedienen sich Unternehmen verschiedener Instrumente: Neuigkeiten werden über **Pressemitteilungen** oder **soziale Netzwerke** verbreitet. Die **Bereitstellung von Lernmaterialien** für Schulen, die **Teilnahme an Berufsorientierungstagen** oder ein **Tag der offenen Tür** rücken das Unternehmen in ein positives Licht.

Buchhalterische Erfassung der Kommunikationsmittel
Posts auf der iMo-Webseite, Einträge in sozialen Netzwerken, Zugänge zu Online-ausgaben von Zeitungen oder Zeitschriften – iMo benötigt für den Einsatz vieler PR-Instrumente einen Internetzugang. Dazu ist Beleg [2] in der Abteilung Rechnungswesen eingegangen.
Das Konto **6820 Kommunikation** erfasst alle Aufwendungen für die Kommunikation wie Telefongebühren, Nutzungsentgelte für das Internet, Arbeiten an der Webseite usw.
Der Buchungssatz lautet:
6820 KOM 1.000,00 € an 4400 VE 1.190,00 €
2600 VORST   190,00 €

[2] Eingangsrechnung (Ausschnitt)

- Die Öffentlichkeitsarbeit, auch Public Relations genannt, stellt das Unternehmen nach außen dar.
- Ziel der Öffentlichkeitsarbeit ist die Steigerung des Bekanntheitsgrades und eine positive Beeinflussung des Unternehmensimages.

3 Formen des Sponsoring

Sponsoring als Teil der Öffentlichkeitsarbeit

Das Unternehmenslogo auf dem Trikot des Siegers in der Zeitung macht sich immer gut. iMo unterstützt den Heimatverein im Fußball durch ▷ **Sponsoring** der Trikots. Im Gegenzug sind das Firmenlogo und ein Slogan groß auf den Sportshirts abgedruckt.

Formen des Sponsoring

Nicht nur einmalige oder regelmäßige **Geldzuwendungen** sind als Sponsoring zu betrachten. Auch **Sachmittel,** wie Preise bei Gewinnspielen oder die Ausstattung von Sportmannschaften mit Kleidung, zählen dazu. Dienstleistungen wie die **Organisation** und Durchführung von **Veranstaltungen** gelten ebenfalls als Sponsoring.
Die Marketingabteilung vom iMo organisiert regelmäßige Informationsvorträge über Elektromobilität in Städten. Das Sponsoring bietet über die Berichterstattung in verschiedenen Medien die Möglichkeit, das Unternehmen zu bewerben. iMo orientiert sich anders als internationale Konzerne zielgruppenorientiert an lokalen Ereignissen.

Buchhalterische Erfassung von Rechts- und Beratungskosten

iMo holt den Rat eines Steuerberaters für den Bereich „Sponsoring" ein. Dafür liegt jetzt eine Rechnung des Steuerberaters über 750,00 € netto vor.
Das Konto **6770 Rechts- und Beratungskosten** umfasst alle Aufwendungen, die im Zusammenhang mit Rechtsanwälten, Notaren, Steuer- und Unternehmensberatern stehen.
Der Buchungssatz lautet:
6770 RBK   750,00 € an 4400 VE 892,50 €
2600 VORST 142,50 €

Neue Konten im Rahmen der Kommunikationspolitik	
6820 KOM	Kommunikationsgebühren (Telefon, Internetdienste)
6870 WER	Aufwendungen für Werbematerial und -mittel wie z.B. Anzeigen, Internetauftritte, Plakate, Fernsehspots
6770 RBK	Aufwendungen für Rechtsberatung; z.B. Rechtsanwalt, Steuerberater, Notar, Unternehmensberater

1 Folgende Geschäftsfälle sind bei iMo noch zu verbuchen.
a) Lastschrift der Telefonrechnung, 178,50 €.
b) Barzahlung der Infoplakate für den Tag der offenen Tür, netto 249,00 €.
c) Eingangsrechnung für eine Zeitungsanzeige zum Berufsinformationstag, netto 49,00 €.
d) Die Rechtsanwaltskanzlei „Hart & Co." stellt Kosten in Höhe von 1.450,00 € netto in Rechnung.

2 Du bist Mitarbeiter eines regionalen Limonadenherstellers.
a) Formuliere drei Schlagzeilen zur Veröffentlichung in sozialen Netzwerken.
b) Erläutere zwei geeignete Formen von Sponsoring für das Unternehmen.
c) Begründe, warum PR und Sponsoring so wichtig für ein Unternehmen sind.

3.9 Distributionspolitik I

1 Wie gelangt das Produkt zum Kunden?

Von der Produktion zum Kunden

Wie erreichen die iMo-Roller am besten die Kunden? Den Weg, den ein Produkt vom Unternehmen zum Verbraucher zurücklegt, bezeichnet man als **Vertriebs- oder Distributionsweg.** Aufgabe der ▷ **Distributionspolitik** ist es, die optimalen **Wege** für ein Produkt festzulegen. Die Wahl des Vertriebsweges wird allgemein beeinflusst durch:

1. Produkt:
- spezielle Einweisung/Beratung
- Haltbarkeit z. B. Lebensmittel
- Besonderheiten bei Transport und Lagerung

2. Kunden:
- beliebte/gewohnte Informationswege über Produkteigenschaften
- Vertriebswege von ähnlichen Konkurrenzprodukten

3. Kosten:
- Dauer der Betriebstätigkeit (Start-up-Unternehmen)
- Beeinträchtigung der Wettbewerbsfähigkeit durch zu hohe Kosten

> Der direkte Vertriebsweg beinhaltet **alle Absatzformen,** in denen das **Unternehmen in direktem Kontakt zum Kunden** steht, ohne zwischengeschaltete Personen oder Unternehmer.

Unternehmen →(direkter Vertrieb)→ Kunde

2 Direkter Weg zum Endverbraucher

Direkter Vertrieb

> **Direkte Vertriebswege:**
> - eigene Verkaufsniederlassungen
> - Geschäfte/Werksverkäufe
> - Onlineshops
> - Vertriebsmitarbeiter im Außendienst
> - Katalogverkauf
> - Telefonverkauf

Vorteile des direkten Vertriebs

Auf dem Betriebsgelände von iMo und im Großraum München gibt es je eine Verkaufsniederlassung. Zusätzlich können Kunden die Roller über die iMo-Internetseite bestellen. Die Kunden können sich auf beiden Kanälen **direkt** bei iMo über die Produkte informieren und erwerben. Somit kann iMo den Kundenkontakt pflegen und weiter ausbauen. Die Firma ist also nicht davon abhängig, wie gut ein externer Partner ihre Produkte vermittelt.

Außerdem schult iMo seine Verkäufer für den Verkauf der eigenen Produkte und stellt so eine zielgerichtete Beratung sicher. Am Ende eines Geschäftsjahres ist es für die Abteilung Rechnungswesen aufgrund der vorhandenen Daten einfach, den Erfolg zu kontrollieren. Die Anzahl der erstellten Angebote (inklusive aller Preise und Nachlässe), Vertragsabschlüsse sowie

---

1 Nenne drei Produkte, bei denen eine ausgiebige Beratung sinnvoll erscheint und begründe.

2 👥 Wähle drei direkte Vertriebswege. Erläutere je zwei geeignete Produkte für jeden Weg und stelle diese deiner Klasse kurz vor.

3 Stelle vier Vorteile des direkten Vertriebs dar.

✗ Die Distributionspolitik legt den Produktweg vom Unternehmen bis zum Endverbraucher fest.
✗ Der direkte Vertrieb umfasst alle Verkaufswege mit direktem Kundenkontakt.
✗ Der größte Vorteil des direkten Vertriebs besteht in der unmittelbaren Verbindung mit dem Kunden.

Reklamationen helfen iMo, für die Zukunft Verbesserungen vorzunehmen. Diese umfassende Möglichkeit der Auswertung besteht bei einem Verkauf über zwischengeschaltete, eigenständige Personen oftmals nicht.

Nachteile des direkten Vertriebs
Azubi Marco aus der Marketingabteilung fragt sich, warum iMo nicht einfach mehr Niederlassungen eröffnet, um mehr Produkte zu verkaufen. Herr Johansson erklärt ihm, dass sich die Unternehmensleitung wegen des Kostenrisikos gegen die Eröffnung weiterer Niederlassungen entschieden hat. Aufwendungen für die Miete und die Personalkosten würden die Einnahmen übersteigen. Zusätzlich müsste eine höhere Stückzahl produziert und gelagert werden, was Zusatzkosten verursachen würde.
Eine Expansion ist immer schwierig. Mit weniger Kostenrisiko wäre es verbunden, sich an einen größeren Händler mit vorhandenem Kundenstamm zu wenden. So könnte man vom Ruf und der Marke eines bekannten Vertriebspartners profitieren und müsste sich den Kundenstamm nicht alleine aufbauen.
Ein einzelner Vertriebsmitarbeiter kann nicht so hohe Stückzahlen verkaufen wie ein großer Einzelhändler mit mehreren Filialen. Zudem sind Kunden skeptisch, wenn ein unbekannter Verkaufsmitarbeiter zu ihnen Kontakt aufnimmt.

Aufwendungen für Reisekosten
Ein iMo-Vertriebsmitarbeiter hat eine Messe für Motorroller besucht, um sich über die neuesten Trends zu informieren.

Das Konto **6850 Reisekosten** umfasst alle Aufwendungen im Zusammenhang mit betrieblichen Reisen, z. B. Bahntickets, Fahrten mit einem Taxi oder Eintritte.

Der Mitarbeiter legt der Buchhaltung folgenden Beleg [3] vor.

[3] Abrechnung Reisekosten Fachmesse

Der Buchungssatz lautet:
6850 REK   234,96 €   an   2800 BK   279,60 €
2600 VORST   44,64 €

Aufwendungen für Provisionen an unternehmenseigene Vertriebsmitarbeiter
Die unternehmenseigenen Vertriebsmitarbeiter im Außendienst erhalten ein fixes Grundgehalt. Um die Motivation zu steigern, zahlt iMo zusätzlich eine erfolgsabhängige Provision. Je mehr Roller ein Mitarbeiter verkauft, umso mehr Provision erhält er zusätzlich. Diese Provisionen werden gemeinsam mit dem Gehalt am Monatsende überwiesen, da diese Einkünfte Einkommensteuer- und sozialversicherungspflichtig sind. Die buchhalterische Erfassung lernt ihr in Kapitel 5.

---

4 Erläutere dir bekannte Vertriebswege für
a) Fahrräder,
b) Haushaltswaren.

5 Erstelle eine Liste mit den Kosten, die bei einem Vertrieb über Zweigniederlassungen anfallen.

6 Folgende Geschäftsfälle sind bei iMo zu verbuchen:

a) Eingangsrechnung Hotel FFM für zwei Übernachtungen, netto 240,00 €.
b) Fahrpreisquittung von Taxi „Schneck", brutto 18,30 €.

○ 1, 4, 6   ● 2, 3, 5

3.10 Distributionspolitik II

[1] Indirekter Vertriebsweg Einzelhandel

Indirekter Vertrieb

```
        Unternehmen
             ↓
    1. Vertragshändler
    2. Einzel-/Großhändler
    3. Handelsvertreter
    4. Franchising
             ↓
          Kunde
```

[2] Indirekter Weg zum Endverbraucher

Um möglichst viele Kunden zu erreichen und den Distributionsgrad zu erhöhen, hat sich iMo entschlossen, nicht nur auf den direkten Vertrieb zu setzen.

> Der **indirekte** Vertriebsweg beinhaltet **alle Absatzformen,** in denen das Unternehmen die Produkte **über unternehmensfremde, rechtlich selbstständige Absatzmittler** verkauft. Es besteht dabei meist **kein direkter Kundenkontakt.**

1. Vertragshändler
Typisch etwa für die Automobilindustrie ist der Vertrieb über Vertragshändler. Hersteller und Händler gehen eine vertragliche Bindung ein. Der Händler führt ausschließlich die Produkte der entsprechenden Marke. Er ist selbstständiger Kaufmann. Üblich ist die Abnahme von Mindestmengen, das Führen eines (Ersatzteil-)Lagers oder die Durchführung abgestimmter Werbemaßnahmen.

▷ **Distributionsgrad:** Gibt an, wie verbreitet ein Produkt im Markt für die Kunden erhältlich ist. Je höher der Grad, desto mehr Möglichkeiten bestehen für Endverbraucher, ein Produkt zu erwerben.

▷ **Franchising:** Vertriebsform, bei der Unternehmen das Geschäftskonzept eines anderen Unternehmens gegen Gebühr nutzen.

2. Einzel-/Großhändler
Einzel- und Großhändler kaufen Produkte auf eigene Rechnung und verkaufen diese weiter: der Groß- an den Einzelhandel und der Einzelhandel weiter an den Endverbraucher. Unternehmen setzen dafür entweder eigene Vertriebsmitarbeiter oder selbstständige Handelsvertreter für die Vermittlung ein.
Typische Bereiche sind die Lebensmittel- oder die Modeindustrie.

3. Handelsvertreter
Handelsvertreter sind selbstständige Gewerbetreibende, die für ein oder mehrere Unternehmen Produkte vertreiben. Der Vertreter verkauft die Produkte nicht selbst, sondern vermittelt lediglich zwischen dem Unternehmen und dem Kunden einen Kauf. Die Vergütung erfolgt über eine erfolgsabhängige Provision bei Vertragsabschluss. Der Handelsvertreter ist im Gegensatz zum unternehmenseigenen reisenden Vertriebsmitarbeiter selbstständig.
Handelsvertreter vertreiben oft Produkte mehrerer Hersteller. Beispiele sind die Versicherungsbranche oder die Kosmetikindustrie. Diese Absatzform ist häufig im Handel mit Großkunden anzutreffen, die größere Stückzahlen abnehmen.

4. Franchising
Hier besteht zwischen dem Unternehmen (Franchisegeber) und dem Franchisenehmer eine vertragliche Bindung. Der Franchisegeber stellt dem Franchisenehmer das Produkt und die Marke zur Verfügung. Für diese Leistung muss der Franchisenehmer bezahlen. Den Gewinn, den der Franchisenehmer mit dem Verkauf des Produktes erzielt, stellt sein Einkommen dar. Restaurant- oder Fitnessketten werden oft über Franchising aufgebaut.

- Beim indirekten Vertrieb besteht zwischen dem produzierenden Unternehmen und dem Kunden in der Regel kein direkter Kundenkontakt.
- Unternehmen setzen auf beide Vertriebsarten, um einen hohen Distributionsgrad zu erreichen.

Vor- und Nachteile des indirekten Vertriebs

Kunden, die sich für einen Motorroller interessieren, suchen meist Geschäfte mit einer größeren Auswahl an Produkten auf. Daher verkauft iMo Roller zusätzlich über verschiedene Einzelhändler. Die Geschäfte haben mehrere Rollermarken im Angebot. Durch den indirekten Absatz über den Einzelhandel erreicht iMo einen höheren Distributionsgrad, da mehr Endverbraucher die Möglichkeit erhalten, die iMo-Roller zu kaufen. Ziel ist es, den Absatz insgesamt zu steigern.

Leider ist nicht garantiert, dass die Einzelhändler in iMos Sinn über die Produkte aufklären und beraten. Es besteht die Gefahr, dass andere Marken bevorzugt empfohlen werden. Da iMo zu den Endkunden im Einzelhandel keinen persönlichen Kontakt pflegt, kann die Unternehmensleitung auf sie keinen direkten Einfluss nehmen.

Die Einzelhändler erwerben eine gewisse Anzahl an Produkten beim Unternehmen und verkaufen diese teurer an die Kunden weiter. iMo gibt den Einzelhändlern Preisempfehlungen für die Roller, hat aber bei der letztendlichen Preisgestaltung kein Mitspracherecht. Rabatte, Skonto oder Boni sind also von der Preispolitik des Einzelhändlers abhängig. iMo kann somit nicht spontan in das Geschäft eingreifen.

Dafür spart iMo die Kosten für eigene Verkaufsräume. Die Aufwendungen für Lagerhaltung, Personal und Miete trägt der Einzelhändler.

Buchhalterische Erfassung der Provision

Wer organisiert und koordiniert den Verkauf der Motorroller an die Einzelhändler? Den Verkauf von iMo-Produkten übernehmen selbstständige Handelsvertreter. Diese suchen geeignete Geschäfte im In- und Ausland aus, verhandeln die Konditionen und vermitteln im besten Falle einen Kaufvertrag. Für jede Region (z. B. Deutschland Süd, Nord, West und Ost) ist jeweils ein Handelsvertreter als Ansprechpartner für die Einzelhändler tätig. Bei Abschluss eines Kaufvertrags erhalten die Handelsvertreter eine verkaufsabhängige Provision, die der Vertreter iMo in Rechnung stellt. Die Rechnungen sind bei iMo als Aufwendungen buchhalterisch zu erfassen.

Geschäftsfall: *Der Handelsvertreter Herr Müller stellt eine Rechnung an iMo für eine Provision in Höhe von 2.100,00 € netto.*

Der Buchungssatz lautet:
6760 PROV 2.100,00 € an 4400 VE 2.499,00 €
2600 VORST 399,00 €

Das Konto **6760 Provisionen** umfasst alle Aufwendungen, die in Zusammenhang mit gezahlten Verkaufsprovisionen an selbstständige Handelsvertreter entstehen.

Neue Konten im Rahmen der Distributionspolitik	
6850 REK	Aufwendungen für Reisekosten, die dem betrieblichen Zweck dienen, z. B. Bahn, Taxi, Hotel, Eintritte für Fachmessen
6760 PROV	Aufwendungen für Verkaufsprovisionen

iMo → Handelsvertreter → Einzelhandel → Endverbraucher

---

1 Finde für jede Art des indirekten Vertriebs ein Produkt. Begründe die Wahl des Vertriebsweges.

2 Erläutere den Unterschied zwischen einem unternehmenseigenen, reisenden Vertriebsmitarbeiter und einem Handelsvertreter.

3 Nenne jeweils drei Vor- und Nachteile des indirekten Vertriebs.

4 Folgender Geschäftsfall ist zu verbuchen: Überweisung der Provision an einen Handelsvertreter, brutto 595,00 €.

Marketingmix

1 Ordne folgende Aussagen den vier Bereichen des Marketingmix zu.
a) In der Fußballbundesliga tragen die Spieler einer Mannschaft Trikots mit dem Logo eines Waschmittelherstellers.
b) Im Supermarkt gibt es für Erfrischungsgetränke das Angebot „3 zum Preis von 2".
c) Ein Schokoladenhersteller produziert zusätzlich Eiscreme der Eigenmarke.
d) Ein ortsansässiger Automobilzulieferer ist am Berufsorientierungstag an deiner Schule vertreten.
e) Ein neues Smartphone-Modell wird sowohl in Ladengeschäften als auch im Internet angeboten.
f) Der neue iMo-Roller wird jetzt mit LED-Scheinwerfern ausgestattet.

2 Betrachte die Infografik 1 und beantworte folgende Fragen.
a) Nenne den Herausgeber und die Quelle der Grafik.
b) Beschreibe, was der Marktanteil allgemein aussagt.
c) Wie viel Stück verkaufte
  a) Samsung im Vorjahr,
  b) Apple im Vorjahr?
d) Wie hoch war das Marktvolumen insgesamt im Jahr 2017?
e) Zähle drei Maßnahmen auf,
  a) um den Marktanteil auf dem Smartphone-Markt zu erhöhen.
  b) um die Kosten bei der Produktion von Smartphones zu senken.
f) Beschreibe Eigenschaften eines Herstellers von Smartphones, die die Kundenbindung positiv beeinflussen.
g) Formuliere vier mögliche ökonomische Ziele für den Hersteller Apple.

3 Folgende Geschäftsfälle sind bei iMo zu verbuchen:
a) Eingangsrechnung: viermalige Ausstrahlung des Werbespots im städtischen Kino, netto 756,00 €.
b) iMo überweist einem selbstständigen Mediendesigner 404,60 € brutto für Arbeiten an der Firmenwebseite.
c) Barzahlung der Taxifahrt eines Vertriebsmitarbeiters, netto 34,00 €.
d) Der Rechtsanwalt stellt für die Rechtsberatung ein Honorar in Höhe von 210,00 € netto in Rechnung.
e) iMo bezahlt für die Schaltung einer Onlineanzeige brutto 505,75 €, bar.
f) Ein Handelsvertreter stellt für verkaufte Roller eine Provision von 1.150,00 € netto in Rechnung.

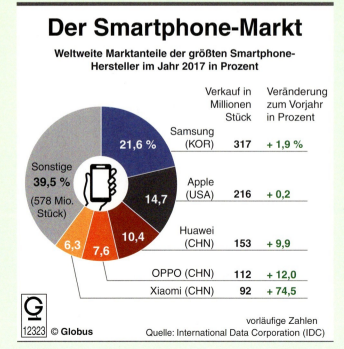

1 Marktanteile Smartphones

Training

Marketing Sven Johansson <johansson@intellimotion.eu>
an mich ▽

Hallo,
hier sind nun alle wichtigen Fakten zum Modell „Ves-Mo":

- Unsere Umfragen haben ergeben, dass das Modell „Ves-Mo" nach wie vor bei der Zielgruppe im Alter zwischen 20 und 30 Jahren gefragt ist.
- Der Roller ist bisher in zwei Farben erhältlich: in Schwarz und in Rot.
- Vertriebskanäle sind unser direkter Vertriebsweg über unsere eigenen Verkaufsniederlassungen und der indirekte Absatz über Einzelhändler.
- Der Preis des Rollers liegt bei 1.399,99 €.
- Wir schalten bislang nur Werbung in einer vierteljährlich erscheinenden Fachzeitschrift für Zweiräder.

2 E-Mail des iMo-Marketingchefs Johansson

4 Du bist Auszubildender in der Marketingabteilung der Firma iMo. Die Absatzzahlen des „Ves-Mo"-Rollers sind rückläufig. Die Geschäftsleitung erwartet ein neues Marketingkonzept, um diesen Trend zu stoppen und umzukehren. Dein Chef, Herr Johansson, bittet dich um deine Mithilfe bei der Ideenfindung. Dazu hat er dir alle Fakten zu „Ves-Mo" in einer kurzen E-Mail zugeschickt 2.

a) Erarbeite für jeden Bereich des Marketingmix (Preis-, Kommunikations-, Distributions- und Produktpolitik) Ideen, um „Ves-Mo" für den Markt attraktiver zu gestalten und neue Kunden zu gewinnen. Stelle deine Ideen im Anschluss deiner Klasse vor.
b) Entwickle ein ansprechendes Werbeplakat für „Ves-Mo".
c) Formuliere zwei passende Meldungen, um das Unternehmensimage von iMo positiv zu beeinflussen. Du veröffentlichst die Nachrichten auf der iMo-Webseite und in sozialen Netzwerken.

5 Unternehmen nutzen Social-Media-Kanäle, um Werbung für Produkte zu schalten 3.
a) Benenne die drei beliebtesten Kanäle.
b) Berechne, wie viele Personen auf diesen drei Kanälen auf ein Produkt aufmerksam geworden sind.
c) Suche auf zwei Kanälen deiner Wahl Werbung heraus. Finde je zwei Argumente, warum die Werbung auf dem jeweiligen Kanal gezeigt wird. Denke dabei an die Zielgruppen.
d) Überlege dir zwei Produkte für eine Vermarktung auf Youtube.
e) Welcher Kanal eignet sich besonders gut für die Platzierung eines iMo-Rollers? Gestalte eine geeignete Werbung mithilfe des PCs.
f) Erörtere, inwieweit Influencer-Marketing für die von iMo vertriebenen Produkte eine Rolle spielen könnte.

3 Platzierung von Werbung auf Social-Media-Kanälen

Kompetent in …

„Content-Marketing" – auf Informationen setzen

Content-Marketing bezeichnet eine Kommunikationsstrategie mit dem Ziel, neue Kunden zu gewinnen. Viele Menschen fühlen sich von der Flut an Internetwerbung belästigt und reagieren genervt. Hier setzt Content-Marketing an. Diese Form des Marketings unterscheidet sich stark von den klassischen Werbeformen wie Anzeigen oder Werbespots. Im Mittelpunkt steht hier nicht die werbliche, positive Darstellung des Unternehmens bzw. Produkts, sondern ein Informationsangebot an den Kunden nach dem Motto *„Mit guten Inhalten überzeugen und die Zielgruppe ansprechen"*. Experten, Berater oder Entertainer, die Glaubwürdigkeit ausstrahlen, vermitteln dabei Inhalte, die für den Kunden von Nutzen sind. Der Kunde wird nicht unmittelbar zum Kauf gedrängt, sondern über sein Interesse am Inhalt zugleich das Interesse am Unternehmen bzw. Produkt geweckt. Es steht ihm dann frei, sich anschließend weiter zu informieren.

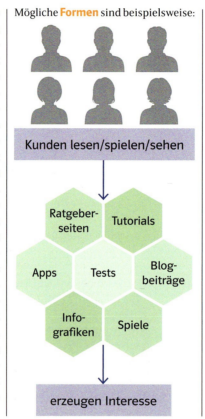

Mögliche **Formen** sind beispielsweise:
Kunden lesen/spielen/sehen
Ratgeberseiten · Tutorials · Apps · Tests · Blogbeiträge · Infografiken · Spiele
erzeugen Interesse

Über Content-Marketing lassen sich auch komplexere Themen wie beispielsweise die Funktionsweise eines Elektrorollers vermitteln. Ziele dieser Strategie können die Bekanntmachung neuer Produkte, der Aufbau oder Wandel des Images, die Kundenbindung und die Umsatzsteigerung sein.

Content-Marketing wird als Marketinginstrument immer wichtiger. Es sollte jedoch gekonnt zum Einsatz kommen. Dafür müssen vorab klare Ziele feststehen, die Inhalte professionell präsentiert und eine Balance zwischen Werbebotschaft und nutzbringender Information gefunden werden. Denn der gelangweilte User ist mit einem einzigen kurzen Mausklick verschwunden.

1 Content-Marketing

1 Bearbeite folgende Aufgaben zum Zeitschriftenartikel 1:
a) Erkläre mit eigenen Worten die Bedeutung von „Content-Marketing".
b) Definiere drei Ziele dieser Strategie.
c) Erläutere je drei Vorteile und Gefahren des „Content-Marketing" aus Sicht der Unternehmen.
d) Recherchiert im Internet nach drei Beispielen. Wählt dabei unterschiedliche Formen.
e) Erstellt ein Tutorial zu einem Produkt eurer Wahl und stellt es eurer Klasse vor.
f) Welche Formen des „Content-Marketing" sind für iMo geeignet? Erkläre zwei gewählte Formen genauer.
g) iMo hat einen neuen Elektroroller „e-Mo 2.0" auf den Markt gebracht. Erstellt dazu einen passenden Blogbeitrag für die unternehmenseigene Webseite.
h) Interviewe zwei Familienmitglieder zu Produkten, die sie aufgrund von Content-Marketing gekauft haben. Erkläre ihnen vorab kurz die Funktionsweise der Marketingstrategie und mögliche Formen.

Kompetent

2 Marketingziele

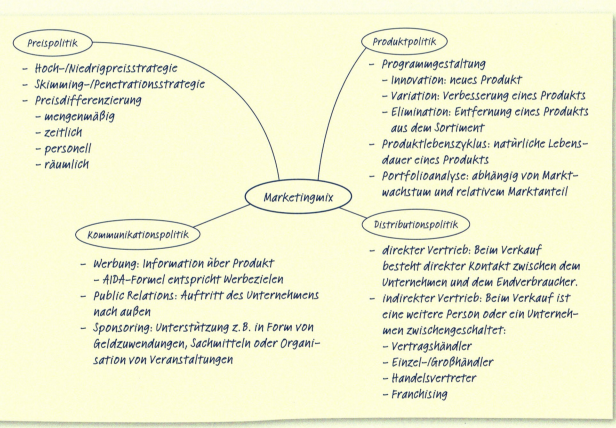

3 Marketingmix

Jetzt kann ich …
- ✗ ökonomische, ökologische und psychologische Marketingziele erläutern.
- ✗ mehrere Zielsetzungen in Beziehung zueinander bringen.
- ✗ Preise für Produkte aus Verbrauchersicht verstehen und aus Unternehmersicht gestalten.
- ✗ Produktpaletten mithilfe von Analyseinstrumenten erfolgswirksam anordnen.
- ✗ Kommunikationsmittel wie Werbung analysieren, selbst erstellen und verstehen.
- ✗ Vor- und Nachteile unterschiedlicher Vertriebswege gegeneinander abwägen.
- ✗ Aufwendungen im Zusammenhang mit Marketingmaßnahmen buchhalterisch erfassen.

4 | Verkauf von Fertigerzeugnissen

Ziel eines Fertigungsunternehmens ist es einen Gewinn zu erwirtschaften. Du weißt bereits, wie ein Unternehmen an das benötigte Material zur Herstellung seiner Produkte gelangt. In diesem Kapitel erfährst du, was ein Unternehmen alles beachten muss, um ein positives Betriebsergebnis zu erzielen.

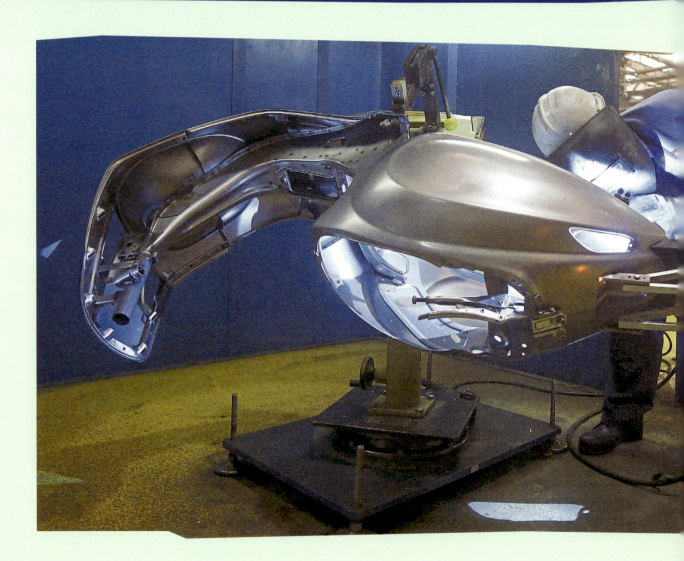

Ich werde ...
- mithilfe von Kalkulationen Verkaufspreise ermitteln.
- abwägen, ob Kunden Sonderrabatte erhalten.
- Kosten für den Versand mit einkalkulieren.
- Ausgangsrechnungen auf Richtigkeit prüfen.
- Rücksendungen und nachträgliche Preisnachlässe verbuchen.
- die wirtschaftlichen Auswirkungen von Korrekturbuchungen verstehen.

Wusstest du, dass ...
- *einem Unternehmen im Schnitt nur drei Euro Gewinn von 100 Euro Umsatz bleiben?*
- *der erste Motorroller 1915 in New York hergestellt wurde?*

4 | Verkauf von Fertigerzeugnissen

4.1 Angebotskalkulation

1 Lieferservice „Culinario" in München

Anfrage eines Kunden

Mario Massari ist der Inhaber des aufstrebenden Lieferservices „Culinario" mit allerlei italienischen Spezialitäten. Er möchte im Münchner Raum durchstarten. Dazu will er sein Lieferpersonal mit einer Flotte an E-Rollern ausstatten.
Ein Geschäftsfreund hat ihm die Firma iMo empfohlen. Mario strebt einen Kauf von iMo-Rollern an, auch mit dem Hintergedanken einer langfristigen wechselseitigen Zusammenarbeit.
iMo-Chefin Ayleen Muth hat mit Mario Massari telefonisch einen Termin in der iMo-Niederlassung in München vereinbart, um eine mögliche Kooperation auszuloten.

Mario Massari: „Hallo Frau Muth, wie schön, dass wir uns heute persönlich sprechen. Ich habe von einem Freund viel Gutes über Ihre Roller gehört. Im Internet habe ich mich dann eingehender über das moderne, umweltfreundliche Konzept Ihrer Firma informiert. Ich war mir sofort sicher, dass eine Zusammenarbeit unserer innovativen Firmen äußerst erstrebenswert wäre. Wie Sie vielleicht wissen, möchte mein Lieferservice die Nummer eins in München werden. Aktuell benötige ich mindestens 20 Fahrzeuge Ihres neuesten Modelltyps. Eine langfristige Zusammenarbeit scheint mir im beiderseitigen Interesse zu sein. Daher würde ich mir wünschen, dass Sie uns Konditionen anbieten, die sich von Ihrer allgemeinen Preisliste abheben."

Mario Massari hatte sich natürlich im Vorfeld eingehend auf das Gespräch mit Ayleen Muth vorbereitet und Angebote anderer Hersteller eingeholt und analysiert. Marios Lieferservice verspricht seinen Kunden eine reibungslose, schnelle und umweltfreundliche Lieferung. Daher muss er sich auf die ständige Einsatzbereitschaft seiner Fahrzeugflotte verlassen können. Eine schnelle Wartung, eine schnelle Ersatzteillieferung und ein guter Service sind ihm sehr wichtig. Daher ist für ihn die Ortsansässigkeit und der zuverlässige Ruf von iMo ein mitentscheidender Faktor.

Ayleen Muth spürt das ernsthafte Kaufinteresse des potenziellen Kunden, setzt sich sofort an den PC und kalkuliert den Angebotspreis für Mario Massari.

Die Angebotskalkulation

Frau Muth möchte vor allem ihr neues Flaggschiff, den „VesMo II", an die neuen Kunden vertreiben. Aufgrund der Neueinführung wird bei diesem Modell mit etwas geringerem Gewinn kalkuliert.

▷ **Kalkulation des Kunden:**
Mario Massari kennt nur den Listenpreis sowie Skonto und möglichen Rabatt aufgrund der Zahlungs- und Lieferbedingungen.

2 Ayleen Muth vereinbart einen Termin mit Mario Massari.

✗ Neukunden zu gewinnen und Stammkunden zu binden, ist wichtig für ein Unternehmen.
✗ Um eine langfristige Zusammenarbeit zu sichern, kann es durchaus Sinn machen, auf den einen oder anderen Cent Gewinn zu verzichten.

3 E-Roller iMo „VesMo II"

Angebotskalkulation	
Selbstkostenpreis	1.154,01 €
+ Gewinn (7 %)	80,78 €
= Barverkaufspreis	1.234,79 €
+ Kundenskonto (2 %)	25,20 €
= Zielverkaufspreis	1.259,99 €
+ Kundenrabatt (10 %)	140,00 €
= Listenverkaufspreis	1.399,99 €

Ausgehend vom **Selbstkostenpreis** berechnet Ayleen Muth den **Listenverkaufspreis** des Rollers. Ziel ihrer Firma ist es, **Gewinne zu machen**. Daher ist der **Barverkaufspreis** die Größe, die sie auf jeden Fall bei ihren Verkäufen erzielen möchte. Da dem Kunden aber so gut wie immer Rabatt und Skonto zugestanden werden, müssen diese Punkte bei der Berechnung des Listenverkaufspreises mitberücksichtigt werden.

▷ **Kalkulation des Herstellers:** Es ist zu beachten, dass der Kunde die Preisnachlässe ausgehend vom ihm bekannten Listenpreis berechnet. Dies muss in der Kalkulation der Verkaufspreise berücksichtigt werden!

1 Wiederhole die Standortfaktoren. Nenne am Beispiel des Lieferservices diejenigen, die für den Münchner Raum sprechen.

2 Spielt in einem Rollenspiel das Verkaufsgespräch von Frau Muth und Mario Massari nach.

3 Erkläre, was man unter Zahlungs- bzw. Lieferbedingungen versteht.

○ 1, 3   ◐ 2

4.2 Listenverkaufspreis

Berechnung des Listenverkaufspreises

Frau Muth muss den Verkaufspreis so kalkulieren, dass sämtliche eigenen Kosten, also die Selbstkosten, gedeckt sind. Außerdem muss sie einen angemessenen Gewinn und die den Kunden eingeräumten Konditionen, also Rabatt und Skonto, einrechnen. Und ihr Preis sollte zudem auf dem Markt konkurrenzfähig sein.

Wir vollziehen jetzt die Kalkulation für den Roller „VesMo II" von Seite 99 Schritt für Schritt nach.
Die Ausgangsgröße für die Berechnung des Verkaufspreises ist der **Selbstkostenpreis**. Ayleen Muth möchte bei ihrem neuen Roller **7 % Gewinn** erreichen und rechnet daher **80,78 €** auf die Selbstkosten auf. Daraus ergibt sich der **Barverkaufspreis**, den sie auf jeden Fall einnehmen möchte, um nach Abzug von Kundenrabatt und Kundenskonto ihre Gewinnerwartung verwirklichen zu können.
Die Berechnungsgrundlage für den **Gewinn** ist der Selbstkostenpreis (≙ 100 %).

Bei der weiteren Berechnung muss Ayleen Muth beachten, dass der Kunde den möglichen Rabatt und Skonto ausgehend von dem ihm bekannten Listenverkaufspreis berechnet.
iMo räumt jedem Käufer die Möglichkeit eines Skontos ein. Bezahlt der Kunde innerhalb der vorgegebenen Frist, darf er den in der Rechnung festgelegten Prozentsatz bereits beim Rechnungsausgleich abziehen. Im Kalkulationsschema wird deshalb aus der Sicht des Kunden gerechnet, das heißt also, die Berechnungsgrundlage für den **Kundenskonto** ist der Zielverkaufspreis.

▷ **Selbstkostenpreis:**
alle unmittelbar bei der Fertigung entstehenden Aufwendungen. Das sind z. B. der Verbrauch der Werkstoffe, Löhne, Gehälter, Mieten, Pachten usw.

```
  Selbstkostenpreis   ←
+ Gewinn
─────────────────────
= Barverkaufspreis
```

Die Selbstkosten stellen den Grundwert (100 %) dar. Der Gewinn wird also vom Selbstkostenpreis ausgehend berechnet. Die Pfeilspitze zeigt zum Grundwert.

```
  Barverkaufspreis
+ Kundenskonto
─────────────────────
= Zielverkaufspreis   ←
```

Da aus Sicht des Kunden gerechnet wird, stellt der Zielverkaufspreis die Ausgangsgröße dar (die Pfeilspitze zeigt wieder zum Grundwert).

✗ *Berechnungsgrundlage für den Gewinn ist immer der Selbstkostenpreis eines Produkts.*
✗ *Der Selbstkostenpreis beinhaltet sämtliche Kosten, die für die Produktion anfallen.*
✗ *Es gibt Mengen-, Treue- und Sonderrabatte.*

Der Zielverkaufspreis ist noch nicht bekannt, daher wird vom Barverkaufspreis (≙ verminderter Grundwert oder 98 %) auf diesen geschlossen.

iMo kann seinen Kunden aus verschiedensten Gründen Rabatt gewähren (Mengen-, Treue-, Sonderrabatt). Auch hier wird wieder aus Sicht des Käufers gerechnet.

Zielverkaufspreis	1.259,99 €	90 %
+ Kundenrabatt	140,00 €	10 %
= Listenverkaufspreis	1.399,99 €	100 %

$$90\,\% \triangleq 1.259{,}99\,€$$
$$10\,\% \triangleq x\,€$$
$$x = \frac{1.259{,}99 \cdot 10}{90}$$
$$x = 140{,}00\,(€)$$

Zielverkaufspreis
+ Kundenrabatt
= Listenverkaufspreis ←

Der Kundenrabatt wird vom Listenverkaufspreis gerechnet, aus Sicht des Kunden. Die Pfeilspitze zeigt immer auf den Grundwert (≙ 100 %).

Da auch der Listenverkaufspreis noch nicht bekannt ist, müssen wir wiederum über den verminderten Grundwert (Zielverkaufspreis oder 90 %) auf den **Kundenrabatt** schließen.

Die Vorwärtskalkulation
Mithilfe der Vorwärtskalkulation konnte Ayleen Muth nun den Angebotspreis für ihren neuen „VesMo II" ermitteln. Grundlage für die Berechnung ist dabei der Selbstkostenpreis.

▷ **Vorwärtskalkulation:**
Die Nachlässe für die Kunden werden bei der Vorwärtskalkulation vom verminderten Grundwert aus berechnet. Der Käufer weiß zwar, dass diese Größen einkalkuliert werden, die genauen Zahlen kennt er jedoch nicht! Dies lässt Spielraum für beide Parteien, die Preise zu verhandeln.

Vorwärts ↓	Selbstkostenpreis	1.154,01 €	100 %		
	+ Gewinn	80,78 €	7 %		
	= Barverkaufspreis	1.234,79 €	107 %	98 %	
	+ Kundenskonto	25,20 €		2 %	
	= Zielverkaufspreis	1.259,99 €		100 %	90 %
	+ Kundenrabatt	140,00 €			10 %
	= Listenverkaufspreis	1.399,99 €			100 %

verminderter Grundwert

1 Ausgehend von den Selbstkosten ist der Listenverkaufspreis zu berechnen. Erstelle jeweils eine Vorwärtskalkulation mit Nebenrechnungen.

a) Selbstkostenpreis 670,00 €, Gewinn 10 %, Skonto 3 %, Kundenrabatt 15 %
b) Selbstkostenpreis 1.120,00 €, Gewinn 12 %, Skonto 2,5 %, Kundenrabatt 11 %
c) Selbstkostenpreis 457,35 €, Gewinn 7 %, Skonto 2 %, Kundenrabatt 12,5 %

4.3 Differenzkalkulation

Prüfen einer Kundenanfrage

Nachdem Ayleen Muth den Verkaufspreis des „VesMo II" errechnet hat, kann sie ihr Angebot an den Interessenten Massari mailen:

> **E-MAIL**
>
> Von: Ayleen Muth – iMo
> An: Mario Massari
> Betreff: Angebot – VesMo II
>
> *Sehr geehrter Herr Massari,*
>
> *wie vereinbart habe ich den Verkaufspreis für unser neues Modell „VesMo II" ermittelt und freue mich, Ihnen mitteilen zu können, dass Sie diesen zum Listenverkaufspreis von 1.399,99 € erwerben können. Sollten Sie in diesem Jahr einen Umsatz von 20.000,00 € überschreiten, erhalten Sie einen nachträglichen Bonus von 2 % auf Ihren Jahresumsatz.*
>
> *Mit freundlichen Grüßen,*
> *Ayleen Muth*

1 E-Mail von Ayleen Muth an Herrn Massari

Wenig später erhält Frau Muth einen Anruf von Herrn Massari.

> Hallo Frau Muth,
> vielen Dank für Ihre E-Mail.
> Ich habe Ihren Verkaufspreis zur Kenntnis genommen und möchte nochmals betonen, dass ich eine langfristige Zusammenarbeit mit Ihnen anstrebe. Meine erste Bestellung wären bereits 20 Stück des beschriebenen Modells. Können wir uns auf einen Rabatt in Höhe von 12 % und einen Skonto von 3 % einigen?

2 Ayleen Muth bei der Nachkalkulation

Frau Muth ist begeistert vom anhaltenden Interesse des Kunden Massari. Jedoch bittet sie Herrn Massari um Bedenkzeit. Sie ist sich nicht sicher, ob bei den erbetenen Preisnachlässen die Einnahmen noch reichen werden, um die Selbstkosten zu decken. Vor dem Gespräch mit Herrn Massari hatte sie ja einen Rabatt von 10 % und Skonto in Höhe von 2 % eingepreist. Frau Muth öffnet noch einmal ihr Kalkulationsprogramm.

Die Differenzkalkulation

Die iMo-Inhaberin prüft, ob beim geplanten Geschäft mit Herrn Massaris Lieferservice ein Gewinn erzielt werden kann und wie hoch dieser in Prozent sein wird. Für Ayleen Muth sind zwei Größen nicht veränderbar:
- die Selbstkosten und
- der Listenverkaufspreis.

Daher muss sie in diesem Fall den Gewinn als Differenzgröße ermitteln.

- ✗ Die Differenzkalkulation prüft, ob die Wunschkonditionen des Kunden sinnvoll sind.
- ✗ Eventuell wird sogar ein kleiner Verlust in Kauf genommen.
- ✗ Bei manchen Produkten werden Gewinne über den Service erzielt.

Differenz

	Selbstkostenpreis	1.154,01 €	100 %		
	+ Gewinn	41,02 €	3,56 %		
	= Barverkaufspreis	1.195,03 €	103,55 %	97 %	
	+ Kundenskonto	36,96 €		3 %	
	= Zielverkaufspreis	1.231,99 €		100 %	88 %
	+ Kundenrabatt	168,00 €			12 %
	= Listenverkaufspreis	1.399,99 €			100 %

Nebenrechnungen:

Kundenrabatt
Grundlage für die Berechnung ist der Listenverkaufspreis (≙ 100 %)

100 % ≙ 1.399,99 €
12 % ≙ x €
$x = \frac{1.399,99 \cdot 12}{100}$
$x = 168,00 \ (€)$

Kundenskonto
Grundlage für die Berechnung ist der Zielverkaufspreis (≙ 100 %)

100 % ≙ 1.231,99 €
3 % ≙ x €
$x = \frac{1.231,99 \cdot 3}{100}$
$x = 36,96 \ (€)$

Gewinn
Grundlage für die Berechnung ist der Selbstkostenpreis (≙ 100 %)

   1.195,03 €
− 1.154,01 €
=   41,02 €

100 % ≙ 1.154,01 €
x % ≙ 41,02 €
$x = \frac{41,02 \cdot 100}{1.154,01}$
$x = 3,56 \ (\%)$

1 Berechne den Gewinn in Euro und in Prozent, wenn der Kunde Massari 15 % Rabatt und 2 % Skonto vorgeschlagen hätte.

2 Ermittle den Kundenrabatt in Euro und in Prozent, wenn der Selbstkostenpreis bei 930,00 € liegt und ein Gewinn von 18 % erzielt werden soll. Der Preis eines anderen Anbieters liegt bei 1.420,00 €.

3 Ein Kunde berichtet von folgendem Angebot: LVP 1.350,00 €, 12 % Rabatt und 2,5 % Skonto. iMo kalkuliert mit 1.070,00 € Selbstkosten. Kann iMo einen Gewinn erzielen?

4.4 Angebot und Ausgangsrechnung

Angebot an den Kunden

Ayleen Muth hat errechnet, dass die von Herrn Massari erwünschten Konditionen zu einem Gewinn in Höhe von 3,56 % führen würden. Da sie den neuen Kunden gerne gewinnen möchte, willigt sie ein und sendet ihm ein offizielles Angebot [1].

> Aus der Kalkulation lässt sich folgendes Schema ableiten:
>   Listenverkaufspreis
> − Rabatt
> = Warenwert, netto
> + Umsatzsteuer
> = Rechnungsbetrag

---

iMo *Intelligent Motion e. Kfr.*
Inh. Ayleen Muth

Rechlinger Straße 44 – 85077 Manching

Culinario – Mario Massari
Feldbergstr. 5a
81825 München

Tel: 08450 3402420
Fax: 08450 3402241
info@intellimotion.eu
DE97 7215 1040 0240 3284 27
BYLADZU1AUG
www.intellimotion.eu

Angebot 27/329

13. März 20..

Art.Nr.	Anzahl	Artikel	Einzelpreis	Gesamtpreis
V601	20	Roller „VesMo II"	1.399,99 €	27.999,80 €
		− Rabatt in Höhe von 12 %		3.359,98 €
		Gesamt netto		24.639,82 €
		+ Umsatzsteuer (19 %)		4.681,57 €
		Rechnungsbetrag		**29.321,39 €**

Zahlungsbedingungen: 30 Tage rein netto; 10 Tage 3 % Skonto;
Lieferung „frei Haus" – Rechnungsdatum entspricht Lieferdatum.
Die gelieferte Ware bleibt bis zur vollständigen Bezahlung Eigentum des Unternehmens.
Erfüllungsort und Gerichtsstand ist Ingolstadt – Registergericht Amtsgericht Pfaffenhofen HRA 2008
Steuernummer: 154/150/21912 – USt-IdNr. DE123987665

[1] Angebot an den Kunden Massari

Angebotskalkulation	
Selbstkostenpreis	→ nur iMo bekannt
+ Gewinn	→ nur iMo bekannt
= Barverkaufspreis	→ erwarteter Erlös aus Verkauf
+ Kundenskonto	→ bei Kalkulation aufgeschlagen
= Zielverkaufspreis	→ ≙ Warenwert, netto
+ Kundenrabatt	→ bei Kalkulation aufgeschlagen
= Listenverkaufspreis	

Aus einem Angebot ist weder für den Kunden noch für die Konkurrenz ersichtlich, wie der Verkaufspreis berechnet wurde. iMo teilt stets nur den Listenverkaufspreis, den Rabatt sowie die Liefer- und Zahlungsbedingungen mit. Die Höhe der Herstellkosten kennt nur das Rechnungswesen bei iMo.

- ✗ Eine Ausgangsrechnung stellt immer einen Eigenbeleg dar.
- ✗ Steuernummer bzw. Umsatzsteuer-Identifikationsnummer müssen angegeben sein.
- ✗ Keine Buchung ohne Beleg!

Prüfung der Ausgangsrechnung

Herr Massari ist sehr zufrieden damit, dass Frau Muth ihm seine Wunschkonditionen einräumt. Er bestätigt gleich am nächsten Tag seine Bestellung.

Die Buchhaltung bei iMo bereitet die Rechnung über die bestellten 20 Roller vor. Sie prüft diese jedoch noch genau, bevor sie an den Kunden geschickt wird.

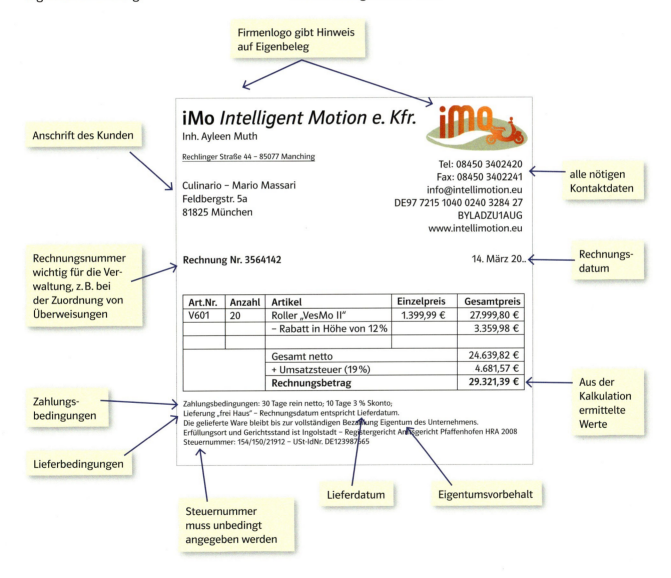

4 | Verkauf von Fertigerzeugnissen

4.5 Umsatzerlöse buchen

Buchung der Ausgangsrechnung
Mario Massari hat seine Bestellung bestätigt und iMo hat die Rechnung an ihn verschickt. Nun muss die Abteilung Rechnungswesen diesen Vorgang buchhalterisch festhalten.

Auswertung der Rechnung zum Bilden des Buchungssatzes
Die Schritte zum Erstellen des Buchungssatzes sind dir bereits bekannt.

iMo *Intelligent Motion e. Kfr.*
Inh. Ayleen Muth

Rechlinger Straße 44 – 85077 Manching

Culinario – Mario Massari
Feldbergstr. 5a
81825 München

Tel: 08450 3402420
Fax: 08450 3402241
info@intellimotion.eu
DE97 7215 1040 0240 3284 27
BYLADZU1AUG
www.intellimotion.eu

Rechnung Nr. 3564142   14. März 20..

Art.Nr.	Anzahl	Artikel	Einzelpreis	Gesamtpreis
V601	20	Roller „VesMo II"	1.399,99 €	27.999,80 €
		– Rabatt in Höhe von 12 %		3.359,98 €
		Gesamt netto		24.639,82 €
		+ Umsatzsteuer (19 %)		4.681,57 €
		Rechnungsbetrag		**29.321,39 €**

Zahlungsbedingungen: 30 Tage rein netto; 10 Tage 3 % Skonto;
Lieferung „frei Haus" – Rechnungsdatum entspricht Lieferdatum.
Die gelieferte Ware bleibt bis zur vollständigen Bezahlung Eigentum des Unternehmens.
Erfüllungsort und Gerichtsstand ist Ingolstadt – Registergericht Amtsgericht Pfaffenhofen HRA 2008
Steuernummer: 154/150/21912 – USt-IdNr. DE123987665

> Sofortrabatte werden, wie der Name andeutet, sofort abgezogen und daher nicht gebucht.

> Nach Abzug des Rabatts ergibt sich der Warenwert netto. iMo verkauft eigene Produkte. Somit ist das Konto Umsatzerlöse für eigene Erzeugnisse 5000 UEFE betroffen.

> Beim Verkauf fallen 19 % Umsatzsteuer an, die auf dem Konto 4800 UST festgehalten wird.

> iMo stellt den Betrag in Rechnung. Das bedeutet, dass der Kunde Schulden bei iMo hat, die die Firma einfordern wird. Gebucht wird der Betrag auf dem Konto 2400 FO.

1 Ausgangsrechnung an den Kunden Massari

Betroffene Konten zur Erstellung des Buchungssatzes
Das Konto **5000 UEFE** ist ein Ertragskonto und nimmt auf der Habenseite zu.
Das Konto für die entstehende Umsatzsteuer **4800 UST** ist ein passives Bestandskonto und damit auch im Haben zu buchen.

Bei Forderungen an Kunden **2400 FO** handelt es sich um ein aktives Bestandskonto, welches im Soll zunimmt.

Buchungssatz

| 2400 FO | 29.321,39 € | an | 5000 UEFE | 24.639,82 € |
| | | | 4800 UST | 4.681,57 € |

✗ Rabatte werden sofort abgezogen und nicht gebucht.
✗ Im Verkauf verwenden wir das Konto 4800 Umsatzsteuer.
✗ Bei einer Lieferung „frei Haus" übernimmt der Verkäufer die Transportkosten.

Eintrag in T-Konten

S	2400 FO (in EUR)	H
5000 UEFE, 4800 UST 29.321,39		

S	5000 UEFE (in EUR)	H
	2400 FO 24.639,82	

S	4800 UST (in EUR)	H
	2400 FO 4.681,57	

---

iMo *Intelligent Motion e. Kfr.*

Inh. Ayleen Muth

Rechlinger Straße 44 – 85077 Manching

Rollerladen – Josef Obermeier
Straubinger Str. 16
84066 Mallersdorf

Tel: 08450 3402420
Fax: 08450 3402241
info@intellimotion.eu
DE97 7215 1040 0240 3284 27
BYLADZU1AUG
www.intellimotion.eu

Rechnung Nr. 3564249   07. Mai 20..

Art.Nr.	Anzahl	Artikel	Einzelpreis	Gesamtpreis
E001	5	Roller „E125"	1.699,00 €	8.495,00 €
		Gesamt netto		8.495,00 €
		+ Umsatzsteuer (19%)		1.614,05 €
		Rechnungsbetrag		10.109,05 €

Zahlungsbedingungen: 30 Tage rein netto; 10 Tage 3 % Skonto;
Lieferung „frei Haus" – Rechnungsdatum entspricht Lieferdatum.
Die gelieferte Ware bleibt bis zur vollständigen Bezahlung Eigentum des Unternehmens.
Erfüllungsort und Gerichtsstand ist Ingolstadt –Amtsgericht Pfaffenhofen HRA 2008
Steuernummer: 154/150/21912 – USt-IdNr. DE123987665

2 Ausgangsrechnung an den Kunden Obermeier

---

1 Dir liegt Beleg **2** vor.
a) Formuliere den Geschäftsfall.
b) Erstelle den dazugehörigen Buchungssatz.
c) Trage diesen anschließend in T-Konten ein.

2 Ausgangsrechnung für 10 Roller à 1.350,00 € netto. Der Kunde erhält 13 % Sofortrabatt. Bilde den Buchungssatz.

3 Betrag einer Ausgangsrechnung für Erzeugnisse: 7.497,00 € netto. Schreibe den Buchungssatz.

4.6 Erfolgsrechnung

Du weißt bereits, dass iMo Aufwendungen entstehen, wenn die Firma die Werkstoffe einkauft, die sie zur Herstellung ihrer Produkte benötigt. Und dir ist bekannt, wie iMo kalkulieren muss, um mit seinen Erzeugnissen gewinnbringend zu arbeiten. In der folgenden Darstellung kannst du sehen, wie sich diese Ereignisse auf unsere Bilanz auswirken.

Einkauf/Beschaffung

Herstellung/Fertigung

Verkauf/Absatz

- Die Aufwände eines Geschäftsjahres werden im Soll des GUV-Kontos festgehalten.
- Demgegenüber stehen die erzielten Erträge auf der Habenseite.
- Ein Gewinn ist erzielt, wenn die Erträge wertmäßig größer sind als die Aufwendungen.

Erst am Ende des Geschäftsjahres kann Ayleen Muth den Geschäftserfolg genau beurteilen, wenn sie sämtliche Aufwendungen und Erträge in der Gewinn- und Verlustrechnung (GuV) festhält. Aufwendungen werden dabei im Soll des GUV-Kontos verbucht und Erträge im Haben. Ist innerhalb des abgelaufenen Geschäftsjahres die Höhe der Erträge größer als die der Aufwendungen, führt dies zu einer Steigerung des Eigenkapitals von iMo.

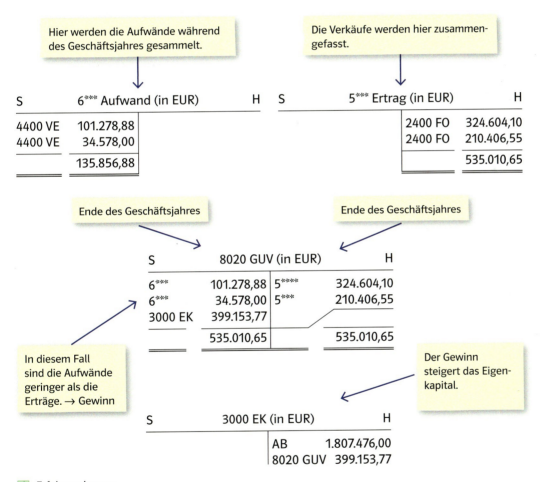

1 Erfolgsrechnung

1 a) Überlegt, welche Konten an der GuV beteiligt sind.
b) Erörtere, wann ein Kaufmann einen Gewinn erzielt und wann einen Verlust.

2 Anfangsbestand des Kontos Eigenkapital: 2.198.974,34 €.
In der GuV am Ende des Geschäftsjahres stehen für das EK im Soll 23.985,87 € zu Buche.

a) Ermittle den Endbestand des Kontos EK.
b) Berechne den Endbestand, wenn das Eigenkapital im Haben des GUV-Kontos stehen würde.

4 | Verkauf von Fertigerzeugnissen

4.7 Verpackungsmaterial buchen: Konto 6040 AWVM

Zusatzkosten im Verkauf
Wie du weißt, können beim Einkauf der Werkstoffe zusätzliche Kosten entstehen, z. B. für die Verpackung oder den Transport der Güter. Auch beim Verkauf unserer Waren fallen **Kosten** an für Verpackung und Versendung der Produkte.

Verpackungsmaterial
Um einen reibungslosen Versand zu gewährleisten, muss bei iMo stets genügend **Verpackungs- und Versandmaterial** [1] auf Lager sein: Verpackungskartons, Wellpappe, Folien, Paletten, Gitterboxen usw.

Betroffene Konten zur Erstellung des Buchungssatzes
Beim Kauf von Verpackungsmaterial entstehen Aufwendungen. Diese werden im Konto **Aufwendungen für Verpackungsmaterial 6040 AWVM** festgehalten und wie bei jedem Aufwandskonto im Soll gebucht. Wie bei jedem Einkauf fällt Vorsteuer **2600 VORST** an.
Eine Rechnung im Einkauf wird, wie wir wissen, auf das Konto **4400 VE** gebucht.
Nach diesen Vorüberlegungen können wir den Buchungssatz zur Rechnung [2] erstellen.

[1] Verpackungs- und Versandmaterial

4400 VE

6040 AWVM

pack.ein. OHG

Regensburger Str. 17 – 94315 Straubing

iMo Intelligent Motion
Rechlinger Straße 44
85077 Manching

Tel: 09421 123111
info@packein.de
DE74 2505 9011 0334 3919 88
GENODEF1SR1
www.packein.de

Rechnung 12-03-19

29. Mai 20..

Art.Nr.	Anzahl	Artikel	Einzelpreis	Gesamtpreis
122	30	Karton L	20,00 €	600,00 €
128	15	Karton XL	25,00 €	375,00 €
		Gesamt netto		975,00 €
		+ Umsatzsteuer (19 %)		185,25 €
		Rechnungsbetrag		1.160,25 €

Zahlungsbedingungen: 30 Tage rein netto; 8 Tage 2 % Skonto.
Die gelieferte Ware bleibt bis zur vollständigen Bezahlung Eigentum des Unternehmens.
Lieferung „frei Haus" – Rechnungsdatum entspricht Lieferdatum
Erfüllungsort und Gerichtsstand ist Straubing beim Amtsgericht Straubing: HRA 2227
Steuernummer: 9/257/114/98691 - USt-IdNr. DE123982412

[2] Beleg

2600 VORST

- Der reibungslose Versand von Produkten erfordert Verpackungsmaterial.
- Die Verpackung soll Transportschäden wie z. B. Lackkratzer am Roller verhindern.
- Gitterboxen oder Europaletten können den Versand unterstützen.

Buchungssatz:

6040 AWVM	975,00 €	an	4400 VE	1.160,25 €
2600 VORST	185,25 €			

Eintrag in T-Konten:

S	**6040 AWVM** (in EUR)	H
4400 VE 975,00		

S	**4400 VE** (in EUR)	H
		6040 AWVM, 2600 VORST 1.160,25

S	**2600 VORST** (in EUR)	H
4400 VE 185,25		

Quittung

Nettobetrag		67,14 €
+ Umsatzsteuer 19 %		12,76 €
Gesamtbetrag		79,90 €

Gesamtbetrag in Worten

neunundsiebzig

Cent wie oben

(im Gesamtbetrag ist die Umsatzsteuer enthalten)

von *iMo Intelligent Motion*
für *Luftpolsterfolie „Knister"*

richtig erhalten zu haben, bestätigt

Ort *Manching* Datum *12.03.20..*

Buchungsvermerk | Stempel/Unterschrift des Empfängers
Stefanie Klinger
Folien Klinger e. Kfr.

3 Beleg

1 Dir liegt Beleg **3** vor.
a) Formuliere den Geschäftsfall.
b) Erstelle den dazugehörigen Buchungssatz.
c) Trage diesen anschließend in T-Konten ein.

2 iMo hat eine Eingangsrechnung für Verpackungsmaterial in Höhe von 139,23 € erhalten. Bilde den Buchungssatz.

3 iMo kauft Kunststoffkleber im Wert von 149,00 € netto auf Ziel. Der Verkäufer gewährt einen Rabatt in Höhe von 5 %. Erstelle den Buchungssatz.

4 | Verkauf von Fertigerzeugnissen

4.8 Versandkosten in Rechnung stellen und buchen

Spedition A. Henle

Adalbert-Stifter-Str. 88, 94474 Vilshofen an der Donau

iMo Intelligent Motion
Rechlinger Straße 44
85077 Manching

Tel: 08541 98712752
info@spedhenle.de
DE75 8874 1231 8432 4479 13
GENODEF7VIR
www.spedhenle.de

Rechnung Nr. 5588-201   14.03.20..

Für die Belieferung Ihres Kunden „Culinario München"
erlauben wir uns, Ihnen folgende Leistungen zu berechnen:

Ausgangs-ort	Ziel-ort	Leistung	Gesamtpreis
Manching	München	Transport von E-Rollern und Abladen	600,00 €
		Gesamt netto	600,00 €
		+ Umsatzsteuer (19 %)	114,00 €
		Rechnungsbetrag	714,00 €

Zahlungsbedingungen: 8 Tage 2 % Skonto, 30 Tage rein netto;
Die gelieferte Ware bleibt bis zur vollständigen Bezahlung Eigentum des Unternehmens.
Lieferung „frei Haus" - Rechnungsdatum entspricht Lieferdatum.
Erfüllungsort ist Vilshofen an der Donau – Amtsgericht Passau: HRB 5471
Steuernummer: 2/937/147/90888 – USt-IdNr. DE44792121

1 Eingangsrechnung über Frachtkosten

---

iMo *Intelligent Motion e. Kfr.*
Inh. Ayleen Muth

Rechlinger Straße 44 – 85077 Manching

Zweirad Pfanner e. Kfm.
Europaring 1
94315 Straubing

Tel: 08450 3402420
Fax: 08450 3402241
info@intellimotion.eu
DE97 7215 1040 0240 3284 27
BYLADZU1AUG
www.intellimotion.eu

Rechnung Nr. 4659202   19. April 20..
                              Kundennr. 222/07

Art.Nr.	Anzahl	Artikel	Einzelpreis	Gesamtpreis
R445	25	Roller „Bravo", rot	900,00 €	22.500,00 €
		Gesamt netto		22.500,00 €
		+ Fracht und Verpackung		1.200,00 €
		+ Umsatzsteuer (19 %)		4.503,00 €
		Rechnungsbetrag		28.203,00 €

Zahlungsbedingungen: 30 Tage rein netto. Bei Zahlung innerhalb von 10 Tagen 3 % Skonto.
Lieferung „ab Werk" – Rechnungsdatum entspricht Lieferdatum.
Die gelieferte Ware bleibt bis zur vollständigen Bezahlung Eigentum des Unternehmens.
Erfüllungsort und Gerichtsstand ist Ingolstadt – Registergericht Amtsgericht Pfaffenhofen HRA 2008
Steuernummer: 154/150/21912 – USt-IdNr. DE123987665

2 Ausgangsrechnung

→ Nettowarenwert
→ Versandkosten
→ Gesamtumsatzerlös
→ Hier bestätigt iMo, dass der Käufer in diesem Fall für den Transport aufkommt.

Übernahme der Versandkosten (Lieferung „frei Haus")

iMo hat dem Neukunden Massari die Lieferung **„frei Haus"** gewährt, hat also den Transport zum Kunden selbst bezahlt. Die Spedition schickt eine Rechnung über die Frachtkosten  an iMo.

Betroffene Konten zur Erstellung des Buchungssatzes

Da iMo für den Versand zum Kunden aufkommt, entsteht ein Aufwand. Dieser wird im Konto Ausgangsfrachten **6140 AFR** gebucht und wie bei jedem Aufwandskonto im Soll festgehalten. Wie bei jedem Einkauf muss die Vorsteuer 2600 VORST bezahlt und die Eingangsrechnung auf das Konto 4400 VE gebucht werden.
Der zugehörige Buchungssatz sieht wie folgt aus:

6140 AFR   600,00 €   an   4400 VE   714,00 €
2600 VORST   114,00 €

Dem Kunden Versandkosten in Rechnung stellen

Ayleen Muth übernimmt nicht bei jedem Verkauf die Kosten für Verpackung und Versand. Wie aus den Lieferbedingungen von Beleg **2** ersichtlich trägt der Kunde hier die Versandkosten.

- Versandkosten im Verkauf erhöhen die Umsatzerlöse.
- Es gibt kein separates Konto zum Verbuchen von Versandkosten.
- Eine Leihverpackung kann vom Kunden an den Verkäufer zurückgegeben werden.

Betroffene Konten zur Erstellung des Buchungssatzes

Die Erlöse für den Verkauf werden wie bekannt auf das Konto 5000 UEFE gebucht. Anders als im Bereich des Einkaufs gibt es für die **Versandkosten im Verkauf kein Unterkonto**. Sie werden einfach auf die Umsatzerlöse aufgerechnet und deshalb auch unter **5000 UEFE** verbucht (22.500,00 € + 1.200,00 € = 23.700,00 €). Die entstehende Umsatzsteuer buchen wir wie üblich auf das Konto 4800 UST. Auf der Sollseite steht beim Verkauf auf Rechnung das Konto 2400 FO. Der zugehörige Buchungssatz sieht so aus:

2400 FO   28.203,00 €   an   5000 UEFE   23.700,00 €
                             4800 UST   4.503,00 €

Dem Kunden Leihverpackungen berechnen

Im Beleg **3** ist „frei Haus" als Lieferbedingung festgehalten. Jedoch wird eine Leihverpackung, beispielsweise Europaletten, verwendet.
Die Leihverpackung kann der Kunde im weiteren Verlauf wieder an iMo zurückschicken. Vorerst werden die Kosten dafür dem Kunden in Rechnung gestellt.
Die Leihverpackung wird zum Nettowarenwert addiert (8.495,00 € + 250,00 € = 8.745,00 €).
Wir erhalten einen Buchungssatz analog zu dem für Beleg **2**.

2400 FO 10.406,55 €   an   5000 UEFE   8.745,00 €
                            4800 UST   1.661,55 €

---

iMo *Intelligent Motion e. Kfr.*
Inh. Ayleen Muth

Rechlinger Straße 44 – 85077 Manching

Rollerladen – Josef Obermeier
Straubinger Str. 16
84066 Mallersdorf

Tel: 08450 3402420
Fax: 08450 3402241
info@intellimotion.eu
DE97 7215 1040 0240 3284 27
BYLADZU1AUG
www.intellimotion.eu

Rechnung Nr. 3564257   07. Juni 20..

Art.Nr.	Anzahl	Artikel	Einzelpreis	Gesamtpreis
E001	5	Roller „E125"	1.699,00 €	8.495,00 €
		+ Leihverpackung		250,00 €
		Gesamt netto		8.745,00 €
		+ Umsatzsteuer (19 %)		1.661,55 €
		Rechnungsbetrag		**10.406,55 €**

Zahlungsbedingungen: 30 Tage rein netto; 10 Tage 3 % Skonto;
Lieferung „frei Haus" – Rechnungsdatum entspricht Lieferdatum.
Die gelieferte Ware bleibt bis zur vollständigen Bezahlung Eigentum des Unternehmens.
Erfüllungsort und Gerichtsstand ist Ingolstadt –Amtsgericht Pfaffenhofen HRA 2008
Steuernummer: 154/150/21912 – USt-IdNr. DE123987665

3 Ausgangsrechnung

Eintrag in T-Konten:

S	2400 FO (in EUR)	H
5000 UEFE, 4800 UST 10.406,55		

S	5000 UEFE (in EUR)	H
	2400 FO	8.745,00

S	4800 UST (in EUR)	H
	2400 FO	1.661,55

⊕ **Erklärfilm**
6140 AFR
und BZK
n2v6vw

---

1 Formuliere die Buchungssätze zu folgenden Geschäftsfällen.
a) Ausgangsrechnung über 11.733,40 €.
b) Verkauf von 7 Rollern zum Stückpreis von 1.099,00 €; zusätzlich werden dem Kunden 100,00 € für die Lieferung in Rechnung gestellt.
c) Kauf von Verpackungsmaterial in Höhe von 325,00 € netto.
d) Spedition Mittermaier sendet iMo eine Rechnung in Höhe von 226,10 €.
e) Verkauf von 4 Rollern zum Gesamtpreis von 3.880,00 € netto. Es fallen Verpackungskosten in Höhe von 142,80 € brutto an.

4.9 Rücksendungen buchen

[1] Beschädigte Ware

Rücksendungen durch den Kunden
Die Ausgangsrechung an Zweirad Pfanner in Straubing (Seite 112, Beleg [2]) hatte diesen Buchungssatz zur Folge gehabt.

2400 FO 28.203,00 € an 5000 UEFE 23.700,00 €
                          4800 UST   4.503,00 €

Leider sind zwei Roller stark verkratzt angekommen [1]. Beide Parteien konnten den Sachverhalt zur wechselseitigen Zufriedenheit klären. Der Kunde sendet die beiden Roller an iMo zurück und erhält eine Gutschrift [2].

Buchungssatz zur Rücksendung:

5000 UEFE   1.800,00 € an 2400 FO 2.142,00 €
4800 UST   342,00 €

Eintrag in T-Konten:
Gutschrift für die beiden Roller:

S	5000 UEFE (in EUR)		H
2400 FO	1.800,00	2400 FO	23.700,00

E-MAIL

Von: Ayleen Muth – iMo
An: Zweirad Pfanner
Betreff: Gutschrift

Sehr geehrter Herr Pfanner,

wie vereinbart gewähren wir Ihnen aufgrund der Rücksendung der zwei verkratzten Roller eine Gutschrift über 2.142,00 € brutto. Dieser Betrag wird Ihrem Geschäftskonto in den nächsten Tagen gutgeschrieben.
Wir bitten nochmals, den Mangel zu entschuldigen.

Mit besten Grüßen,
Ayleen Muth

[2] Gutschrift

Korrektur der Umsatzsteuer:

S	4800 UST (in EUR)		H
2400 FO	342,00	2400 FO	4.503,00

Korrektur des Kontos 2400 FO:

S	2400 FO (in EUR)		H
5000 UEFE, 4800 UST	28.203,00	5000 UEFE, 4800 UST	2.142,00

Rücksendung von Leihverpackungen
Beim Verkauf an den Kunden Obermeier (Seite 113, Beleg [3]) hatte iMo die Leihverpackung in Rechnung gestellt und auf den Warenwert netto aufgerechnet. Der Buchungssatz lautete:

2400 FO 10.406,55 € an 5000 UEFE 8.745,00 €
                          4800 UST   1.661,55 €

Falls der Kunde es wünscht, kann er die Leihverpackung wieder an iMo zurücksenden. In diesem Fall erfolgt eine Gutschrift auf dem Geschäftsbankkonto.

Geschäftsfall:
Kunde Obermeier sendet die Leihverpackung an iMo zurück. Ayleen Muth schreibt dem Kunden den Betrag von 297,50 € auf dem Kundenkonto gut.

Buchungssatz bei Rücksendung der Leihverpackung:

5000 UEFE   250,00 € an 2400 FO 297,50 €
4800 UST   47,50 €

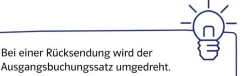

Bei einer Rücksendung wird der Ausgangsbuchungssatz umgedreht.

✗ Bei einer Rücksendung wird der Ausgangsbuchungssatz umgedreht.
✗ Grund für eine Rücksendung kann beim Versand beschädigte Ware sein.
✗ Die Umsatzsteuer muss angepasst werden.

Eintrag in T-Konten:
Gutschrift für die Leihverpackung:

S	5000 UEFE (in EUR)		H
2400 FO	250,00	2400 FO	8.745,00

Korrektur der Umsatzsteuer:

S	4800 UST (in EUR)		H
2400 FO	47,50	2400 FO	1.661,55

Korrektur des Kontos 2400 FO:

S	2400 FO (in EUR)		H
5000 UEFE, 4800 UST	10.406,55	5000 UEFE, 4800 UST	297,50

Rechnungsausgleich durch den Kunden
Ein paar Tage nach der Gutschrift für die Leihverpackung erhält iMo die Zahlung des Kunden Obermeier. Die Details dazu finden sich auf Beleg **3**.
Der ursprüngliche Rechnungsbetrag an den Kunden Obermeier betrug 10.406,55 € (Seite 113, Beleg **3**).
Davon zog der Kunde die Gutschrift für die Rücksendung der Leihverpackung in Höhe von 297,50 € ab und überwies 10.109,05 €.

Buchungssatz bei Zahlung durch den Kunden:

2800 BK   an   2400 FO   10.109,05 €

Industriebank Ingolstadt
Detailanzeige Umsatz

Ihr Login:
iMo Intelligent Motion
Benutzerkennung
0004829

Konto: DE97 7215 1040 0240 3284 27
Saldo in EUR alt: 44.444,00 €
Saldo in EUR neu: 54.553,05 €
Online verfügbar: 104.553,05 €

Buchungstag:	19.06.
Valuta:	19.06.
Betrag in EUR	10.109,05 € H
Auftraggeber:	Josef Obermeier
Vorgang:	Überweisung
Empfänger:	iMo Intelligent Motion
IBAN:	DE51 7403 8302 8400 0053 12
Verwendungszweck 1:	Rechnung Nr. 3564257
Verwendungszweck 2:	
Verwendungszweck 3:	

3 Kontoauszug

---

1 Bilde die Buchungssätze zu folgenden Geschäftsfällen.
a) Ausgangsrechnung in Höhe von 9.282,00 €.
b) Der Kunde erhält eine Gutschrift für die zurückgesendete Leihverpackung, 170,00 € netto.
c) Der Kunde begleicht den verbleibenden Rechnungsbetrag per Banküberweisung.

2 Bearbeitet zusammen die folgenden Aufgaben.
a) Nenne Gründe, wieso es zu Rücksendungen kommen kann.
b) Erläutert, wie Rücksendungen buchhalterisch behandelt werden.
c) Erklärt, weshalb bei Rücksendungen die Umsatzsteuer korrigiert werden muss.

3 Formuliere die Buchungssätze zu folgenden Geschäftsfällen.
a) iMo verkauft 5 Roller zu einem Einzelpreis von 1.199,00 € netto gegen Rechnung.
b) Der Kunde sendet einen defekten Roller zurück und erhält dafür den Kaufpreis gutgeschrieben.
c) Banküberweisung durch den Kunden.

4.10 Bonus und Mängelrüge

Nachträgliche Preisnachlässe an den Kunden

Bei den bisherigen Verkäufen von iMo haben die Kunden Sofortrabatte erhalten. Diese werden sofort vom Warenwert abgezogen und somit nicht gebucht.
Nun kann es jedoch sein, dass dem Kunden **nachträglich** ein **Preisnachlass** eingeräumt wird. Dies kann in der Form eines **Bonus**, einer **Gutschrift aufgrund einer Mängelrüge** oder als **Skonto** geschehen.
Diese nachträglichen Preisnachlässe sorgen für eine Minderung der Nettoerlöse, was buchhalterisch Beachtung finden muss. Die Veränderung bei den Verkaufserlösen führt dazu, dass die Umsatzsteuerschuld gegenüber dem Finanzamt geringer ausfällt. Die Umsatzsteuer muss also berichtigt werden.

Bonus

iMo-Neukunde Massari vom Lieferdienst Culinario hat es im vergangenen Geschäftsjahr geschafft, einen Umsatz von über 20.000,00 € zu erzielen. Frau Muth hatte ihm im Vorfeld für diesen Fall einen Bonus in Höhe von 2 % angeboten.

Geschäftsfall:

Kunde Massari hat im vergangenen Geschäftsjahr den Zielumsatz von 20.000,00 € netto übertroffen. iMo gewährt ihm deshalb einen Bonus in Höhe von 2 %.

Nebenrechnung zum Bonus:

Nettobonus	400,00 €	100 %
2 % von 20.000,00 €		
Umsatzsteuer	76,00 €	19 %
Bruttobonus	476,00 €	119 %

Betroffene Konten zur Erstellung des Buchungssatzes

Der Bonus schmälert im Nachhinein die Erlöse der Verkäufe. iMo muss die Zahlen beim Verkauf also berichtigen. Dazu verwendet iMo das neue Konto **Erlösberichtigungen für eigene Erzeugnisse 5001 EBFE**. Die Erlöse werden geringer, also buchen wir im Soll.
Außerdem muss die Umsatzsteuer 4800 UST angepasst werden. Diese nimmt im Soll ab.
Da der Bonus auf dem Geschäftskonto des Kunden gutgeschrieben wird, sinken unsere Forderungen 2400 FO. Dort wird im Haben gebucht wird.
Daraus folgt dieser Buchungssatz:

5001 EBFE 400,00 € an 2400 FO 476,00 €
4800 UST 76,00 €

Eintrag in T-Konten:

Erlösberichtigung:

S	5001 EBFE (in EUR)		H
2400 FO	400,00		

Korrektur der Umsatzsteuer:

S	4800 UST (in EUR)		H
2400 FO	76,00		

Korrektur des Kontos 2400 FO:

S	2400 FO (in EUR)		H
		5001 EBFE, 4800 UST	476,00

- Nachträgliche Preisnachlässe werden auf einem gesonderten Konto erfasst.
- Kunden mit hohen Umsätzen können nachträglich Boni gewährt werden.
- Der Kunde kann beschädigte Ware zu vergünstigten Konditionen behalten.

> Hallo Frau Muth, vielen Dank für die Lieferung der Roller. Leider sind zwei der Roller an der Seite zerkratzt. Können wir uns darauf einigen, dass Sie mir 500,00 € zurückerstatten? Dann würde ich mich selbst um die Lackierung kümmern und ich brauche die Roller nicht extra wieder an Sie zurücksenden.

> Hallo Herr Pfanner, das tut mir leid. Da hat der Spediteur nicht gut aufgepasst. Mailen Sie mir bitte Bilder, auf denen der Schaden zu erkennen ist. Wir werden die Rückerstattung dann sofort veranlassen. Vielen Dank für Ihre Geduld, Herr Pfanner.

Gutschrift aufgrund einer Mängelrüge

Anhand des Verkaufs an Zweirad Pfanner auf den vorhergehenden Seiten hast du gelernt, wie man mit Rücksendungen beschädigter Ware verfährt.

Falls der Kunde Zweirad Pfanner die schadhafte Ware behalten hätte, hätte iMo ihm dafür einen **nachträglichen Preisnachlass** gewähren können.

Dieser Nachlass führt dann zu einer Minderung unserer Umsatzerlöse bei iMo. Der Vorgang betrifft das Konto **Erlösberichtigungen für eigene Erzeugnisse 5001 EBFE**.

Zusätzlich muss die zu entrichtende Umsatzsteuer korrigiert werden.

Geschäftsfall:

iMo gewährt dem Kunden Zweirad Pfanner aufgrund einer Mängelrüge einen nachträglichen Preisnachlass in Höhe von 500,00 € netto. Dieser wird seinem Geschäftsbankkonto gutgeschrieben.

Buchungssatz bei Gutschrift (Mängelrüge)

| 5001 EBFE | 500,00 € | an | 2400 FO | 595,00 € |
| 4800 UST | 95,00 € | | | |

---

1 iMo erstattet eine Gutschrift an einen Kunden für fehlerhafte Fertigerzeugnisse in Höhe von 550,00 € netto. Bilde den dazugehörigen Buchungssatz.

2 Ein Lieferant gewährt iMo aufgrund einer Mängelrüge einen Nachlass von 684,25 €. Formuliere den Buchungssatz. (brutto)

3 Nach einer Mängelrüge wurde das Umsatzsteuerkonto um 38,00 € berichtigt.
a) Erstelle den Buchungssatz für die Gutschrift.
b) Zeichne die betroffenen T-Konten.
c) Die Gutschrift beträgt 7% des Ausgangsrechnungsbetrags. Ergänze die T-Konten um den Ausgangsbuchungssatz.

4 | Verkauf von Fertigerzeugnissen

4.11 Skonto beim Verkauf

[1] Kontoauszug

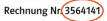

[2] Ausgangsrechnung

Skonto an den Kunden

Azubi Julia stellt beim Überprüfen der Zahlungseingänge fest, dass ein Kunde zu wenig an iMo überwiesen hat [1].
Julia ist sich unsicher, ob sie beim Kunden monieren soll. Sicherheitshalber fragt sie bei Frau Muth nach.
Julia: Frau Muth, der Zahlbetrag in unserer Ausgangsrechnung Nr. 3564141 [2] ist **12.130,86 €**. Herr Obermeier hat uns jedoch nur **11.766,93 €** überwiesen. Da bleibt ein Differenzbetrag von **363,93 €** offen. Soll ich das beim Kunden beanstanden?
Frau Muth: Nein, Julia, das ist völlig in Ordnung. Du hast bestimmt schon mal was von Skonto gehört. Wie viele andere Unternehmen auch bieten wir unseren Kunden in den Zahlungsbedingungen die Möglichkeit, einen festgelegten Skontosatz in Anspruch zu nehmen. So schaffen wir für die Kunden den Anreiz, innerhalb einer kurzen Frist den Rechnungsbetrag mit dem Skontonachlass zu begleichen. Im Gegenzug erhalten wir schnell die ausstehenden Beträge aus unseren Verkäufen.

Herr Obermeier hat den in der Rechnung festgelegten Skontosatz von 3 % genutzt und den Rechnungsbetrag selbstständig um diesen Satz reduziert. Den reduzierten Rechnungsbetrag hat er innerhalb der Skontofrist per Banküberweisung an iMo bezahlt.
Wegen des Skontoabzugs verringern sich die geplanten Umsatzerlöse von iMo nachträglich. Außerdem ist die an das Finanzamt abzuführende **Umsatzsteuer anzupassen**.

Berechnung des Skonto vom Rechnungsbetrag

Bei der Erstellung eines Skontobuchungssatzes ist die folgende Nebenrechnung verpflichtend.

- Ein möglicher Skonto ist immer in den Zahlungsbedingungen angegeben.
- Der Skonto soll den Kunden zu einer schnelleren Zahlung animieren.
- Das Datum der Rechnung und der Skontozeitraum sind zu beachten.

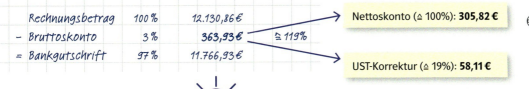

	Rechnungsbetrag	100 %	12.130,86 €
−	Bruttoskonto	3 %	363,93 €
=	Bankgutschrift	97 %	11.766,93 €

≙ 119 %

Nettoskonto (≙ 100 %): **305,82 €**

UST-Korrektur (≙ 19 %): **58,11 €**

Erklärfilm
Skonto im Verkaufsbereich
n2v6vw

Die **Nebenrechnung** bei der Erstellung des Skontobuchungssatzes muss immer angefügt werden.

Eintrag in T-Konten:
Das Konto 2400 FO ist wieder ausgeglichen.

S	2400 FO (in EUR)		H
5000 UEFE, 4800 UST	12.130,86	5001 EBFE, 4800 UST, 2800 BK	12.130,86

Betroffene Konten zur Erstellung des Buchungssatzes
Der Rollerladen Obermeier begleicht die offene Rechnung per Banküberweisung. Dies führt zu einer Zunahme, also einer Buchung im Soll des aktiven Bestandskontos 2800 BK. Dementsprechend nehmen die Forderungen 2400 FO ab und werden im Haben gebucht.
Der abgezogene Skonto schmälert die Erlöse und wird deshalb im Konto Erlösberichtigungen für eigene Erzeugnisse 5001 EBFE gebucht. Die Erlöse werden geringer, also wird im Soll gebucht.
Außerdem muss die Umsatzsteuer 4800 UST angepasst werden. Sie nimmt im Soll ab.

Der Bruttoskonto (**363,93 €**) bildet die Differenz zwischen Banküberweisung und ursprünglichem Rechnungsbetrag.

S	2800 BK (in EUR)		H
2400 FO	11.766,93		

S	5000 UEFE (in EUR)		H
		2400 FO	10.194,00

Der Bruttoskonto wird in Nettoskonto und Umsatzsteuerkorrektur aufgeteilt.

S	5001 EBFE (in EUR)		H
2400 FO	305,82		

Buchungssatz bei Zahlung innerhalb der Skontofrist:

2800 BK	11.766,93 €	an	2400 FO	12.130,86 €
5001 EBFE	305,82 €			
4800 UST	58,11 €			

S	4800 UST (in EUR)		H
2400 FO	58,11	2400 FO	1.936,86

1 Dir liegt eine Ausgangsrechnung für Fertigerzeugnisse in Höhe von 12.000,00 € netto vor.
a) Bilde den Buchungssatz.
b) Der Kunde bezahlt innerhalb der Frist mit 2 % Skonto per Banküberweisung.

Erstelle die notwendige Nebenrechnung und formuliere den passenden Buchungssatz.

2 Ein Kunde begleicht seine offene Rechnung per Banküberweisung unter Abzug von 2,5 % Skonto vom Rechnungsbetrag; Bankgutschrift: 22.815,00 €.
Bilde den Buchungssatz.

4.12 Skontoabzug bei Leihverpackungen und Gutschriften

iMo *Intelligent Motion e. Kfr.*
Inh. Ayleen Muth

Rechlinger Straße 44 – 85077 Manching

Markus Rothammer
Bogener Str. 28
94365 Parkstetten

Tel: 08450 3402420
Fax: 08450 3402241
info@intellimotion.eu
DE97 7215 1040 0240 3284 27
BYLADZU1AUG
www.intellimotion.eu

19. April 20..
Kundennr. 223/96

Rechnung Nr. 4659054

Art.Nr.	Anzahl	Artikel	Einzelpreis	Gesamtpreis
R121	1	Roller „PY 80 GS", weiß	980,00 €	980,00 €
		Gesamt netto		980,00 €
		+ Verpackung und Fracht		150,00 €
		+ Umsatzsteuer (19 %)		214,70 €
		Rechnungsbetrag		**1.344,70 €**

Zahlungsbedingungen: 30 Tage rein netto; **10 Tage 3 % Skonto vom Warenwert**;
(Nettoskonto: 29,40 € - Umsatzsteueranteil: 5,59 €)
Die gelieferte Ware bleibt bis zur vollständigen Bezahlung Eigentum des Unternehmens.
Lieferung „ab Werk" – Rechnungsdatum entspricht Lieferdatum.
Erfüllungsort und Gerichtsstand ist Ingolstadt – Registergericht Amtsgericht Pfaffenhofen HRA 2008
Steuernummer: 154/150/21912 – USt-IdNr. DE123987665

1 Ausgangsrechnung

Skontoabzug vom Warenwert
Ob beim Verkauf Leihverpackungen vom Skontoabzug ausgeschlossen sind, ist in den Zahlungsbedingungen **1** ersichtlich.

Buchungssatz bei Rechnungsstellung:

2400 FO 1.344,70 € an 5000 UEFE 1.130,00 €
                        4800 UST   214,70 €

> Falls in den Zahlungsbedingungen bereits angegeben ist, wie hoch der Skontoabzug und der Umsatzsteueranteil sind, muss **keine Nebenrechnung** erstellt werden.

Geschäftsfall:
Der Kunde Markus Rothammer begleicht seine Rechnung innerhalb der Skontofrist per Banküberweisung.

Buchungssatz bei Zahlung innerhalb der Skontofrist:

2800 BK   1.309,71 € an 2400 FO 1.344,70 €
5001 EBFE   29,40 €
4800 UST   5,59 €

Skontoabzug nach einer Gutschrift
iMo kann bei Verkäufen eine Leihverpackung verwenden und in Rechnung stellen **2**. Falls der Kunde diese zurückschickt, erhält er eine Gutschrift auf seinem Geschäftsbankkonto. Genauso verhält es sich bei der Rücksendung mangelhafter Erzeugnisse.
Beide Vorgänge schmälern die Forderungen gegenüber dem Kunden. In welcher Form muss dies bei der Berechnung und Verbuchung eines Skontoabzugs berücksichtigt werden?

✗ Der Skontoabzug von Leihverpackungen ist in den Zahlungsbedingungen geregelt.
✗ Eine Gutschrift senkt den Rechnungsbetrag nachträglich.

Geschäftsfall:
Nach drei Tagen sendet der Kunde Zach die Leihverpackung zurück. iMo gewährt ihm eine Gutschrift auf sein Geschäftsbankkonto.

Buchungssatz bei Rechnungsstellung:

2400 FO   1.725,50 €   an   5000 UEFE   1.450,00 €
                            4800 UST   275,50 €

Buchungssatz bei Rücksendung der Leihverpackung:

5000 UEFE   200,00 €   an   2400 FO   238,00 €
4800 UST   38,00 €

Geschäftsfall:
Der Kunde Zach bezahlt den offenen Rechnungsbetrag am 01. Juli 20.. per Banküberweisung.

> **Gutschrift bei Rücksendung:**
> Wird bei einem Verkauf eine Gutschrift gewährt, so ändert sich der Rechnungsbetrag. In der Nebenrechnung muss also zuerst der neue Rechnungsbetrag ermittelt werden.

Berechnung des Skontos der Restforderung:

	Betrag	%
Rechnungsbetrag	1.725,50 €	
− Gutschrift	238,00 €	
= Restforderung	1.487,50 €	100 % ≙ 119 %
− Bruttoskonto	44,63 €	3 %
= Bankgutschrift	1.442,87 €	97 %

Nettoskonto (≙ 100 %): **37,50 €**
UST-Korrektur (≙ 19 %): **7,13 €**

---

iMo Intelligent Motion e. Kfr.
Inh. Ayleen Muth

Rechlinger Straße 44 – 85077 Manching

Tel: 08450 3402420
Fax: 08450 3402241
info@intellimotion.eu
DE97 7215 1040 0240 3284 27
BYLADZU1AUG
www.intellimotion.eu

Michael Zach
Regensburger Str. 88
85395 Nandlstadt

26. Juni 20..

Rechnung Nr. 4659334

Kundennr. 233/07

Art.Nr.	Anzahl	Artikel	Einzelpreis	Gesamtpreis
E125	1	Roller „PY 125 ES", royalblau	1.250,00 €	1.250,00 €
		Gesamt netto		1.250,00 €
		+ Leihverpackung		200,00 €
		+ Umsatzsteuer (19 %)		275,50 €
		Rechnungsbetrag		1.725,50 €

Zahlungsbedingungen: 30 Tage rein netto; 8 Tage 3 % Skonto
Die gelieferte Ware bleibt bis zur vollständigen Bezahlung Eigentum des Unternehmens.
Lieferung „frei Haus" – Rechnungsdatum entspricht Lieferdatum.
Erfüllungsort und Gerichtsstand ist Ingolstadt – Registergericht Amtsgericht Pfaffenhofen HRA 2008
Steuernummer: 154/150/21912 – USt-IdNr. DE123987665

2 Ausgangsrechnung

Buchungssatz bei Zahlung der Restforderung:

2800 BK   1.442,87 €   an   2400 FO   1.487,50 €
5001 EBFE   37,50 €
4800 UST   7,13 €

---

1 Erstelle die Buchungssätze zu folgenden Geschäftsfällen:
a) iMo verkauft fünf Scooter zum Einzelpreis von 1.050,00 € netto gegen Rechnung; Leihverpackung 250,00 € netto.
b) Der Kunde sendet die Leihverpackung zurück. Er erhält dafür eine Gutschrift auf seinem Geschäftsbankkonto.
c) Der Kunde bezahlt den Restbetrag per Banküberweisung innerhalb der Skontofrist. Es sind 2 % Abzug vereinbart.

2 Bilde die Buchungssätze zu den folgenden Geschäftsfällen.
a) Ausgangsrechnung in Höhe von 27.965,00 €.
b) Der Kunde erhält eine Gutschrift aufgrund leicht beschädigter Ware in Höhe von 2.023,00 € brutto.
c) Der Kunde überweist innerhalb der Skontofrist; Skonto in Höhe von 2,5 %.

4 | Verkauf von Fertigerzeugnissen

Verkaufskalkulation, Preisnachlässe, Versandkosten

iMo *Intelligent Motion e. Kfr.*
Inh. Ayleen Muth

Rechlinger Straße 44 – 85077 Manching

Stefan Rosenlehner
Münsterstr. 34
86150 Augsburg

Tel: 08450 3402420
Fax: 08450 3402241
info@intellimotion.eu
DE97 7215 1040 0240 3284 27
BYLADZU1AUG
www.intellimotion.eu

22. Mai 20..

Rechnung Nr. 4659299   Kundennr. 230/01

Art.Nr.	Anzahl	Artikel	Einzelpreis	Gesamtpreis
E121	11	Roller „E 200 ES", alpinweiß	1.359,00 €	14.949,00 €
		Gesamt netto		14.949,00 €
		+ Verpackung und Fracht		150,00 €
		+ Umsatzsteuer (19 %)		2.868,81 €
		Rechnungsbetrag		**17.967,81 €**

Zahlungsbedingungen: 30 Tage rein netto;
Die gelieferte Ware bleibt bis zur vollständigen Bezahlung Eigentum des Unternehmens.
Rechnungsdatum entspricht Lieferdatum.
Erfüllungsort und Gerichtsstand ist Ingolstadt – Registergericht Amtsgericht Pfaffenhofen HRA 2008
Steuernummer: 154/150/21912 – USt-IdNr. DE123987665

1 Beleg

Spedition A. Henle

Adalbert-Stifter-Str. 88, 94474 Vilshofen an der Donau

iMo Intelligent Motion
Rechlinger Straße 44
85077 Manching

Tel: 08541 98712752
info@spedhenle.de
DE75 8874 1231 8432 4479 13
GENODEF7VIR
www.spedhenle.de

Rechnung Nr. 5588-348   22.06.20..

Für die Belieferung Ihres Kunden „Culinario München"
erlauben wir uns, Ihnen folgende Leistungen zu berechnen:

Ausgangs-ort	Ziel-ort	Leistung	Gesamtpreis
Manching	München	Transport von E-Rollern und Abladen	470,00 €
		Gesamt netto	470,00 €
		+ Umsatzsteuer (19 %)	89,30 €
		Rechnungsbetrag	**559,30 €**

Zahlungsbedingungen: 8 Tage 2% Skonto, 30 Tage rein netto;
Die gelieferte Ware bleibt bis zur vollständigen Bezahlung Eigentum des Unternehmens.
Lieferung „frei Haus" - Rechnungsdatum entspricht Lieferdatum.
Erfüllungsort ist Vilshofen an der Donau – Amtsgericht Passau: HRB 5471
Steuernummer: 2/937/147/90888 – USt-IdNr. DE44792121

2 Beleg

1 Ayleen Muth prüft den Verkaufspreis eines neuen Rollermodells. Der Selbstkostenpreis liegt bei 1.071,58 €. Ayleen will einen Gewinn von 7% erzielen. Außerdem plant sie einen Skonto in Höhe von 2% und einen möglichen Rabatt von 10% ein. Ermittle mithilfe der Angebotskalkulation den Listenverkaufspreis.

2 Ein Kunde möchte wissen, ob iMo ihm auf ein Modell einen Rabatt in Höhe von 12% und Skonto in Höhe von 3% gewährt. iMo geht von einem Selbstkostenpreis in Höhe von 1.199,25 € und einem Verkaufspreis von 1.397,96 € aus. Beurteile die Kundenanfrage mittels des Kalkulationsschemas.

3 Bilde die passenden Buchungssätze zu folgenden Geschäftsfällen.
a) iMo verkauft dem Kunden aus Aufgabe 2 fünf Roller zu den vereinbarten Konditionen; Lieferung frei Haus.
b) iMo versendet eine Ausgangsrechnung über 11.656,00 € netto. Dem Kunden werden 200,00 € netto für den Versand in Rechnung gestellt.
c) Ayleen Muth kauft Kartonagen zum Gesamtpreis von 544,70 € netto und erhält eine Quittung.
d) Spedition Müller sendet iMo eine Rechnung in Höhe von 297,50 €.
e) Verkauf des Modells „i-Mo III" zum Listenverkaufspreis von 1.399,99 €. Der Kunde bezieht sieben Stück und erhält einen Sofortrabatt in Höhe von 11%.
f) Rechnungsausgleich durch einen Kunden per Banküberweisung in Höhe von 5.427,00 €.

4 a) Formuliere den Geschäftsfall zu Beleg **1**.
b) Bilde den passenden Buchungssatz zum Geschäftsfall.
c) Trage den Buchungssatz in T-Konten ein.

5 Bilde den Buchungssatz zu Beleg **2**.

6 Nenne die möglichen nachträglichen Preisnachlässe und erkläre kurz, was darunter zu verstehen ist.

7 Bilde die Buchungssätze zu Beleg ③ und den zugehörigen Geschäftsfällen.
a) Bilde den Buchungssatz zum Beleg.
b) Der Kunde sendet die Leihverpackung zurück und erhält eine Gutschrift.
c) Leider ist ein Roller beim Versand leicht beschädigt worden. iMo gewährt dem Kunden einen Nachlass in Höhe von 595,00 € brutto.
d) Der Kunde begleicht am 30. Mai den verbleibenden Rechnungsbetrag per Banküberweisung.

8 Bilde die passenden Buchungssätze zu folgenden Geschäftsfällen.
a) Zielverkauf von Fertigerzeugnissen in Höhe von 3.500,00 € netto, zzgl. Frachtkosten 150,00 € netto.
b) Ein Kunde überweist eine offene Rechnung über 8.925,00 € abzüglich 2 % Skonto.
c) Aufgrund von beschädigter Ware erhält ein Kunde einen Preisnachlass in Höhe von 440,30 €.

9 Ein Kunde begleicht seine Fertigerzeugnis-Rechnung in Höhe von 11.305,00 €. Nach Abzug des Skontos beträgt die Bankgutschrift 10.965,85 €. Berechne den Skonto in Prozent und erstelle den Buchungssatz.

10 Bilde den Buchungssatz zu Beleg ④.

11 Dir liegt folgendes T-Konto vor.

S	4800 UST (in EUR)		H
2400 FO	48,42	2400 FO	1.614,05

a) Formuliere die Geschäftsfälle, die den Einträgen des T-Kontos zugrunde liegen könnten.

iMo Intelligent Motion e. Kfr.
Inh. Ayleen Muth

Rechlinger Straße 44 – 85077 Manching

RollOn Rollercenter GmbH
Allgäuring 1
87437 Kempten

Tel: 08450 3402420
Fax: 08450 3402241
info@intellimotion.eu
DE97 7215 1040 0240 3284 27
BYLADZU1AUG
www.intellimotion.eu

24. Mai 20..
Rechnung Nr. 4659300   Kundennr. 201/16

Art.Nr.	Anzahl	Artikel	Einzelpreis	Gesamtpreis
E121	10	Roller „E 200 ES", alpinweiß	1.359,00 €	13.590,00 €
		Gesamt netto		13.590,00 €
		+ Verpackung und Fracht		150,00 €
		+ Umsatzsteuer (19 %)		2.610,60 €
		Rechnungsbetrag		**16.350,60 €**

Zahlungsbedingungen: 30 Tage rein netto; 8 Tage 3 % Skonto;
Die gelieferte Ware bleibt bis zur vollständigen Bezahlung Eigentum des Unternehmens.
Rechnungsdatum entspricht Lieferdatum.
Erfüllungsort und Gerichtsstand ist Ingolstadt – Registergericht Amtsgericht Pfaffenhofen HRA 2008
Steuernummer: 154/150/21912 – USt-IdNr. DE123987665

③ Beleg

Industriebank Ingolstadt
Detailanzeige Umsatz

Ihr Login:
iMo Intelligent Motion
Benutzerkennung
0004829

Konto: DE97 7215 1040 0240 3284 27
Saldo in EUR alt: 38.459,00 €
Saldo in EUR neu: 48.696,27 €
Online verfügbar: 98.696,27 €

Buchungstag:	16.01.	
Valuta:	16.01.	
Betrag in EUR	10.237,27 €	H
Auftraggeber:	Zweirad Oberneder	
Vorgang:	Überweisung	
Empfänger:	iMo Intelligent Motion	
IBAN:	DE84 7600 1275 0867 8765 23	
Verwendungszweck 1:	Rechnung Nr. 3563677	
Verwendungszweck 2:	nach Abzug von 3 % Skonto	
Verwendungszweck 3:		

④ Beleg

b) Rekonstruiere anhand der Einträge des T-Kontos die Buchungssätze, die hinter den Einträgen stehen.

4 | Verkauf von Fertigerzeugnissen

Kompetent in ...

1 Einkauf oder Verkauf? Ordne die folgenden Konten bzw. Begriffe dem jeweiligen Bereich zu: Ausgangsfrachten – Bezugskosten – 5001 EBFE – Verbindlichkeiten – Umsatzsteuer – Fertigerzeugnisse – 6002 NR – Vorsteuer – Skonto.

2 Bilde die Buchungssätze zu folgenden Geschäftsfällen.
a) Kauf von Verpackungsmaterial auf Ziel, netto 280,00 €.
b) Ausgangsrechnung an einen Kunden, Warenwert 8.990,00 €, Transportkosten 200,00 € netto.
c) Rechnung einer Spedition in Höhe von 630,70 € brutto.
d) Gewährung eines Bonus an einen treuen Kunden in Höhe von 3,3 % des Jahresumsatzes (37.500,00 € netto).
e) Rechnungsausgleich durch einen Kunden per Banküberweisung in Höhe von 8.995,00 €.
f) Bezahlung einer offenen Rechnung in Höhe von 13.577,90 € brutto. Der Kunde erhält einen Skonto in Höhe von 2 %.

3 Dir liegt Beleg **1** vor.
a) Bilde den passenden Buchungssatz.
b) Der Kunde sendet die wiederverwertbare Verpackung zurück und erhält eine Gutschrift in Höhe von 65,45 € brutto. Erstelle den zugehörigen Buchungssatz.
c) Am 30. Oktober bezahlt der Kunde die offene Rechnung per Banküberweisung. Formuliere den Buchungssatz.
d) Trage sämtliche Geschäftsfälle in T-Konten ein.

4 Bearbeite Beleg **2**.
a) Formuliere den Geschäftsfall zum Beleg.
b) Bilde den passenden Buchungssatz zu deinem Geschäftsfall aus a).
c) Formuliere den Buchungssatz, der dem Beleg vorausgegangen sein könnte.

5 Formuliere jeweils einen Geschäftsfall, der hinter den Einträgen des folgenden T-Kontos stehen könnte und bilde dazu den Buchungssatz.

S	5000 UEFE (in EUR)		H
2400 FO	1.800,00	2400 FO	23.700,00

---

iMo Intelligent Motion e. Kfr.
Inh. Ayleen Muth

Rechlinger Straße 44 – 85077 Manching

Tel: 08450 3402420
Fax: 08450 3402241
info@intellimotion.eu
DE97 7215 1040 0240 3284 27
BYLADZU1AUG
www.intellimotion.eu

Konrad Wagner
Kirchstr. 112
94340 Salching

Rechnung Nr. 4656674 22. Okt. 20..
Kundennr. 199/97

Art.Nr.	Anzahl	Artikel	Einzelpreis	Gesamtpreis
R124	1	Roller „PY 124 ES", kobaltblau	1.159,00 €	1.159,00 €
		Gesamt netto		1.159,00 €
		+ Leihverpackung		150,00 €
		+ Umsatzsteuer (19 %)		248,71 €
		Rechnungsbetrag		**1.557,71 €**

Zahlungsbedingungen: 30 Tage rein netto; 8 Tage 2 % Skonto
Die gelieferte Ware bleibt bis zur vollständigen Bezahlung Eigentum des Unternehmens.
Rechnungsdatum entspricht Lieferdatum.
Erfüllungsort und Gerichtsstand ist Ingolstadt – Registergericht Amtsgericht Pfaffenhofen HRA 2008
Steuernummer: 154/150/21912 – USt-IdNr. DE123987665

1 Ausgangsrechnung

Industriebank Ingolstadt
Detailanzeige Umsatz

Ihr Login:
iMo Intelligent Motion
Benutzerkennung
0004829

Konto: DE97 7215 1040 0240 3284 27
Saldo in EUR alt: 43.201,00 €
Saldo in EUR neu: 49.845,50 €
Online verfügbar: 99.845,50 €

Buchungstag:	05.05.	
Valuta:	05.05.	
Betrag in EUR:	6.644,50 €	H
Auftragsgeber:	SIRPA Tettower	
Vorgang:	Überweisung	
Empfänger:	iMo Intelligent Motion	
IBAN:	DE49 4900 1244 0000 7849 11	
Verwendungszweck 1:	Rechnung Nr. 3563864	
Verwendungszweck 2:	nach Abzug von 3 % Skonto	
Verwendungszweck 3:		

2 Kontoauszug

Kompetent

3 Vorwärts- und Differenzkalkulation

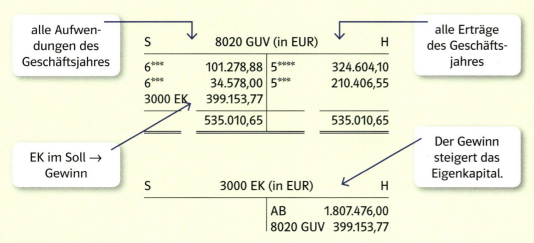

4 Unternehmenserfolg

Jetzt kann ich ...
- von den Selbstkosten ausgehend den Verkaufspreis von eigenen Erzeugnissen ermitteln.
- beurteilen, ob eine Kundenanfrage nach besseren Konditionen für das Unternehmen wirtschaftlich sinnvoll ist.
- mithilfe einer Differenzkalkulation errechnen, wie hoch der verbleibende Gewinn einer Kundenanfrage ist.
- Ausgangsrechnungen auf ihre rechnerische und sachliche Richtigkeit prüfen.
- den Verkauf eigener Fertigerzeugnisse buchhalterisch festhalten.
- Aufwendungen für Verpackungsmaterial und Ausgangsfrachten korrekt erfassen.
- erklären, wie mit Rücksendungen durch den Kunden buchhalterisch verfahren wird.
- nachträgliche Preisnachlässe errechnen und verbuchen.
- nachvollziehen, dass Rücksendungen und Nachlässe eine Umsatzsteuerkorrektur nach sich ziehen.
- darlegen, wie sich diese Korrekturbuchungen auf den Unternehmenserfolg auswirken.
- beurteilen, wie wichtig Kundenbindung für das Unternehmen sein kann.

5 | Personalbereich

Gute Mitarbeiter sind die Grundlage eines erfolgreichen Unternehmens. Eine gute, vorausschauende Personalplanung wird deshalb zunehmend wichtiger. Die Personalbeschaffung ist bestrebt, die Mitarbeiter zu gewinnen, die optimal zum Unternehmen passen.

Ich werde ...
- interne und externe Personalbeschaffung unterscheiden.
- mithilfe einer Bewertungsmatrix Bewerbungen analysieren.
- die einzelnen Arbeitsformen in einem Unternehmen abgrenzen und beurteilen.
- Lohnformen analysieren.
- über Lohngerechtigkeit diskutieren.
- eine Lohn- bzw. Gehaltsabrechnung analysieren und buchhalterisch erfassen.

Wusstest du, dass ...
- Bewerbungen meist digital ausgewertet werden?
- auf dich neue digitale Arbeitsformen zukommen?
- Männer in der Regel für die gleiche Arbeitsleistung mehr Lohn/Gehalt erhalten?

5 | Personalbereich

5.1 Personalbeschaffung

E-Roller-Produzent iMo boomt!
iMo steigt in den kanadischen Markt ein. Nachfrage übertrifft alle Erwartungen!

Trotz dieser guten Nachrichten ist Ayleen Muth und die Führungsriege von iMo in Sorge. Die unerwartet hohe Nachfrage sichert zweifellos die Zukunft des Unternehmens, schafft jedoch zunächst große Probleme.

Ayleen Muth: Mit unseren momentanen Kapazitäten können wir diesen riesigen Nachfrageschub nicht bewältigen. Ich sehe keinen anderen Weg, als schnellstmöglich in den Ausbau unseres Werkes zu investieren.
Christian Franz (Leiter Personalabteilung): Dem kann ich nur beipflichten. Jedoch wird eine Erweiterung unserer Fabrik nicht ausreichen. Wir müssen zusätzlich neue Mitarbeiter einstellen und für die Rollerherstellung ausbilden.
A. Muth: Ja, sicherlich. Aber wo finden wir auf die Schnelle gute Mitarbeiterinnen und Mitarbeiter?
Ch. Franz: Zunächst müssen wir unseren eigenen Mitarbeitern die Chance geben, sich für die eine oder andere Stelle zu bewerben und zu qualifizieren. Gleichzeitig sollten wir über Zeitungsannoncen, über Internetportale und die Arbeitsagentur auf unsere neu zu besetzenden Stellen aufmerksam machen.
A. Muth: Ja, so werden wir vorgehen! Mir ist wichtig, dass wir unseren vorhandenen guten Mitarbeiterstamm durch gutes Personal zusätzlich stärken.

Wenn ein Unternehmen über eine Personalaufstockung nachdenkt, sollte es im Vorfeld seine Situation genau analysieren:
- Sind Neueinstellungen überhaupt nötig? Handelt es um einen befristeten Mehrbedarf, der durch Überstunden oder Aufstockungen ausgeglichen werden könnte? Oder handelt es sich um eine langfristige Ausweitung der Geschäfte?
- Welche Qualifikationen sollen die Bewerber aufweisen? Welche besonderen Kompetenzen sind erforderlich?
- Ab wann wird neues Personal benötigt?
- Sind die neuen Stellen befristet oder unbefristet?

Außerdem ist zu klären, ob die Stellen intern, extern oder zugleich intern und extern ausgeschrieben werden sollen.

Interne Personalbeschaffung
Bei der internen Personalbeschaffung wird innerhalb des eigenen Unternehmens nach Personal für eine neu zu besetzende Stelle gesucht. Dazu wird das firmeneigene Intranet, E-Mail-Verteiler oder betriebsinterne Newsletter genutzt.

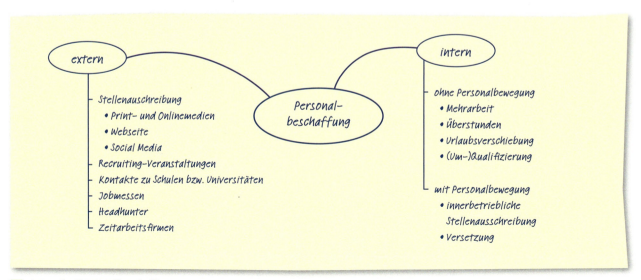

1 Arten der Personalbeschaffung

- Die Personalbeschaffung kann intern und/oder extern erfolgen.
- Ein Unternehmen wägt stets im Einzelfall ab, ob mehr für eine interne oder für eine externe Besetzung einer Stelle spricht.

Die hausinterne Personalsuche hat Vorteile:
- Das Risiko einer Fehlbesetzung wird weitgehend ausgeschlossen, da der Mitarbeiter und seine Qualifikationen bereits bekannt sind.
- Die Einarbeitungszeit wird reduziert, da der Mitarbeiter firmeninterne Abläufe bereits kennt.
- Ein firmeninterner Aufstieg wirkt motivierend, da der Mitarbeiter Chancen für seine berufliche Weiterentwicklung sieht.

Nachteilige Wirkungen können sein:
- Das Unternehmen muss die nun frei werdende Stelle anderweitig mit einem geeigneten Bewerber besetzen.
- Externe Bewerber, die über Kenntnisse aus anderen Firmen verfügen, bringen oft mehr neue Impulse ein als hausinterne Bewerber.
- Ein interner Aufstieg kann soziale Probleme wie Neid oder Konkurrenzängste im Kollegenkreis hervorrufen.

Externe Personalbeschaffung
Die externe Personalbeschaffung setzt bei der Mitarbeitersuche außerhalb des Unternehmens an.
Für dieses Vorgehen spricht:
- ein größerer Bewerberkreis,
- die „frische Brise" und zusätzliches Know-how,

2 Mitarbeitersuche über eine Zeitungsanzeige

- die meist höhere soziale Akzeptanz im Mitarbeiterkreis.

Gegen die externe Personalsuche spricht:
- der erhöhte Zeit- und Kostenaufwand,
- die längere Einarbeitungszeit aufgrund fehlender Kenntnisse über betriebsinterne Abläufe,
- die höhere Wahrscheinlichkeit einer Fehlbesetzung.

Nach Abwägung aller Argumente hat iMo beschlossen, die neuen Mitarbeiter sowohl über interne als auch über externe Kanäle zu suchen.

1 Viele Unternehmen haben momentan Schwierigkeiten, geeignete Bewerber zu finden. Nenne drei Lösungsstrategien.

2 Erstelle ein Plakat zum Thema „Personalbeschaffung".

3 Gute Bewerber haben in der Regel kein Problem, eine geeignete Stelle zu finden. Erörtert, worauf ihr als Chef besonderen Wert legen würdet.

4 Diskutiert, ob ihr als Personalchefs für euer Unternehmen die interne oder externe Personalbeschaffung bevorzugen würdet.

5 Erkläre bei einer internen Personalbeschaffung den Ausgleich durch Mehrarbeit, Überstunden, Urlaubsverschiebung oder Umqualifizierung.

6 Recherchiere im Internet die Tätigkeit eines sogenannten Headhunters.

5.2 Personalauswahl

Auf die Stellenausschreibung hat iMo mehrere hundert Bewerbungen erhalten. Die Auszubildende Svenja Richter ist begeistert. Ihr Chef, der Leiter der Personalabteilung Christian Franz, erklärt ihr das weitere Vorgehen.

Svenja Richter: Herr Franz, toll, dass wir eine so große Auswahl an Kandidaten für unsere Stelle haben.

Christian Franz: Grundsätzlich stimme ich dir zu. Jedoch müssen wir erfahrungsgemäß einige Bewerber von vornherein aussortieren, da sie z. B. nötige Qualifikationen nicht mitbringen. Die restlichen Bewerbungen analysieren wir dann mit einer Bewertungsmatrix.

S. Richter: Eine Bewerbungsmatrix, was ist das?

Ch. Franz: Du siehst hier, wie eine Bewertungsmatrix zusammengestellt wird [1] und wie die von uns verwendete Matrix aussieht [2].

Erstellung einer Bewertungsmatrix

1. In Abstimmung mit der Geschäftsleitung werden die Prüfkriterien für alle Bewerbungen festgelegt.
2. Jedes Kriterium erhält einen bestimmten Gewichtungsfaktor. Die Summe der Gewichtungsfaktoren ergibt genau 10.
3. Die Bewerbungen werden nach den festgesetzten Kriterien analysiert und 0 bis 10 Punkte vergeben.
4. Die vergebenen Punkte werden mit dem festgesetzten Gewichtungsfaktor multipliziert. Das Ergebnis wird festgehalten.
5. Es wird der Gesamtwert für jede Bewerbung ermittelt.

[1] Vorgehen bei der Erstellung einer Bewertungsmatrix

Bewertungsmatrix iMo, Manching

Kriterium	Gewichtungsfaktor	Bewerber 1		Bewerber 2		Bewerber 3	
		Punkte	Punkte × Faktor	Punkte	Punkte × Faktor	Punkte	Punkte × Faktor
Schulische Bildung	1						
Berufserfahrung	5						
Fortbildungen	2						
Zusatzqualifikationen	1						
Form der Bewerbung	1						
Gesamtwert	10						

[2] Die von iMo verwendete Bewertungsmatrix

Jedes Unternehmen sichtet und bewertet die eingehenden Bewerbungen. Dies kann unter Umständen viel Zeit und Arbeitskraft in Anspruch nehmen.
Daher haben sich externe Dienstleister (Softwareunternehmen) auf diese Auswertungen spezialisiert. Der Dienstleister lässt für seinen Auftraggeber die Bewerbungen durch ein vorgegebenes Raster laufen.

Der Auftraggeber erhält dann eine Rückmeldung, welcher Bewerber für die ausgeschriebene Stelle am besten geeignet wäre. Das Bewertungsraster minimiert den Zeitaufwand und die Unternehmen können ihren Bewerbungsvorgang zügig abschließen. Dies ist umso wichtiger, je dringender ein Unternehmen Arbeitskräfte benötigt.

✗ Die Personalabteilung sichtet und analysiert alle Bewerbungen.
✗ Eine Bewertungsmatrix ermöglicht den Vergleich von Bewerbungen.
✗ Die Bewerbung mit den meisten Gesamtpunkten ist für das Unternehmen am attraktivsten.

Lebenslauf

Persönliche Daten
Name: Dipl.-Ing. (FH) Franka Meyer
Geburtsdatum: 08.08.1984 in Ingolstadt
Anschrift: Tiefstr. 15, 85049 Ingolstadt
Telefon: 0841 251010024
E-Mail: frmeyer@watnet.com

Schulbildung
08/1990–07/1994 Fleißer-Grundschule, Ingolstadt
08/1994–07/2000 Fritz-Fechner-Realschule, Ingolstadt
08/2000–07/2003 FOS Technik, Ingolstadt
08/2003–07/2007 FH Ingolstadt, Werkstofftechnik
Abschluss: Diplom Fachrichtung Werkstofftechnik

Beruflicher Werdegang
08/2007–jetzt Firma iMo, Manching; Leitung der Abteilung Qualitätssicherung

Fortbildungen
08.09.2008–30.09.2008 Aluminiumtechnik
10.10.2009–28.10.2009 Schadstoffreduzierte Motoren
03.03.2010–14.04.2010 E-Technik im Fahrzeugbau
01.01.2012–31.12.2012 Auslandsjahr im Joint Venture (Harbin, China)
05.06.2014–20.06.2014 Recyclingorientierte Produktion
2014–jetzt Leitung hausinterner Fortbildungen

Interessen und Kenntnisse
Fremdsprachen: Englisch, Chinesisch (verhandlungssicher)
EDV-Kenntnisse: Officeprogramme; CAD; Programmiersprachen für Robotersteuerung

Ingolstadt, 14.08.20..   *Franka Meyer*

Lebenslauf

Persönliche Daten
Name: Olaf Rochzinski
Geburtsdatum: 10.12.1995 in Hamburg
Anschrift: Arberweg 12a, 85049 Ingolstadt
Telefon: 0841 6988499490
E-Mail: rochzinski@dahom.de

Schulbildung
08/2002–07/2006 Emil-Ganzer-Grundschule, Hamburg
08/2006–07/2012 Hans-Wilhelm-Gesamtschule, Hamburg
08/2012–07/2013 Auslandsjahr USA, Detroit
08/2013–07/2017 FOS Ingolstadt, Werkstofftechnik
Abschluss: Fachhochschulreife

Beruflicher Werdegang
08/2017–jetzt Verantwortlicher Mitarbeiter in der Fertigung bei Alu-Tec GmbH, Ingolstadt

Fortbildungen
2017–jetzt Teilnahme an betriebsinternen Fortbildungen

Interessen und Kenntnisse
Fremdsprachen: Englisch (6 Jahre), Russisch (verhandlungssicher)
EDV-Kenntnisse: Officeprogramme; CAD

Ingolstadt, 14.08.20..   *Olaf Rochzinski*

3 Lebensläufe Franka Meyer und Olaf Rochzinski

iMo wertet Bewerbungen selbst aus. Das Unternehmen verwendet nach wie vor seine schon zu Beginn der Firmentätigkeit erstellte Bewertungsmatrix. Für eine neu geschaffene Position gibt es zwei aussichtsreiche Kandidaten, Frau Meyer und Herrn Rochzinski **3**. Sie erzielten in der Bewertungsmatrix die besten Ergebnisse **4**. Die Personalleitung beschließt, die beiden Bewerber zu einem Vorstellungsgespräch einzuladen.

Bewertungsmatrix iMo, Manching

Kriterium	Gewichtungsfaktor	Franka Meyer Punkte	Franka Meyer Punkte × Faktor	Olaf Rochzinski Punkte	Olaf Rochzinski Punkte × Faktor
Schulische Bildung	1	10	10	7	7
Berufserfahrung	5	9	45	6	30
Fortbildungen	2	9	18	2	4
Zusatzqualifikationen	1	5	5	1	1
Form der Bewerbung	1	8	8	8	8
Gesamtwert	10	41	86	24	50

4 Bewertungsmatrix, Ergebnis

1 Erkläre, wie Unternehmen bei der Bewerberauswahl vorgehen.

2 Überlege dir vier Vorteile einer Bewertungsmatrix. Tausche dich mit deinem Banknachbarn aus.

3 Auf welches Bewertungskriterium würdest du besonderen Wert legen? Begründe deine Entscheidung.

4 Du bist Personalleiter eines Unternehmens, das Milchprodukte herstellt. Du suchst einen Mitarbeiter in der Produktion. Beschreibe, auf welche Kriterien du bei einem Bewerber achtest.

5.3 Projekt: Mitarbeitergewinnung

1 Gewinnung der passenden Mitarbeiter ist mitentscheidend für den Geschäftserfolg.

Du bist verantwortlicher Mitarbeiter in der Personalabteilung der Firma „Megatrend – Bio-Kleidung" mit Sitz in Regensburg. Aufgrund großer Nachfrage hat die Geschäftsleitung entschieden, dass für die Entwicklungsabteilung zwei neue Arbeitskräfte eingestellt werden sollen.

Du hast nun folgende Aufgaben:
1. Überlege dir, auf welchen Wegen du geeignete Mitarbeiter rekrutieren kannst.
2. Liste auf, was für und was gegen die einzelnen Möglichkeiten aus 1. spricht.
3. Recherchiere im Internet nach geeigneten Portalen für die Mitarbeitersuche.
4. Die Arbeitsagentur hat ein kostenfreies Jobbörsen-Portal. Was musst du als Arbeitgeber tun, um dieses zu nutzen? Forsche im Internet nach und erstelle diesbezüglich eine Präsentation für deine Chefin.
5. Überlege dir Kriterien für die Bewerberauswahl, die du der Geschäftsleitung vorschlagen kannst.

Lebenslauf

Persönliche Daten
- Name: Aysha Özkel
- Geburtsdatum: 15.07.1979 in Cham
- Anschrift: Rosenweg 8, 93047 Regensburg
- Telefon: 0941 128788796
- E-Mail: ayshadarling@fastnet.de

Schulbildung
- 09/1985–07/1989 Hans-Neuer-Grundschule, Cham
- 09/1989–07/1996 Realschule Cham
- 08/1996–07/1997 Freiwilliges Soziales Jahr (Seniorenheim Cham)
- 08/1997–07/1999 Ausbildung zur Altenpflegerin
- 08/1999–07/2000 Umschulung zur Textilkauffrau

Beruflicher Werdegang
- 08/2000–03/2003 Verkaufsassistentin Mode Reiter, Cham
- 04/2003–08/2010 Geschäftsführung Mode Reiter, Cham
- 09/2010–jetzt   Leitende Angestellte Modehaus Hillermeyer, Regensburg

Fortbildungen
- 2001–2008: eine Woche/Jahr   Verkaufsschulung: Wie verkaufe ich richtig?
- 2009–2019: ein Wochenende/Jahr   Teamführung

Interessen und Kenntnisse
- Fremdsprachen: Englisch
- EDV-Kenntnisse: Officeprogramme

Ingolstadt, 14.08.20.. *Aysha Özkel*

2 Lebenslauf Özkel

Lebenslauf

Persönliche Daten
- Name: Dipl.-Ing. Franz Ritzer
- Geburtsdatum: 15.02.1966 in München
- Anschrift: Isarstraße 18 b, 86633 Neuburg
- Telefon: 08431 88476834
- E-Mail: fritzer@fastnet.de

Schulbildung
- 09/1972–07/1976 Udo-Miller-Grundschule, München
- 09/1976–06/1985 Theresa-Gymnasium München
- 07/1985–09/1986 Wehrdienst
- 10/1986–07/1991 Technische Universität München: Studium der Materialwissenschaft/Werkstofftechnik
- 08/1991–07/1992 Auslandsstudium in London (Großbritannien)
- Abschluss: Dipl.-Ing.

Beruflicher Werdegang
- 08/1992–07/2007 Firma Highli-Tex, Grafing (Textilstoffherstellung)
- 08/2007–jetzt   Genia Worx, Ingolstadt (Prod. von Arbeitskleidung)

Fortbildungen
- 11.–15.10.2010/12.–16.11.2012/22.–26.09.2014: Materialkunde: neue Recyclingmethoden von Textilfasern
- 13.–15.06.2016: Material der Zukunft: Textilien aus Milchweiß
- 24.–27.05.2018/16.–19.05.2019: Innovativer Werkstoff Faserhanf

Interessen und Kenntnisse
- Fremdsprachen: Englisch, Italienisch (verhandlungssicher)
- EDV-Kenntnisse: Officeprogramme; CAD; Programmiersprachen

Neuburg, 18.09.20.. *Franz Ritzer*

3 Lebenslauf Ritzer

Projekt

4 Lebenslauf Klein

5 Lebenslauf Haunold

6. Zur Überbrückung der Zeit bis zur Festeinstellung und der Einarbeitungszeit überlegt die Geschäftsleitung, Zeitarbeiter einzustellen. Recherchiere im Internet Vor- und Nachteile der Zeitarbeit und erstelle hierfür ein Plakat.
7. Du hast vier Bewerbungen (Lebensläufe 2 – 5) auf dem Tisch liegen. Erfasse diese in einer Bewertungsmatrix und gib deiner Chefin Rückmeldung.
8. Begründe deine Entscheidungen mithilfe der Bewertungsmatrix.
9. Es liegt dir Grafik 6 vor, die demografische Daten zur Arbeitswelt in Deutschland enthält. Werte diese aus und beurteile, was die Entwicklung für die Unternehmen bedeutet.

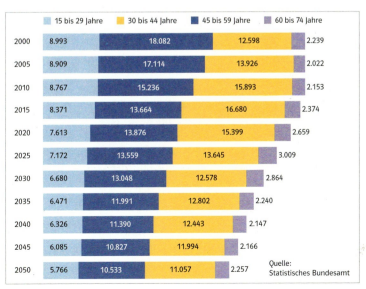

6 Demografische Entwicklung der Arbeitswelt in Deutschland 2000–2050

133

5.4 Arbeitsformen in Unternehmen

[1] Wünsche von Jugendlichen an die Arbeitswelt

Wir wollen:
- *ein Normalarbeitsverhältnis,*
- *keine befristete Beschäftigung, keine Teilzeitbeschäftigung,*
- *keine geringfügige Beschäftigung, kein Leiharbeitsverhältnis,*
- *mit unserer Arbeit Geld verdienen,*
- *eine Familie gründen,*
- *eine Perspektive und eine Zukunft haben.*

Bei der Einstellung erhalten die neuen Mitarbeiter der Firma iMo, wie in jedem Unternehmen in Deutschland, einen Arbeitsvertrag. Dieser Arbeitsvertrag kann rechtlich unterschiedlich gestaltet sein.

Normalarbeitsverhältnis
95 % der iMo-Beschäftigten haben einen **unbefristeten Arbeitsvertrag.** Davon sind die meisten in Vollzeit beschäftigt (z. B. mit einer wöchentlichen Arbeitszeit von 40 Stunden). 18 % arbeiten in einer **Teilzeitbeschäftigung**. Das heißt, sie sind ebenfalls unbefristet angestellt, arbeiten jedoch nicht mit voller Stundenzahl. Ein Grund dafür ist z. B., Familie und Beruf zu vereinbaren. Nach der Ausbildung stellt iMo die Lehrlinge in der Regel für ein Jahr **befristet** ein. Nach einem Jahr fällt die Entscheidung, ob der Arbeitsvertrag unbefristet weitergeführt wird.

Geringfügige Beschäftigung
2 % der Beschäftigten bei iMo gehen einer geringfügigen Beschäftigung (Minijob) nach. Sie sind von iMo bei der Minijob-Zentrale angemeldet und erhalten monatlich maximal 450 Euro.

Meist haben die geringfügig Beschäftigten noch eine zweite Arbeitsstelle. Die geringfügige Beschäftigung soll das monatliche Einkommen stabilisieren bzw. erhöhen.

Zeitarbeit
Bei Personalknappheit, etwa durch Krankheitsausfälle, erhält iMo von einer Zeitarbeitsfirma Leiharbeiter. Vertraglich ist iMo nur mit der Zeitarbeitsfirma verbunden, nicht jedoch mit den einzelnen Arbeitnehmern. Die Leiharbeiter erhöhen die Flexibilität der Firma iMo bei Personalengpässen. Sie können jedoch nur einfache Tätigkeiten übernehmen, da ihnen unternehmensinterne Qualifikationen fehlen.

Ayleen Muth hat in den letzten Jahren den Anteil befristeter Arbeitskräfte bei iMo auf einige wenige reduziert. Die Chefin plant auch diesen – wenn die Auftragslage es zulässt – zügig unbefristete Arbeitsverhältnisse anzubieten. Denn Ayleen Muth sieht eine gewisse soziale Verantwortung für sich und die Firma. Ihre Mitarbeiterinnen und Mitarbeiter sollen finanziell abgesichert ihre Zukunft planen können. Dies ist nur im unbefristeten Arbeitsverhältnis möglich.

✗ Unternehmen setzen unterschiedliche Arbeitsformen ein.
✗ Diese dienen u. a. dazu, kurzfristige Anpassungen vorzunehmen bzw. auf familiäre Situationen Rücksicht zu nehmen.

iMo-Mitarbeiter stellen sich vor

Lefto Tenetzkis (35 Jahre)
vollzeitbeschäftigt, unbefristeter Arbeitsvertrag, verheiratet, zwei Kinder
Ich habe meine Ausbildung hier bei der Firma iMo absolviert und dann sofort eine unbefristete Vollzeitstelle erhalten. In der Ausbildung hat mein damaliger Ausbilder schnell erkannt, dass ich in der Fertigung gut und effektiv mitarbeite. Meine eigenen Ideen und Verbesserungsvorschläge hat er auch gerne gesehen.
Ich habe mich hier immer wohl gefühlt und ich war sehr erleichtert, als ich nach der Ausbildung fest übernommen wurde. Über Fortbildungen habe ich mich stetig weiter qualifiziert. Inzwischen bin ich zum Vorarbeiter aufgestiegen. Das hat meinen Ehrgeiz geweckt. Momentan mache ich nebenbei meinen „Meister". iMo unterstützt mich dabei. Ich bin dankbar, dass mir die Firma diese Chancen eröffnet. Zurzeit arbeite ich 40 Stunden wöchentlich. Mit meinem Gehalt kann ich meine Familie versorgen und etwas Geld zurücklegen. Da meine Frau Teilzeit in einer Steuerkanzlei arbeitet, hat es sogar für den Kauf eines eigenen kleinen Hauses gereicht.

Susanne Stark (40 Jahre)
teilzeitbeschäftigt, unbefristeter Arbeitsvertrag, alleinerziehend, ein Kind
Seit fünf Jahren arbeite ich bei der Firma iMo als Angestellte im Büro. Zuvor war ich befristet in einer Anwaltskanzlei in Vollzeit angestellt. Mein Arbeitsvertrag wurde immer nur um ein Jahr verlängert. Jedes Jahr im Dezember wusste ich nicht, ob ich im Januar noch einen Job haben würde. Das war sehr belastend für mich. Dann wurde ich schwanger und mein damaliger Lebensgefährte und ich trennten uns. Ich war gezwungen, allein für mich und mein Kind zu sorgen. Daher habe ich alles daran gesetzt, in einem anderen Unternehmen Fuß zu fassen.
Nach der erfolgreichen Bewerbung bei iMo wurde ich fest für 20 Stunden pro Woche eingestellt. Dank dieser Teilzeitbeschäftigung kann ich für meine Tochter da sein. Finanziell komme ich einigermaßen über die Runden. Große Sprünge sind zwar nicht möglich, aber meine Tochter und ich kommen durch. Das ist die Hauptsache.

Tobias Heim (21 Jahre)
Zeitarbeiter der Firma „Human Resource", alleinstehend
Nach meinem Mittelschulabschluss habe ich eine Lehre als Einzelhandelskaufmann angefangen. Aber schon in der Probezeit habe ich festgestellt, dass dies nichts für mich ist. Dann habe ich im Metallbau meine Lehre absolviert und wurde von meinem Ausbildungsbetrieb übernommen. Nach zwei Jahren hat der Betrieb dann Insolvenz angemeldet. Obwohl ich viele Bewerbungen geschrieben habe, habe ich keine Stelle in der Gegend gefunden. So bin ich bei der Zeitarbeitsfirma *Human Resource* gelandet.
Human Resource arbeitet eng mit dem Manchinger Rollerhersteller iMo zusammen. Seit zwei Monaten bin ich jetzt an iMo ausgeliehen. Das ist eine richtig coole Firma und ich bemühe mich, die mir übertragenen Aufgaben so gut wie möglich zu machen. Ich würde mir sehr wünschen, dass man bei iMo auf mich aufmerksam wird und mir dort eine Chance auf einen Job gibt. Vom Lohn, den ich bei *Human Resource* erhalte, komme ich kaum über die Runden.

2 Aussagen von iMo-Beschäftigten

1 Werte die drei Aussagen **2** aus.

2 Erstelle eine Tabelle zum Normalarbeitsverhältnis, zur Teilzeitbeschäftigung und zur Leiharbeit.

3 Überlege dir, warum Zeitarbeitsfirmen in der Regel über eine große Personalauswahl verfügen.

5.5 Neue Arbeitsformen in der digitalisierten Welt I

Das Internet ermöglicht zeit- und ortsunabhängiges Einkaufen.

Intelligente Häuser sparen Energie und schützen vor Einbrüchen.

Wir sind daran gewöhnt, im Internet einzukaufen, und finden es toll, wenn der Saugroboter den Fußboden sauber hält. Entsprechende Technik findet sich inzwischen in fast jedem Haushalt.
Die weltweite computerbasierte Datenvernetzung ermöglicht auch neue Arbeitskonzepte. Viele Arbeitsstellen erfordern heutzutage keine durchgehende Anwesenheit der Beschäftigten am Arbeitsplatz mehr. Viele Arbeiten lassen sich gut von zu Hause aus erledigen.

Nachdem iMo-Mitarbeiter ein starkes Interesse an flexibleren Arbeitsmodellen signalisierten, bietet die Firma nun ihren Beschäftigten verschiedene Konzepte an.

Flexible Standorte
Einige Mitarbeiter sprachen sich dafür aus, von anderen Orten aus ihre Arbeitsleistung zu erbringen. Sie argumentierten, dass sie ihre Arbeit sogar effizienter als im Büro erledigen könnten, wo sie mit mehr Ablenkungen und Stresssituationen konfrontiert seien.

1. Homeoffice
Am beliebtesten unter den Beschäftigten ist das Modell des **„Homeoffice"** (= Büroarbeit von zu Hause aus). Der Mitarbeiter verlagert seinen Arbeitsplatz von der Firma in seine eigene Wohnung oder sein Haus. Zum Teil entfällt dafür der Arbeitsplatz in der Firma ganz. Der Arbeitgeber stellt alle nötigen Arbeitsmittel (Laptop/Computer, Arbeitsmaterialien) und erhält die Arbeitsergebnisse über digitale Kanäle. Sogar Meetings können digital abgehalten werden.
Die Arbeitnehmer werden entweder auf Stundenbasis oder pro Bearbeitungseinheit bezahlt. Der Arbeitgeber kontrolliert die Arbeitszeit in der Regel über ein Zeiterfassungssystem.
Die Mitarbeiter schätzen am Homeoffice-Modell, dass sie sich ihre Zeit selbst einteilen können. Das eventuell zeitintensive und nervenaufreibende tägliche Pendeln im Berufsverkehr entfällt. Auf diese Weise gelingt es vielen besser, Beruf und Familie zu vereinbaren. Die Motivation steigt und sogar der Gesundheitszustand verbessert sich.

Die Nutzung digitaler Netzwerke ermöglicht eine weltweite Vernetzung.

E-Mails sind der Ersatz für den früheren Briefverkehr. Informationen können so online schnell und sicher ausgetauscht werden.

Digitale Meetingräume und vernetzte Systeme machen das Arbeiten von zu Hause aus möglich.

- Die Technisierung und Digitalisierung ermöglicht die Vernetzung zwischen Arbeitgeber und Arbeitnehmer von jedem Ort der Erde aus.
- Viele Arbeitnehmer müssen nicht mehr im Unternehmensgebäude anwesend sein.

1 Dank Internet ist Arbeiten von überall aus möglich.

Andererseits kann der Verlust des direkten Kontaktes zum Kollegenkreis zu Informationsdefiziten führen. Das Zugehörigkeitsgefühl, die Bindung und die Identifikation mit der Firma können leiden. Problematisch kann sich auch die fehlende Trennung von Berufs- und Privatbereich auswirken. Engagierte Mitarbeiter können Gefahr laufen, sich selbst auszubeuten und einen gesundheitlichen Preis zu zahlen.

2. Mobiles Büro
Anfänglich haben nur die iMo-Außendienstmitarbeiter das sogenannte Mobile Büro erhalten: einen Laptop, mit dem sie ortsunabhängig über eine Internetverbindung jederzeit arbeiten können.
Ayleen Muth verwirklichte kürzlich einen Verbesserungsvorschlag: Das Mobile Büro solle für alle Mitarbeiter, die viel unterwegs sind, möglich sein. Jetzt ist es möglich, dass Mitarbeiter während privater Aufenthalte Arbeitsleistungen an die Firma liefern. So war etwa der Personalchef Christian Franz glücklich, dass er eine verzögerte, wichtige Bewerbungsangelegenheit von den USA aus zu Ende bringen konnte. Andernfalls hätte er seinen Familienurlaub verschieben müssen.

Für iMo haben die beiden Modelle Vor- und Nachteile. Mitarbeiter sind teilweise nur noch per Handy oder E-Mail erreichbar. Alles in allem jedoch überwiegen derzeit die Vorteile. Die Leistung der betreffenden Mitarbeiter hat sich stark verbessert. Zudem kommt iMo bei der Firmenerweiterung mit weniger Büros aus als ursprünglich geplant. Es gibt in der Firmenzentrale inzwischen verschiedene Lounges und Besprechungszimmer, in denen sich Mitarbeiter zum Gespräch treffen können. Dort ist auch eine leistungsstarke Infrastruktur für größere digitale Meetings vorhanden.

1 Erörtere, welche Mitarbeiter die beiden dargestellten Arbeitsformen nutzen können.

2 Erstelle eine Präsentation zum Thema „Arbeitsformen an flexiblen Standorten".

3 Beurteile die Chancen und Risiken, die die beiden modernen Arbeitsformen für Arbeitgeber und für Arbeitnehmer mit sich bringen.

5.6 Neue Arbeitsformen in der digitalisierten Welt II

[1] Beschäftigte und Unternehmen profitieren von flexiblen Arbeitszeiten.

Vollzeitmodelle

Neben der örtlichen Flexibilität wünschen sich viele Mitarbeiter auch zeitliche Flexibilität. Modelle für flexible Arbeitszeiten sind gerade für Unternehmen wie iMo interessant. Denn der technische Fortschritt mit seiner hohen Produktivität trägt zu einer kürzeren Wochenarbeitszeit vieler Mitarbeiter bei. Dies bedeutet aber, dass teure Maschinen an gewissen Zeiten des Tages stillstehen. Dies gilt es aus Kostengründen so weit wie möglich zu vermeiden.

Flexible Arbeitszeitmodelle

Um die Produktion rund um die Uhr laufen zu lassen, werden folgende Modelle gerne genutzt:

1. Schichtarbeit

Mit dem Schichtarbeitsmodell [2] kann ein Unternehmen 24 Stunden am Tag, an sieben Tagen pro Woche, produzieren. Deshalb wird dieses Modell vorwiegend in der Fertigungsabteilung angewendet. Die Schichtmodelle bestehen aus einer Früh-, einer Spät- und einer Nachtschicht. Allerdings zahlt der Arbeitgeber für die Nacht- und Sonntagsschichten in der Regel höhere Zuschläge. Dazu kommt ein hoher Koordinationsaufwand für das Unternehmen. Die Mitarbeiter werden gesundheitlich stärker belastet, profitieren jedoch von höheren Löhnen und mehr freien Tagen als ein Arbeitnehmer mit regulärer Arbeitszeit.

2. Gleitzeit

Kernidee der Gleitzeit sind flexible Anfangs- und Endzeiten der täglichen Arbeit. Diese Arbeitsform ist gut für Beschäftigte geeignet, die pendeln oder Familienmitglieder betreuen. Denn hier kommt es nicht auf absolute Pünktlichkeit am Arbeitsplatz an. Das Gleitzeitmodell besteht in der Regel aus einer Kernarbeitszeit, in der Anwesenheitspflicht besteht, und Gleitzeitphasen vor und nach dieser Kernarbeitszeit. Vor allem in der Bürowelt ist die Gleitzeit beliebt. Ein weiteres Gleitzeitmodell kommt ohne Kernarbeitszeit aus. Diese Form ist für Beschäftigte geeignet, die selbstständig arbeiten können und nicht telefonisch erreichbar sein müssen. In diesem Modell erfüllen die Beschäftigten ebenfalls ihre Arbeitszeitvorgaben. Allerdings kann dies auch am frühen Morgen, am späten Abend oder in der Nacht sein.

iMo bietet den Mitarbeitern in der Verwaltung das Gleitzeitmodell mit Kernarbeitszeiten schon länger an. Die Motivation ist in der Abteilung durch die Flexibilisierung der Arbeitszeit gestiegen, sodass iMo hier positive Effekte erzielt hat.

Woche	Montag	Dienstag	Mittwoch	Donnerstag	Freitag	Samstag	Sonntag
1	Früh	Früh	Spät	Spät	Nacht	Nacht	
2		Früh	Früh	Spät	Spät	Nacht	Nacht
3			Früh	Früh	Spät	Spät	Nacht
4	Nacht			Früh	Früh	Spät	Spät
5	Nacht	Nacht			Früh	Früh	Spät
6	Spät	Nacht	Nacht			Früh	Früh
7	Spät	Spät	Nacht	Nacht			Früh
8	Früh	Spät	Spät	Nacht	Nacht		

[2] Schichtarbeitsmodell

✗ Mit der digitalen Neuerung der Arbeitswelt ändern sich auch die Arbeitszeitmodelle.
✗ Mitarbeiter legen heutzutage Wert auf flexible Arbeitszeitmodelle.

3. Vertrauensarbeitszeit

Vertrauensarbeitszeit bedeutet, dass sich das Unternehmen darauf verlässt, dass die Arbeitszeit vom Arbeitnehmer erfüllt und korrekt erfasst wurde. Eine Überprüfung durch das Unternehmen findet nicht statt. Dieses Modell ist ergebnisorientiert und nicht auf Anwesenheitskontrolle ausgerichtet.

Das Modell der Vertrauensarbeitszeit gestattet große Bewegungsfreiheit. Familie und Beruf lassen sich damit gut unter einen Hut bringen.

Die freie Zeiteinteilung wirkt stark motivationsfördernd. Allerdings weist dieses Modell ähnliche Nachteile wie die Homeoffice-Arbeit auf. „Ergebnisorientiert" kann auch bedeuten, dass Überstunden anfallen, die nicht bezahlt werden.

Teilzeitmodelle

4. Klassische Teilzeit

Die Motive von Mitarbeitern, Teilzeit zu arbeiten, sind vielfältig: der Wunsch nach mehr Freizeit, familiäre Gründe oder eine zeitintensive, weiterqualifizierende Zusatzausbildung.

Teilzeitbeschäftigt ist ein Arbeitnehmer dann, wenn er im Durchschnitt weniger Wochenarbeitsstunden leistet als eine vergleichbare Vollzeitarbeitskraft. Meist wird die tägliche Arbeitszeit in gleichem Maß reduziert. So wird beispielsweise die tägliche Arbeitszeit von 8:00 bis 16:00 Uhr auf 8:00 bis 13:00 Uhr verringert.

5. Jobsharing

Wenn zwei oder mehr Arbeitnehmer sich einen Arbeitsplatz teilen, bezeichnet man das als Jobsharing. Sie regeln untereinander, wer wann anwesend ist (z. B. ein Mitarbeiter am Vormittag, der andere am Nachmittag). Die Vorteile für das Unternehmen liegen u.a. darin, dass der Arbeitsplatz den ganzen Tag über besetzt ist. Im Krankheitsfall steht immer ein eingearbeiteter Mitarbeiter als Reserve zur Verfügung. Jobsharer arbeiten meist motivierter und bringen mehr Leistung.

Was bringt die Zukunft?

Unternehmen müssen auch in Zukunft um gute Mitarbeiter konkurrieren. Die Attraktivität eines Arbeitsplatzes wird auch durch das Angebot an verschiedenen Arbeitsformen bestimmt. Dies wird im laufenden Prozess der Digitalisierung unserer Arbeitsumgebung sowohl für die Arbeitgeber- als auch die Arbeitnehmerseite immer wichtiger. Viele jetzt von Menschenhand ausgeführte Arbeitsgänge werden künftig Maschinen übernehmen. Jede körperliche und geistige Tätigkeit, die sich in irgendeiner Form strukturieren lässt, werden Computer oder Roboter erledigen. Die Rolle des Menschen in dieser, durch künstliche Intelligenz und das „Internet der Dinge" bestimmten Arbeitswelt ist noch nicht klar erkennbar.

3 Schöne neue Arbeitswelt?

---

1 👥 Erstellt ein Plakat zum Thema „Flexible Arbeitszeitmodelle".

2 Beurteile die Vertrauensarbeitszeit und das Jobsharing.

3 Erläutere die Auswirkungen, die der Einsatz künstlicher Intelligenz auf dich als Arbeitnehmer/in haben wird.

5.7 Lohn

Beim Aufräumen ihres Büros stößt Ayleen Muth in einem Ordner auf einen Artikel, den sie vor einiger Zeit aus einer Ratgeberbroschüre für Arbeitgeber ausgeschnitten hatte.

Wie bezahlen Sie Ihre Arbeitnehmer?

Als Arbeitgeber sollten Sie sich von Beginn an gut überlegen, auf welcher Basis Sie das Arbeitsentgelt (= Vergütung für eine Arbeit) berechnen wollen. Beim Arbeitsentgelt handelt es sich generell um die Gegenleistung, die Sie als Arbeitgeber dem Arbeitnehmer für seine Arbeitsleistung laut Arbeitsvertrag schulden.

Als Arbeitgeber können Sie Ihre Arbeitnehmer in verschiedenen Formen entlohnen.
Viele wählen den sogenannten **Zeitlohn**, der die geleistete Arbeitszeit entlohnt. Qualität und Quantität der tatsächlichen Arbeitsleistung werden nicht berücksichtigt. Die Arbeitnehmer erhalten einen Stunden-, Tages-, Wochen- oder Monatslohn. Beamte und Angestellte bekommen monatlich ein festes Gehalt. Zur Berechnung wird der Stundenlohn einfach mit den Arbeitsstunden multipliziert. Dies ergibt den Bruttolohn. Üblich ist diese Entlohnungsform bei
- qualitativ hochwertigen Arbeiten,
- Arbeiten, deren Ergebnis nicht leicht zu messen ist (z. B. Bürotätigkeiten),
- Tätigkeiten mit einer festgelegten Arbeitsgeschwindigkeit (z. B. am Fließband) oder
- Tätigkeiten, bei denen unterschiedliche Arbeitsmengen anfallen.

Dieses Entlohnungssystem ist mit geringerem Zeitdruck und weniger Stress für die Arbeitnehmer verbunden. Zudem geht die Anzahl der Arbeitsunfälle zurück und die Maschinen werden schonender behandelt. Allerdings ist der Leistungsanreiz für die Mitarbeiter niedrig. Leistungsfreudige Mitarbeiter werden angesichts von Kollegen, die weniger leisten, jedoch den gleichen Lohn erhalten, unzufrieden. Als Arbeitgeber müssen Sie die Leistung überprüfen. Um das Risiko einer Minderleistung zu reduzieren, wird oft eine Leistungszulage vorgeschlagen. Für Sie als Arbeitgeber vereinfacht dies die Abrechnung. Mit einer funktionierenden Zeiterfassung im Unternehmen lässt sich der Zeitlohn Ihrer Arbeitnehmer zuverlässig ermitteln.

Als Alternative bietet sich der **Leistungslohn** an: Der Arbeitnehmer wird nicht aufgrund seiner Arbeitszeit entlohnt, sondern aufgrund seiner tatsächlich erbrachten Leistung. Wer mehr leistet, erhält mehr Lohn! Da die Leistung schwanken kann, erhalten die Arbeitnehmer ein Mindestentgelt, auf das das Leistungsentgelt dann aufgeschlagen wird. Die zwei Formen des Leistungslohns sind der Akkordlohn und der Prämienlohn.
Beim *Akkordlohn* zahlen Sie als Arbeitgeber zusätzlich zum Mindestlohn einen Akkordzuschlag. Mindestlohn plus Akkordzuschlag ergeben das Grundgehalt des Mitarbeiters. Bei einem vereinbarten Mindestlohn von z. B. 15,00 € und einem Akkordzuschlag von z. B. 20,00 % (= 3,00 €) beträgt das Grundgehalt 18,00 €.
Damit Akkordentlohnung funktioniert, müssen folgenden Voraussetzungen gegeben sein:
- Der zu entlohnende Arbeitsgang muss genau festlegbar und messbar sein.
- Die Arbeitsgänge müssen stets gleich sein und sich wiederholen.
- Der Mitarbeiter muss das Arbeitstempo bestimmen können.

Wenn der Mitarbeiter die festgelegte Vorgabezeit pro Arbeitsgang einhält, erbringt er die Normalleistung. Die Normalleistung wird mit dem Grundgehalt entlohnt. Bei Mehrleistung erhält der Mitarbeiter mehr Gehalt, bei Minderleistung weniger.
Akkordarbeit ist vor allem an Arbeitsplätzen in der Fertigung möglich, z. B. beim Stanzen von Teilen. Für Arbeitnehmer ist der Akkordlohn motivierend, da eine höhere Arbeitsleistung einen höheren Lohn bedeutet. Das Handling für Sie als Arbeitgeber ist einfach: Arbeitskontrollen sind überflüssig und es findet eine einfache Kalkulation statt.

- *Das Arbeitsentgelt ist eine Vergütung der Arbeitsleistung eines Arbeitnehmers.*
- *Jeder Unternehmer muss entscheiden, in welcher Form er die Arbeitnehmer bezahlen möchte: per Stundenentgelt, Leistungsentgelt oder Gewinnbeteiligung.*

Problematisch könnte sich auswirken, dass die Gesundheit äußerst leistungsbereiter Mitarbeiter, die ständig unter Höchstlast arbeiten, Schaden nehmen könnte. Weiterhin werden die Maschinen nicht schonend behandelt, sondern stark strapaziert. Wegen der einseitigen Fixierung auf Mengenleistung kann auch die Qualität der Produkte leiden und der Materialverbrauch steigen.

Die Bedeutung des Akkordlohns geht mit der zunehmenden Mechanisierung der Arbeitswelt zurück, da immer mehr Akkordtätigkeiten von Maschinen ausgeführt werden.

Der *Prämienlohn* setzt sich zusammen aus einem festen Grundlohnanteil und einem Prämienanteil. Die Prämie ist an das Erreichen gewisser Vorgaben wie Produktqualität, Termineinhaltung, Ausschussquote oder Einsparungen beim Rohstoffverbrauch gebunden. Der Prämienlohn soll die Leistungsbereitschaft erhöhen und die Arbeitsproduktivität steigern. Der Mitarbeiter kann die Prämie auch ohne körperliche Dauerbelastung erreichen. Denn der Prämienlohn steigt nicht wie der Akkordlohn im gleichen Verhältnis mit der erbrachten Leistung an und es gibt Obergrenzen. Nachteile des Prämienlohnsystems sind erhöhter Verwaltungsaufwand auf Arbeitgeberseite und für den Arbeitnehmer ein eventuell schwierig nachzuvollziehendes Bemessungssystem mit ständig schwankender Lohnhöhe.

Eine weitere Möglichkeit, Ihre Mitarbeiter an Ihr Unternehmen zu binden, steht Ihnen über das Mittel des **Beteiligungslohns** offen. Dieser wird als Zuschlag zum normalen Gehalt gezahlt und ist an den Erfolg des Unternehmens gekoppelt. Meist handelt es sich um eine Gewinnbeteiligung: Die Arbeitnehmer erhalten einen Teil des Unternehmensgewinns und können darüber frei verfügen. Der Beteiligungslohn steigert die Identifikation Ihrer Arbeitnehmer mit dem Betrieb und deren Interesse am Unternehmenserfolg. Die Bereitschaft zu höherer Leistung steigt. Ihr Unternehmen wird für Arbeitnehmer attraktiver.

Sie als Unternehmer müssen selbst entscheiden, welches Entlohnungssystem für Ihre Firma am geeignetsten ist. Sofern kein Mindestlohn vorgeschrieben ist, können Sie nach dem Grundsatz der Vertragsfreiheit die Höhe der Vergütungen frei verhandeln. Eine angemessene Lohnhöhe ist jedoch in jedem Fall grundlegend. Dabei sind Ihre spezielle Marktsituation und Ihre firmeninternen Ziele zu berücksichtigen, die wiederum auf die erforderlichen Fachkenntnisse der Belegschaft, die Arbeitsbelastung, die Verantwortung der einzelnen Arbeitnehmer oder die Arbeitsbedingungen zurückwirken.

Textanalyse und Präsentation: allgemeine Vorgehensweise

1. Vorarbeiten
- Kopiere den Text, damit du hineinarbeiten kannst.
- Lies den Text genau durch.
- Schlage unbekannte Wörter in einem Wörterbuch nach.
- Unterteile den Text in Sinnesabschnitte.
- Halte verschiedenfarbige Stifte bereit.

2. Fragen
- Lies die Fragen, die du zum Text beantworten sollst, durch, falls dir welche vorgegeben sind.
- Unterstreiche mit den Farbstiften die jeweiligen Antworten im Text.

3. Eigentliche Arbeiten
- Überlege dir, in welcher Form du den Inhalt präsentieren möchtest (z. B. über ein Präsentationsprogramm am PC, ein kleines Video, ein Plakat usw.)
- Entscheide dich für eine aussagekräftige Überschrift.
- Überlege dir eine genaue Abfolge der Inhalte, die du vermitteln möchtest.
- Füge Grafiken, Tabellen, Diagramme oder Fotos hinzu, die den Inhalt erläutern.
- Beachte, dass die Präsentation nicht zu textlastig sein sollte.

1 Erstelle zum Thema „Arbeitsentgelt und Lohnformen" eine fundierte Präsentation.

5.8 Lohngerechtigkeit

1   Verschiedene Arbeitsplätze – unterschiedliche Anforderungen

Erklärfilm
Löhne und Gehälter
n2v6vw

„Gleicher Lohn für gleiche Arbeit". Das sollte doch eigentlich selbstverständlich sein? Doch wie lässt sich in der Praxis feststellen, was gleiche Arbeit ist? Das ist ein Problem für jeden Arbeitgeber. Er muss die Arbeitsleistung transparent bewerten. Denn wer eine höhere Arbeitsleistung bringt, soll auch einen höheren Lohn erhalten. Deshalb arbeiten Unternehmen mit Bewertungssystemen.

Darin werden verschiedene Kriterien einer Arbeitstätigkeit berücksichtigt wie
- Schwierigkeitsgrad,
- Gefährlichkeit,
- Notwendigkeit von Fachkenntnissen,
- Maß der Verantwortung.

Nach diesen Kriterien werden Tätigkeiten bestimmten Lohngruppen zugeteilt. Ähnliche Tätigkeiten finden sich in der gleichen Lohngruppe.

Lohn- bzw. Gehaltsgruppe I	Lohn- bzw. Gehaltsgruppe VII
Erfasst sind Tätigkeiten, die nur einer kurzen Einweisung bzw. einer kurzfristigen Einarbeitungszeit bedürfen, etwa: • Reinigungsarbeiten, • einfache Küchenarbeiten, • Kopierarbeiten/Scannen, • Postvorbereitung.	Erfasst sind Tätigkeiten, die hohe Anforderungen an das fachliche Können stellen und mit erweiterter Fach- oder Führungsverantwortung verbunden sind, etwa: • qualifizierte Technikertätigkeiten • besonders qualifizierte Sachbearbeitung in Vertrieb, Marketing, Einkauf, Rechnungswesen usw., • besonders qualifizierte Antrags- und Vertragssachbearbeitung bzw. Schaden- und Leistungssachbearbeitung, • Tätigkeit als Leiter/in eines Arbeitsbereichs, sofern die überwiegende Zahl der Angestellten/Arbeiter des geleiteten Arbeitsbereichs in die Lohn- bzw. Gehaltsgruppe VI tariflich einzugruppieren ist.
Lohn/Gehalt zwischen 0 und 1.000,00 €	Lohn/Gehalt zwischen 5.000,00 und 7.000,00 €

2   Auszug aus einer Lohngruppeneinteilung

- Unternehmen benötigen Bewertungskriterien zur Einteilung der Mitarbeiter in bestimmte Lohngruppen.
- Die Lohnlücke zwischen Mann und Frau ist ein politisches Thema.

Soziale Gesichtspunkte fließen ebenfalls in die Entlohnung mit ein. Deshalb werden z. B.
- an ältere Arbeitnehmer Alterszuschläge bezahlt.
- an verheiratete Arbeitnehmer mit Kindern Zuschläge gezahlt oder
- mit der Dauer der Betriebszugehörigkeit steigendes Weihnachts- oder Urlaubsgeld ausgezahlt.

Trotz dieser Überlegungen zur Lohngerechtigkeit kommt es zu Ungerechtigkeiten. Jüngere Arbeitnehmer fühlen sich zurückgesetzt, wenn sie das gleiche Arbeitspensum wie ältere Kollegen erledigen, dafür jedoch weniger Entgelt erhalten.
Männer verdienen überall in Europa und auch in Deutschland im Durchschnitt für eine gleichwertige Tätigkeit mehr als Frauen 3. Das „Gesetz zur Förderung der Transparenz in Entgeltstrukturen" (Entgelttransparenzgesetz), das am 6. Juli 2017 in Kraft trat, soll hier für Abhilfe sorgen. Unternehmen ab einer gewissen Größe müssen jedem Beschäftigten Auskunft über die Kriterien geben, nach denen sie bezahlt werden. Die Unternehmen müssen zudem regelmäßige Berichte zum Stand der Gleichstellung öffentlich vorlegen. Und die Betriebe sind zur regelmäßigen Prüfung der Entgeltgleichheit ihrer Lohnstrukturen aufgefordert.
Das Entgelttransparenzgesetz soll also eine Grundlage für die Überprüfbarkeit von Lohngerechtigkeit in den Betrieben schaffen.

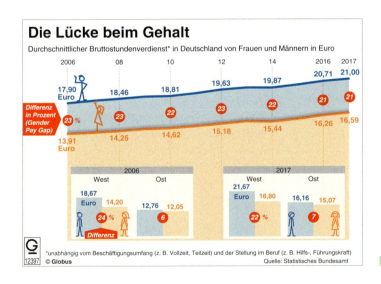

3 Gender Pay Gap

1 Erkläre die Bewertungskriterien eines Arbeitgebers für die Arbeitsleistung eines Arbeitnehmers.

2 Beurteile die Diskrepanz bei der Entlohnung von Männern und Frauen.

3 Recherchiere im Internet nach Ursachen für diese Ungleichbehandlung der Geschlechter.

4 Führt in eurer Klasse eine Umfrage durch, welche Ausbildungsberufe Mädchen und welche Jungen interessieren.

5.9 Freiwillige betriebliche Sozialleistungen

Innovativer E-Roller-Hersteller iMo unterstützt Mitarbeiter
München. Das Manchinger Unternehmen wurde vom bayerischen Wirtschaftsminister als einer der Top-Ten-Arbeitgeber in Bayern ausgezeichnet. iMo achtet auf seine Belegschaft:
- Ein Betriebsarzt kümmert sich um die Gesundheit der Mitarbeiter.
- Die bei iMo tätigen Eltern und ihre Kinder freuen sich über den kostenlosen firmeneigenen Kindergarten.
- Die Fahrt zur Arbeitsstätte bezuschusst iMo mit einem Ticket des öffentlichen Nahverkehrs.
- Die Kantine bietet täglich vier Gerichte zur Auswahl, darunter ein veganes.

1 Auszeichnung für die Firma iMo

Ayleen Muth ist bei der Preisverleihung in München 1 sichtlich gerührt. Offensichtlich hat sie im sozialen Bereich gut gearbeitet. Und nicht nur das: Seit die Mitarbeiter freiwillige betriebliche Sozialleistungen erhalten, haben sich auch der Umsatz und der Gewinn erhöht.

Unter **freiwilligen betrieblichen Sozialleistungen** versteht man allgemeine weitere Leistungen, die Arbeitnehmer neben dem Lohn bzw. Gehalt vom Arbeitgeber erhalten. Dazu gehören:

- **betriebliche Altersvorsorge**
Für diesen Bereich wenden Unternehmen am meisten Geld auf. Ziel ist, die Arbeitnehmer dadurch zusätzlich im Alter abzusichern.

- **Verpflegung**
Fast jedes Unternehmen unterhält eine Kantine oder zumindest eine Cafeteria. Die Mitarbeiter erhalten direkt auf dem Betriebsgelände preisgünstiges und meist frisch zubereitetes Essen.

- **Betriebskindergarten**
Die Betreuung kleiner Kinder ist für berufstätige Eltern eine Herausforderung. Sie arbeiten dann Teilzeit oder scheiden als Mitarbeiter kurz- oder längerfristig aus. Den Unternehmen entsteht dadurch ein erhöhter Aufwand in der Personalplanung.
Eine Möglichkeit, Kinder, Eltern und Unternehmen besser unter einen Hut zu bringen, stellt ein Betriebskindergarten dar. Der Aufwand für die Eltern und deren familienbedingte Ausfallzeiten werden minimiert. Die Eltern können sich besser auf ihre Arbeit konzentrieren, wenn sie ihre Sprösslinge in unmittelbarer Nähe gut versorgt wissen. Die täglichen Zusatzfahrten im Berufsverkehr zwischen Arbeitsstelle und externem Kindergarten entfallen.

- **betriebliche Gesundheitsförderung**
Die Gesundheit der Mitarbeiter ist für den Unternehmenserfolg mitentscheidend. Deshalb gibt es in vielen Unternehmen einen Betriebsarzt und sogar eigene Sportstätten für den Betriebssport. Auf diese Weise kann beruflicher Stress sofort abgebaut werden.

✗ Unternehmen gewähren ihren Mitarbeitern oft freiwillige betriebliche Sozialleistungen.
✗ Mitarbeiter honorieren dies durch eine engagiertere Arbeitsleistung.

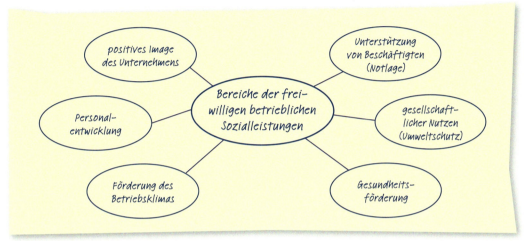

2 Freiwillige betriebliche Sozialleistungen

Warum bieten Unternehmen betriebliche Sozialleistungen freiwillig an?

Ziel einer jeden betrieblichen Sozialleistung ist eine Stärkung des Zusammengehörigkeitsgefühls der Mitarbeiter und ihre Identifikation mit dem Unternehmen im internen und auch im externen Bereich.

Ein gutes Betriebsklima trägt schließlich zum Unternehmenserfolg bei.

Zufriedene Mitarbeiter wirken nicht nur positiv nach innen, sondern auch nach außen. Arbeitgeber befinden sich stets in Konkurrenz um gute, qualifizierte Arbeitskräfte. Freiwillige soziale Leistungen steigern die Attraktivität einer Firma als potenzieller Arbeitgeber.

Diese zusätzlichen Betriebsleistungen verursachen Kosten, die das Betriebsergebnis belasten können. Auch kann die Wettbewerbsfähigkeit im Vergleich zu Unternehmen aus anderen Ländern, die diese Zusatzleistungen nicht bieten, leiden. Deshalb gilt es genau zu prüfen, ob die höheren Kosten tatsächlich mit weniger Ausschuss, einer höheren Produktivität und mehr Umsatz/Gewinn einhergehen. Wenn dem nicht so ist, müssen die gewährten freiwilligen Sozialleistungen entsprechend verringert werden.

Ayleen Muth wollte von Anfang an hoch qualifizierte Arbeitnehmer gewinnen und in ihrem Unternehmen halten. Deshalb bietet iMo diverse freiwillige betriebliche Sozialleistungen an. Für iMo war dies der richtige Weg. Die Mitarbeiter danken es. Seit der Einführung des Angebots verbessern sich alle Kennzahlen der Firma kontinuierlich.

Kennzahlen einer Firma:
sind wichtig zur Beurteilung der Lage eines Unternehmens. Sie sollen den Erfolg, die Liquidität, die Rentabilität usw. einer Firma messen.

1 Erkläre deinem Nachbarn, was man unter „freiwillige betriebliche Sozialleistungen" versteht.

2 Beurteile den Sinn derartiger Zusatzkosten für ein Unternehmen.

3 Du bist Chef eines neu auf dem Markt befindlichen Start-up-Unternehmens, das Apps programmiert. Bewerte den Einsatz von freiwilligen betrieblichen Sozialleistungen zum gegenwärtigen Zeitpunkt.

4 Finde weitere freiwillige betriebliche Sozialleistungen für den Bereich „gesellschaftlicher Nutzen (Umweltschutz)".

5 | Personalbereich

5.10 Die Lohn-/Gehaltsabrechnung

Kontoauszug	Konto: DE71 2269 0000 6542 0030 50		Auszug: 19/20.. Datum: 02.08.20..	Sparbank Ingolstadt
Vorgang/Buchungsinformation	Buchung		Wertstellung	Umsatz in Euro
Gutschrift Lohn	01.08		01.08	1.237,56 +
Sparbank Ingolstadt Anna Sturm Martinsweg 3 85049 Ingolstadt	Alter Kontostand Neuer Kontostand		EUR EUR	3.280,00 + 4.517,56 +
Postanschrift: Sparbank Ingolstadt 85049 Ingolstadt	Telefon: 0841 05871-50 Telefax: 0841 05871-51		E-Mail: info@sparbanki.ng	Blatt: 01

[1] Kontoauszug

Anna Sturm betrachtet verwundert ihren Kontoauszug [1]: „Das kann doch wohl nicht wahr sein! Mir wurden nur 1.237,56 € von iMo überwiesen. In meinem Arbeitsvertrag steht doch, dass ich 1.700,00 € verdiene. Das muss ein Versehen sein."
Am nächsten Morgen fragt sie in der Personalabteilung beim zuständigen Sachbearbeiter, Herrn Martin Kübler, nach:

Anna Sturm: Herr Kübler, ich habe auf meinem Kontoauszug gesehen, dass mir nur 1.237,56 € überwiesen wurden. Aber in meinem Arbeitsvertrag steht, dass ich 1.700,00 € bekomme. Können Sie das bitte überprüfen?
Martin Kübler: Frau Sturm, ich muss Ihnen leider sagen, dass die Abrechnung korrekt ist. Lassen Sie uns einfach mal Ihre Lohnabrechnung genauer ansehen.

Brutto ≠ Netto
Martin Kübler: Ihrem Arbeitsvertrag liegt das sogenannte **Bruttoentgelt** (Bruttolohn/Bruttogehalt) zugrunde. Das sind bei Ihnen 1.700,00 €. Jedoch sind wir als Unternehmen verpflichtet, für den Staat und für die Sozialversicherungsträger bestimmte gesetzliche Abgaben abzuziehen. Nach den Abzügen ergibt sich das sogenannte **Nettoentgelt** (Nettolohn/Nettogehalt), das auf Ihr Konto ausgezahlt wird. Das sind die 1.237,56 € auf Ihrem Kontoauszug.
Wir kalkulieren Ihr Nettoentgelt mit folgendem Abrechnungsschema [2].

Bruttoentgelt	Bruttolohn/Bruttogehalt	Bruttolohn/Bruttogehalt	1.700,00 €
– Abzüge	– Steuerabzüge	– Lohnsteuer – Solidaritätszuschlag – Kirchensteuer	– 116,83 € – 6,42 € – 9,34 €
	– Sozialversicherungsabzüge	– Krankenversicherung – Rentenversicherung – Arbeitslosenversicherung – Pflegeversicherung	– 124,28 € – 158,33 € – 21,28 € – 25,96 €
= **Nettoentgelt**	= **Nettolohn/Nettogehalt**	= **Nettolohn/Nettogehalt**	**1.237,56 €**

[2] Abrechnungsschema der Lohn-/Gehaltsabrechnung

- Jeder Arbeitnehmer erhält eine Lohn- oder Gehaltsabrechnung.
- Auf dieser Entgeltabrechnung sind die Abzüge vom monatlichen Bruttolohn ersichtlich.
- Bruttoentgelt − Abzüge = Nettoentgelt

Martin Kübler: Somit stimmt der Betrag, der auf Ihr Bankkonto überwiesen wurde. Vielleicht sollte ich Ihnen noch etwas erklären. Alle Arbeitgeber, also auch iMo, sind gesetzlich verpflichtet, für jeden ihrer Arbeitnehmer einen Beitrag zur Sozialversicherung zu leisten. Der Betrag, den der Arbeitgeber monatlich an die Sozialversicherungsträger überweist, entspricht dem Betrag, den der Arbeitnehmer bezahlen muss.

Anna Sturm: iMo zahlt also die Hälfte meiner monatlichen Kranken-, Renten-, Arbeitslosen- und Pflegeversicherungsbeiträge?

Martin Kübler: So ist es. Dieser Betrag heißt offiziell „Arbeitgeberanteil zur Sozialversicherung".

Lohnabrechnung

Name	Adresse		Zeitraum
Anna Sturm	Martinsweg 3 85049 Ingolstadt		Juli 20..
Name der Krankenkasse			**Kirchensteuerpflichtig**
Kassenvereinigung Bayern KAB			Ja
Es besteht Sozialversicherungspflicht in der Rentenversicherung	Arbeitslosenversicherung		Pflegeversicherung
Ja	Ja		Ja
	Sozialversicherungspflichtiger Bruttolohn		Lohnsteuerpflichtiger Bruttolohn
	1.700,00 €		1.700,00 €

Bruttolohn	**1.700,00 €**
− Lohnsteuer	116,83 €
− Solidaritätszuschlag	6,42 €
− Kirchensteuer	9,34 €
− Krankenversicherung	124,28 €
− Rentenversicherung	158,33 €
− Arbeitslosenversicherung	21,28 €
− Pflegeversicherung	25,96 €
Nettolohn/Auszahlung	**1.237,56 €**

In jeder Lohnabrechnung werden die Abzüge einzeln aufgeführt. Man unterscheidet zwischen den **Steuerabzügen** und den Abzügen für die **Sozialversicherungsträger.**

3 Lohnabrechnung

1 Erstelle ein Plakat zum Thema „Vom Bruttoentgelt zum Nettoentgelt".

2 Berechne für Anna Sturm die Summe der Abzüge an den Staat (Steuerabzüge) und an die Sozialversicherungsträger.

3 Lege dar, warum der Staat die Steuern auf diese Weise von jedem Arbeitnehmer einzieht.

4 Erkläre deinem Nachbarn, was man unter dem „Arbeitgeberanteil zur Sozialversicherung" versteht.

5.11 Lohn-/Gehaltsabzüge unter der Lupe

Die elektronischen Lohnsteuerabzugsmerkmale (ELStAM)
1. Bei Aufnahme einer Tätigkeit übermittelt der Arbeitnehmer dem Arbeitgeber: Geburtsdatum, Steueridentifikationsnummer und die Angabe, ob es sich um ein Haupt- oder Nebenarbeitsverhältnis handelt.
2. Mit diesen Informationen kann der Arbeitgeber die elektronischen Lohnsteuerabzugsmerkmale (ELStAM) für den Lohnsteuerabzug vom Finanzamt abrufen. Falls sich etwas an den Angaben des Arbeitnehmers ändert, informiert er den Arbeitgeber, der dann neue ELStAM abruft.
3. Das Finanzamt muss in Kenntnis gesetzt werden bei: Änderung der Steuerklasse, Trennung von einem Ehegatten/Lebenspartner und Änderungen bei Kinderfreibeträgen.
4. Die Gemeinde führt Anschriften- oder standesamtliche Änderungen durch (Eheschließung, Kircheneintritt bzw. Kirchenaustritt, Geburt oder Adoption, Todesfälle). Diese Informationen gibt die Gemeinde an das Finanzamt weiter.

[2] Elektronische Lohnsteuerabzugsmerkmale (ELStAM)

Lohnsteuerklasse I
Ledige; Verheiratete/Verpartnerte mit beschränkter Steuerpflicht, dauernd getrennt lebende Verheiratete/Verpartnerte; Verwitwete; Geschiedene

Lohnsteuerklasse II
Alleinerziehende

Lohnsteuerklasse III
Verheiratete und eingetragene Lebenspartner, die nicht getrennt leben und stark unterschiedliche Verdienste haben; Steuerklasse III erhält der Partner, der mehr verdient

Lohnsteuerklasse IV
Verheiratete und eingetragene Lebenspartner, die nicht getrennt leben und in etwa gleich viel verdienen

Lohnsteuerklasse V
Verheiratete und eingetragene Lebenspartner, die nicht getrennt leben und stark unterschiedliche Verdienste haben; Steuerklasse V erhält der Partner, der weniger verdient

Lohnsteuerklasse VI
Sonstige Arbeitsverhältnisse

[3] Lohnsteuerklassen

> Von jedem verdienten Euro bleiben Ihnen im Durchschnitt etwa 45 Cent.

[1] Schlagzeile in einer Zeitung

Der Gesetzgeber schreibt vor, dass vom Lohn bzw. Gehalt eines jeden Arbeitnehmers Steuern und Sozialversicherungsbeiträge einbehalten und an die zuständigen Stellen überwiesen werden.

Steuern
Mithilfe von Tabellen lassen sich die jeweils anfallenden Beträge für die Lohnsteuer, die Kirchensteuer und den Solidaritätszuschlag ermitteln.
Jeder Arbeitnehmer muss im Vorfeld dem Arbeitgeber Informationen vorlegen, damit dieser die **Lohnsteuerabzugsmerkmale (ELStAM)** [2] für die anfallenden Steuerabzüge bestimmen kann.

Steuerklasse [3]
Zu Beginn einer Beschäftigung ist meist jeder Arbeitnehmer in die Steuerklasse I eingestuft. In dieser Steuerklasse bezahlt er einen relativ hohen Anteil an Lohnsteuer. Durch Heirat oder Kinder kann er in eine Steuerklasse wechseln, die mit einem geringeren Lohnsteueranteil verbunden ist.

Kinderfreibetrag
Kinder können steuerlich im Kinderfreibetrag angerechnet werden. Dies ist an der Entgeltabrechnung erkennbar: „Kinderfreibetrag 0,5" etwa heißt, dass die Familie ein Kind hat und die beiden Elternteile das Kind jeweils zur Hälfte steuerlich geltend machen. Falls ein Elternteil nicht berufstätig ist, wird das Kind komplett beim arbeitenden Elternteil steuerlich berücksichtigt („Kinderfreibetrag 1,0").

✗ Steuerabzüge hängen von der Steuerklasse, dem Familienstand und der Anzahl der Kinder ab.
✗ Der Gesetzgeber legt die Prozentsätze der Sozialversicherungsabgaben fest.
✗ Der Arbeitgeber zahlt für Arbeitnehmer die Hälfte der Sozialversicherungsbeiträge.

1. Lohnsteuer
Die Lohnsteuer wird vom Bruttoentgelt des Arbeitnehmers berechnet. Sie ist abhängig von der Einkommenshöhe, der Steuerklasse und der Anzahl der Kinder. Sie wird aus einer **Lohnsteuertabelle** abgelesen.

2. Kirchensteuer
Sie wird von Mitgliedern der evangelischen oder katholischen Kirche sowie von Angehörigen der jüdischen Kultusgemeinden erhoben. In Bayern beläuft sie sich auf **8,00 % der Lohnsteuer.**

3. Solidaritätszuschlag
Der „Soli" wurde im Jahr 1995 dauerhaft eingeführt. Er diente nach der deutschen Wiedervereinigung dem Aufbau der ostdeutschen Bundesländer (Aufbau Ost). Er beträgt **5,5 % der Lohnsteuer.** Die Abschaffung des Solidaritätszuschlags für untere und mittlere Einkommen soll ab 2021 erfolgen.

Die steuerlichen Abgaben **überweist der Arbeitgeber direkt an das Finanzamt.**

Sozialversicherungsbeiträge
Der Staat verpflichtet alle Arbeitnehmer zur Bezahlung von Sozialversicherungsbeiträgen. Für Beamte gelten Sonderregelungen. Dadurch werden Arbeitnehmer vor wirtschaftlich nachteiligen Folgen von Krankheit, Alter, Pflegebedürftigkeit oder Arbeitslosigkeit geschützt. Die anfallenden Beiträge behält der **Arbeitgeber** vom Bruttoentgelt ein und **überweist** sie **direkt an die zuständigen Sozialversicherungsträger.** Der Gesetzgeber passt die Höhe der Beiträge regelmäßig an die gesamtwirtschaftliche Situation an.

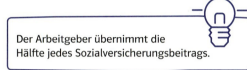

Der Arbeitgeber übernimmt die Hälfte jedes Sozialversicherungsbeitrags.

1. Krankenversicherung
Für die Krankenversicherung fällt ein Grundbeitrag von insgesamt **14,60 %** des Bruttoentgelts an. **7,30 %** zahlt der Arbeitnehmer und **7,30 %** der Arbeitgeber.

2. Rentenversicherung
Die Rentenversicherung beansprucht einen Beitragssatz von **18,60 %,** also je **9,30 %** von Arbeitnehmer und Arbeitgeber.

3. Arbeitslosenversicherung
Die Arbeitslosenversicherung beträgt insgesamt **2,50 %** des Bruttoentgelts, also je **1,25 %** für Arbeitnehmer und Arbeitgeber.

4. Pflegeversicherung
Für die Pflegeversicherung ist ein Beitragssatz von **3,05 %** aufzuwenden, also je **1,525 %** für Arbeitnehmer und Arbeitgeber.

---

1 Erkläre die Schlagzeile [1].

2 Begründe, warum man nach einer Heirat einen Wechsel der Steuerklasse erwägen sollte.

3 Viele Arbeitnehmer zahlen keine Kirchensteuer. Finde einen Grund hierfür.

4 Deutschland ist ein Sozialstaat. Vor über 130 Jahren wurde in Deutschland das soziale Sicherungssystem eingeführt. Liste Gründe auf, die für und gegen soziale Zwangsversicherungen sprechen.

5 Recherchiere, in welche Sozialversicherungen ein Beamter nicht einzahlt.

6 Der Gesetzgeber ändert die Höhe der Sozialversicherungsbeiträge in regelmäßigen Abständen. Begründe, warum dies notwendig ist.

7 Beurteile das Sozialversicherungssystem aus dem Blickwinkel der Arbeitgeber.

5.12 Projekt: Eine Lohnabrechnung durchführen

Die Auszubildende Svenja Richter durchläuft gegenwärtig die iMo-Personalabteilung. Als sie die Lohnabrechnung für den Mitarbeiter Eric Gschwendner ausdruckt, stößt sie versehentlich an ihre Kaffeetasse.

Der Kaffee schwappt auf den Computer, die Tastatur und den Ausdruck. Es ist Freitagmittag; der PC funktioniert nicht mehr und die Abrechnung ist nahezu unleserlich.

Lohnabrechnung

Name	Adresse	Zeitraum
Eric Gschwendner	Douglasienweg 2 85077 Manching	Jan. 20..

Steuerklasse	Kirchensteuerpflichtig	Zahl der Kinderfreibeträge
1	Ja	0,0

Name der Krankenkasse	Es besteht Sozialversicherungspflicht in der Rentenversicherung	Arbeitslosenversicherung	Pflegeversicherung
KVA Bayern	Ja	Ja	Ja
		Sozialversicherungspflichtiger Bruttolohn	Lohnsteuerpflichtiger Bruttolohn
		3.317,90 €	3.317,90 €

Bruttolohn	3.317,90 €
– Lohnsteuer	506,66 €
– Solidaritätszuschlag	...,42 €
– Kirchensteuer	...,..4 €
– Krankenversicherung	
– Rentenversicherung	
– Arbeitslosenversicherung	
– Pflegeversicherung	
Nettolohn/Auszahlung	

1 Lohnabrechnung Eric Gschwendner

1 Erstelle ein Abrechnungsschema in deinem Heft und berechne die nicht lesbaren Posten.

2 Vergleiche den Nettolohn und den Bruttolohn. Was fällt auf?

3 Berechne den Betrag, den der Arbeitgeber für Herrn Gschwendner aufwendet.

4 Herr Gschwendner beabsichtigt zu heiraten. Seine Frau ist nicht berufstätig. Welche Steuerklasse wird er wählen?
Begründe deine Entscheidung.

Projekt

Am Montagmorgen kommt Herr Gschwender ins Personalbüro und teilt Svenja mit, dass er am vergangenen Wochenende geheiratet hat. Er braucht jetzt eine aktualisierte Lohnabrechnung.

Svenjas PC ist noch nicht repariert. Sie holt einen Leervordruck und berechnet die einzelnen Posten selbst.

Lohnabrechnung

Name	Adresse	Zeitraum
Eric Gschwendner	Douglasienweg 2 85077 Manching	Jan. 20..
Steuerklasse	**Kirchensteuerpflichtig**	**Zahl der Kinderfreibeträge**
3	Ja	0,0

	Es besteht Sozialversicherungspflicht in der		
Name der Krankenkasse	**Rentenversicherung**	**Arbeitslosenversicherung**	**Pflegeversicherung**
KVA Bayern	Ja	Ja	Ja
		Sozialversicherungspflichtiger Bruttolohn	Lohnsteuerpflichtiger Bruttolohn
		3.317,90 €	3.317,90 €

Bruttolohn	3.317,90 €
– Lohnsteuer	243,50 €
– Solidaritätszuschlag	#WERT
– Kirchensteuer	#WERT
– Krankenversicherung	#WERT
– Rentenversicherung	#WERT
– Arbeitslosenversicherung	#WERT
– Pflegeversicherung	#WERT
Nettolohn/Auszahlung	#WERT

[2] Lohnabrechnung Eric Gschwendner, verheiratet

5 Erstelle das dir bekannte Abrechnungsschema in deinem Heft.

6 Berechne die fehlenden Beträge der Lohnabrechnung [2] und trage sie in dein Schema ein.

7 Vergleiche den Nettolohn vor und nach der Heirat. Erläutere den Unterschied.

○ 1, 5   ◐ 2, 3, 4, 6, 7

5.13 Buchhalterische Erfassung der Lohnabrechnungen

Erin Mustafa	Mai 20..
Bruttolohn	2.300,00 €
− Lohnsteuer	251,91 €
− Solidaritätszuschlag	13,85 €
− Kirchensteuer	0,00 €
− Krankenversicherung	167,90 €
− Rentenversicherung	213,90 €
− Arbeitslosenversicherung	28,75 €
− Pflegeversicherung	35,08 €
− Sonstige Beiträge	0,00 €
Nettolohn/Auszahlung	**1.588,61 €**

Mike Roth	Mai 20..
Bruttolohn	2.200,00 €
− Lohnsteuer	186,66 €
− Solidaritätszuschlag	10,26 €
− Kirchensteuer	14,93 €
− Krankenversicherung	160,60 €
− Rentenversicherung	204,60 €
− Arbeitslosenversicherung	27,50 €
− Pflegeversicherung	33,55 €
− Sonstige Beiträge	0,00 €
Nettolohn/Auszahlung	**1.561,90 €**

Leonie Müller	Mai 20..
Bruttolohn	2.850,00 €
− Lohnsteuer	384,83 €
− Solidaritätszuschlag	21,16 €
− Kirchensteuer	30,78 €
− Krankenversicherung	208,05 €
− Rentenversicherung	265,05 €
− Arbeitslosenversicherung	35,63 €
− Pflegeversicherung	43,46 €
− Sonstige Beiträge	0,00 €
Nettolohn/Auszahlung	**1.861,04 €**

Nadine Held	Mai 20..
Bruttolohn	3.500,00 €
− Lohnsteuer	282,00 €
− Solidaritätszuschlag	15,51 €
− Kirchensteuer	0,00 €
− Krankenversicherung	255,50 €
− Rentenversicherung	325,50 €
− Arbeitslosenversicherung	43,75 €
− Pflegeversicherung	53,38 €
− Sonstige Beiträge	0,00 €
Nettolohn/Auszahlung	**2.524,36 €**

Alexander Weber	Mai 20..
Bruttolohn	3.500,00 €
− Lohnsteuer	556,33 €
− Solidaritätszuschlag	30,59 €
− Kirchensteuer	44,50 €
− Krankenversicherung	255,50 €
− Rentenversicherung	325,50 €
− Arbeitslosenversicherung	43,75 €
− Pflegeversicherung	53,38 €
− Sonstige Beiträge	0,00 €
Nettolohn/Auszahlung	**2.190,45 €**

Svenja Richter hat alle Lohn- und Gehaltsabrechnungen [1] für die anstehende buchhalterische Erfassung vor sich liegen.

Lohn- und Gehaltslisten
Unternehmen bilden nicht für jeden einzelnen Mitarbeiter einen eigenen Buchungssatz für die Entgeltüberweisung. Dies würde bei Großunternehmen zu viel Arbeitskapazität in der Personalabteilung binden. Stattdessen werden die Eintragungen für jeden Mitarbeiter in einer Tabelle, der sogenannten Lohn- oder Gehaltsliste [2], monatlich erfasst. Damit lässt sich jeder Posten summarisch ablesen.

[1] Lohnabrechnungen von iMo-Mitarbeitern

iMo Lohn-/Gehaltsliste für Mai 20..

Name	Brutto (in €)	Lohn-steuer (in €)	Kirchen-steuer (in €)	Solida-ritäts-zuschlag (in €)	Kranken-versiche-rung (in €)	Renten-versiche-rung (in €)	Arbeits-losenver-sicherung (in €)	Pflege-versiche-rung (in €)	Netto (in €)	AG-Anteil zur SV (in €)
Held	3.500,00	282,00	0,00	15,51	255,50	325,50	43,75	53,38	2.524,36	678,13
Müller	2.850,00	384,83	30,78	21,16	208,05	265,05	35,63	43,46	1.861,04	552,19
Mustafa	2.300,00	251,91	0,00	13,85	167,90	213,90	28,75	35,08	1.588,61	445,63
Roth	2.200,00	186,66	14,93	10,26	160,60	204,60	27,50	33,55	1.561,90	426,25
Weber	3.500,00	556,33	44,50	30,59	255,50	325,50	43,75	53,38	2.190,45	678,13
Summe	**14.350,00**	**1.661,73**	**90,21**	**91,37**	**1.047,55**	**1.334,55**	**179,38**	**218,85**	**9.726,36**	**2.780,33**
		Summe		1.843,31	Summe			2.780,33		
Summe	**14.350,00**			**1.843,31**				**2.780,33**	**9.726,36**	**2.780,33**

[2] Lohn-/Gehaltsliste

- *Lohn-/Gehaltsabrechnungen bilden die Grundlage für Lohn-/Gehaltslisten.*
- *Der Lohnbuchungssatz besteht aus zwei Teilen: der Buchung für den Arbeitnehmer mit Entgeltauszahlung und der Buchung des Arbeitgeberanteils zur Sozialversicherung.*

Svenja addiert die Lohnsteuer, die Kirchensteuer und den Solidaritätszuschlag. Der **Steuer**-Gesamtbetrag wird an das Finanzamt überwiesen (1.843,31 €).
Ebenso geht sie bei den Sozialversicherungen (Krankenversicherung, Rentenversicherung, Arbeitslosenversicherung, Pflegeversicherung) vor. Die vom Bruttolohn der Arbeitnehmer einbehaltene Beitragssumme wird dann direkt an die Sozialversicherungsträger überwiesen (2.780,33 €). Diesen Beitrag bezeichnet man als **Arbeitnehmeranteil an der Sozialversicherung.** Der Arbeitgeber ist gesetzlich verpflichtet, die Hälfte der Sozialversicherungsabgaben für jeden Arbeitnehmer zu tragen. Daher muss iMo zusätzlich noch einmal 2.780,33 € bezahlen. Dieser Beitrag heißt **Arbeitgeberanteil an der Sozialversicherung.** iMo überweist also insgesamt 5.560,66 € an die Sozialversicherungsträger.

Lohn- und Gehaltsbuchung
Svenja bildet nun die Buchungssätze für den Monat Mai. Dazu nimmt sie ihren Kontenplan zur Hand. Sie findet folgende Konten:

62	Löhne und Gehälter
	* **6200 LG** Löhne und Gehälter
64	Soziale Abgaben
	* **6400 AGASV** Arbeitgeberanteil zur Sozialversicherung

Svenja erkennt, dass diese Posten für jedes Unternehmen einen Aufwand bedeuten und somit im Soll zu verbuchen sind. Sie durchforstet den Kontenplan nochmals und entdeckt zwei weitere Konten.

4830 VFA	Sonst. Steuerverbindlichkeiten
4840 VSV	Verbindlichkeiten gegenüber Sozialversicherungsträgern

Svenja weiß, dass Mehrungen bei passiven Bestandskonten im Haben stehen und dass der Nettolohn stets vom Geschäftsbankkonto abgebucht wird. So formuliert sie ihren Gehaltsbuchungssatz.

Buchungssatz:
6200 LG 14.350,00 € an 2800 BK   9.726,36 €
                              4830 VFA 1.843,31 €
                              4840 VSV 2.780,33 €

Nun steht noch die Buchung des Arbeitgeberanteils an der Sozialversicherung an. Hierfür verwendet Svenja die beiden Konten 6400 AGASV und 4840 VSV. Aus dem BwR-Unterricht weiß sie, dass das 6er-Konto in der Regel im Soll steht.

> Für den Lohn- bzw. Gehaltsbuchungssatz sind immer zwei Buchungssätze nötig.

6400 AGASV 2.780,33 € an 4840 VSV 2.780,33 €

Für die Überweisung der vom Bruttolohn einbehaltenen Steuern und Sozialversicherungsbeiträge an die zuständigen Stellen bildet Svenja diesen Buchungssatz.

4830 VFA 1.843,31 € an 2800 BK 7.403,97 €
4840 VSV 5.560,66 €

> Das Konto 4840 VSV taucht im Lohnbuchungssatz zweimal auf der Habenseite auf. Daher muss bei der Überweisung der doppelte Betrag abgeführt werden (Arbeitnehmer- und Arbeitgeberanteil an der Sozialversicherung).

---

1 Bilde die einzelnen Buchungssätze für die fünf Arbeitnehmer, die in der Lohn-/Gehaltsliste [2] aufgeführt sind.

2 Bilde den Buchungssatz für die Überweisung der Steuern von Herrn Weber durch iMo.

3 Bilde den Buchungssatz für die Überweisung der Sozialversicherungsbeiträge von Frau Müller an die zuständigen Stellen.

5.14 Personalzusatzkosten

1 Lohnnebenkosten

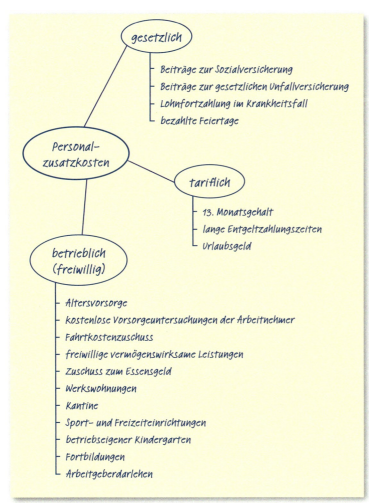

2 Personalzusatzkosten

Neben dem Arbeitsentgelt erhält jeder Arbeitnehmer noch einen zweiten Lohn. Dieser Lohn setzt sich aus
- gesetzlichen,
- tariflichen und
- betrieblichen

Sozialleistungen des Unternehmens (= Personalzusatzkosten/Personalnebenkosten) zusammen.

Gesetzliche Personalzusatzkosten
Der Gesetzgeber möchte die Arbeitnehmer schützen. Er erlässt deshalb den Arbeitgebern Vorschriften bezüglich der Sozialversicherungsbeiträge, der Lohnfortzahlung im Krankheitsfall usw.

Tarifliche Personalzusatzkosten
Arbeitnehmervertreter verhandeln zu bestimmten Zeiten mit Arbeitgebervertretern, um Positives für die von ihnen vertretenen Arbeitnehmer zu bewirken. Mit Streiks können sie ihre Interessen meist zum Teil durchsetzen: Arbeitnehmer erhalten dann eine Sonderzahlung, einen Sonderurlaub, Urlaubsgeld o. Ä.

Betriebliche Personalzusatzkosten
Arbeitgeber unterstützen ihre Mitarbeiter freiwillig, indem sie ihnen z.B. Fahrtkostenzuschüsse, eine Altersvorsorge oder günstige Arbeitgeberdarlehen gewähren. Diese

✗ Arbeitgeber zahlen einen weiteren Lohn in Form von Personalzusatzkosten.
✗ Gesetzliche und tarifliche Bestimmungen werden dem Arbeitgeber fest vorgegeben. Über freiwillige betriebliche Leistungen motiviert er seine Mitarbeiter.

Zusatzleistungen sollen die Motivation der Arbeitnehmer steigern.

Folgen der Personalzusatzkosten

Die Personalzusatzkosten, die der Arbeitgeber trägt, erhöhen die Arbeitskosten im Betrieb **3**. Dies führt zu steigenden Produktpreisen. Aufgrund niedrigerer Arbeitskosten in anderen Ländern **4** können Firmen aus dem Ausland gleichwertige Produkte kostengünstiger anbieten. Die inländischen Arbeitgeber verlieren dadurch an Wettbewerbsfähigkeit.

Im Jahr 2016 lagen die Arbeitskosten in Deutschland im internationalen Vergleich an sechster Stelle. Im EU-Land Bulgarien etwa zahlten die Arbeitgeber um mehr als 80 % weniger pro Arbeitsstunde als die deutschen.
Deshalb muss Deutschland darauf achten, aufgrund hoher Arbeitskosten nicht seine Attraktivität als Produktionsstandort zu verlieren. Jedoch sprechen andererseits die hohe Produktivität sowie die gute Ausbildung und Arbeitsmoral der Arbeitnehmer für den Standort Deutschland.

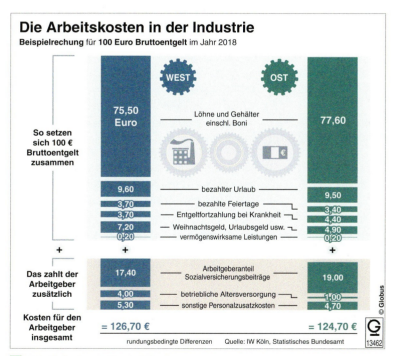

3 Arbeitskosten in Deutschland

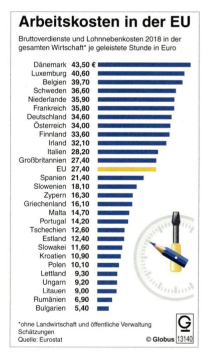

4 Arbeitskosten im internationalen Vergleich

1 Erstelle ein Plakat zum Thema „Personalzusatzkosten".

2 a) Werte die Infografik **3** aus.
b) Vergleiche deine Ergebnisse von Aufgabe a) mit den Ergebnissen deines Nachbarn.

3 Beurteile die Infografik **4**.

4 Du bist Firmenchef und möchtest ein Zweigwerk gründen. In welchem Land würdest du dieses ansiedeln? Begründe deine Entscheidung.

5 Erörtere, warum Arbeitgeber gegen eine weitere Erhöhung der Personalzusatzkosten sind. Gehe hierbei auch auf mögliche Folgen ein.

Entgeltabrechnung und Personalaufwand

1 Dir liegen folgende Informationen zur Lohnabrechnung der iMo-Mitarbeiterin Franziska Maier vor.

Bruttoentgelt	2.000,00 €
Lohnsteuer	139,50 €

a) Berechne die fehlenden Angaben mithilfe der gesetzlich vorgeschriebenen Prozentsätze (siehe Seite 149).
b) Bilde den Buchungssatz für die Erfassung des Personalaufwands aus Sicht von iMo.
c) Am 10. des Folgemonats überweist iMo die Steuerabzüge an die zuständige Stelle. Bilde den Buchungssatz.
d) Die Sozialversicherungsträger erhalten ebenfalls am 10. des Folgemonats die Beträge zur Sozialversicherung von iMo per Überweisung. Bilde den dazugehörigen Buchungssatz.
e) Analysiere und berechne, wie viel Geld iMo an Franziska Maier tatsächlich überweist.

2 Dir liegt die Lohn-/Gehaltsliste [1] der Firma iMo vor.
a) Herr Neumeier (III/3,0) und Frau Meister (II/3,0) erhalten monatlich den gleichen Bruttolohn. Erläutere, weshalb der Nettolohn bei Frau Meister geringer ausfällt.
b) Recherchiere im Internet, warum die Auszubildende Frau Olchewski, Herr Neumeier und Frau Meister keinen Solidaritätszuschlag bezahlen müssen.
c) Erkläre, weshalb Herr Neumeier nicht kirchensteuerpflichtig ist.
d) Erstelle eine Lohn-/Gehaltsliste nach dem unten angegebenen Schema [1] und berechne
- den Arbeitgeberbeitrag für jeden einzelnen Arbeitnehmer.
- die Gesamtsumme der einzelnen Steuerposten.

e) Nenne die unten aufgelisteten Posten, die
- an das Finanzamt,
- an die Sozialversicherungsträger
gehen.

f) Berechne die Summe, die an das Finanzamt überwiesen wird.
g) Bilde den Buchungssatz für die Lohn-/Gehaltsüberweisung des Monats Februar (Summe).
h) Am 10. des Folgemonats überweist iMo die Steuern und die Sozialversicherungsabzüge komplett an die zuständigen Stellen. Bilde den Buchungssatz dazu.
i) Erkläre, was man unter „Personalzusatzkosten" versteht.
j) Lege dar, weshalb Unternehmen betriebliche Sozialleistungen gewähren.

iMo Lohn-/Gehaltsliste für Feb. 20..

Name	Brutto (in €)	Lohnsteuer (in €)	Kirchensteuer (in €)	Solidaritätszuschlag (in €)	Krankenversicherung (in €)	Rentenversicherung (in €)	Arbeitslosenversicherung (in €)	Pflegeversicherung (in €)	Netto (in €)
Olchewski Sandra	1.200,00	18,58	1,48	0,00	85,72	109,20	14,68	17,91	952,43
Neumeier Florian	3.800,00	346,66	0,00	0,00	277,40	353,40	47,50	57,95	2.717,09
Meister Ariana	3.800,00	587,33	4,08	0,00	277,40	353,40	47,50	57,95	2.472,34
Grün Benedikt	2.000,00	418,33	33,46	23,00	146,00	186,00	25,00	30,50	1.137,71
Summe	#WERT	#WERT	#WERT	#WERT	#WERT	#WERT	#WERT	#WERT	#WERT

[1] Lohn-/Gehaltsliste

3 Es liegen dir folgende Auszüge aus den Konten 2800 BK, 4830 VFA und 4840 VSV vor.

S	2800 BK (in EUR)		H
		1) 6200 LG	1.766,70
		3) 4830 VFA	385,98
		4840 VSV	1.034,64

S	4830 VFA (in EUR)		H
3) 2800 BK	385,98	1) 6200 LG	385,98

S	4840 VSV (in EUR)		H
3) 2800 BK	1.034,64	1) 6200 LG	517,32
		2) 6400 AGASV	517,32

a) Bilde die drei Buchungssätze zu den Eintragungen.
b) Erstelle die drei Geschäftsfälle, die den Eintragungen zugrunde liegen.

4 Analysiere die Infografiken ② und ③.
a) Erkläre die Überschrift von Infografik ②.
b) Werte die Infografik ② aus.

c) Die Infografik ③ beschreibt die Abgabenquote.
   a) Erkläre die allgemeine Bedeutung des Begriffs „Abgabenquote".
   b) Werte die Infografik ③ aus.
d) Vergleiche nun die Infografiken ② und ③ miteinander. Beschreibe deine Schlussfolgerungen.
e) Du möchtest ein Start-up gründen. Entscheide und begründe, in welchem Land du dein Unternehmen ansiedeln würdest.

5 Dir liegt folgender Buchungssatz vor:
6400 AGASV 8.220,00 € an 4840 VSV 8.220,00 €
a) Formuliere den Geschäftsfall, der diesem Buchungssatz zugrunde liegt.
b) Was ist dir sofort bekannt, wenn du diesen Buchungssatz (einschließlich Beträge) siehst?

Drei Mal Lohn
Monatliche Durchschnittsbeträge je Arbeitnehmer in Deutschland in Euro

Arbeitnehmerentgelt
Diesen Betrag wendet der Betrieb auf

3593 €

minus Arbeitgeberanteil an den Sozialabgaben =
Bruttogehalt
Dieser Betrag steht auf der Verdienstabrechnung

2948 €

minus Lohnsteuer und Arbeitnehmeranteil an den Sozialabgaben =
Nettogehalt
Dieser Betrag wird auf das Konto überwiesen

1945 €

Quelle: Statistisches Bundesamt Stand 2018 © Globus 13120

② Lohnkosten in Deutschland

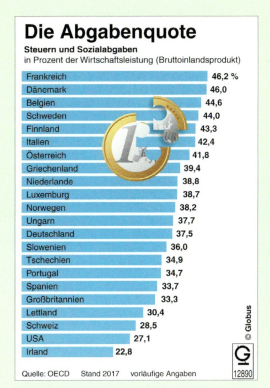

③ Lohnkosten im internationalen Vergleich

Kompetent in …

[1] Karikatur „Mamas Homeoffice"

1 Werte Karikatur [1] aus.

2 Für Unternehmen gewinnt die Personalsuche über soziale Netzwerke (Facebook, Instagram usw.) immer mehr an Bedeutung. Bewerte dieses Vorgehen.

3 Beurteile folgende drei Zitate.
a) „In unserer Zeit herrscht ein schrecklicher Aberglaube. Er besteht darin, dass wir begeistert jede Erfindung aufgreifen, welche die Arbeit erleichtert, und glauben, sie unbedingt nutzen zu müssen, ohne uns die Frage vorzulegen, ob diese die Arbeit erleichternde Erfindung unser Glück vermehrt oder vielleicht Schönheit zerstört."
(Leo Tolstoi)

b) „Die Wettbewerbsfähigkeit eines Landes beginnt nicht in der Fabrikhalle oder im Forschungslabor. Sie beginnt im Klassenzimmer." (Henry Ford)
c) „Kosten sparen allein macht die Unternehmen am Standort Deutschland nicht wettbewerbsfähig." (Hans-Jörg Bullinger)

4 Personalauswahl 4.0: Wenn Software in die Seele des Bewerbers schaut. Heutzutage greifen immer mehr Unternehmen auf einen softwareunterstützen Bewerberauswahlprozess zurück. Nenne je drei Vor- und Nachteile dieses Verfahrens.

5 Bewerte das Personalauswahlverfahren 4.0 aus Aufgabe **4**.

6 Erstelle ein Plakat zum Thema „Zeitarbeit".

7 Erstelle eine Mindmap zum Thema „Flexible Arbeitszeitmodelle".

8 Dir liegt folgender Auszug aus einer Vorkontierungsliste [2] vor.
a) Berechne die fehlenden Werte.
b) Formuliere die Buchungssätze, die hinter dem Eintrag stecken.
c) Erstelle die Geschäftsfälle zu den vorgenommenen Eintragungen.

				Vorkontierungliste				
Belegnr.	Belegart	Datum	Soll	Haben	Buchungsnr.	B/N	Betrag (in €)	UCo
1	LB	31.01.20..	6200 LG	2800 BK	1	–	1.265,85	–
			6200 LG	4830 VFA	1	–	145,08	–
			6200 LG	4840 VSV	1	–	339,07	–
			6400 AGASV	4840 VSV	1	–	?	–
2	LB	10.02.20..	4830 VFA	2800 BK	2	–	?	–
			4840 VSV	2800 BK	2	–	?	–

[2] Vorkontierungsliste

Kompetent

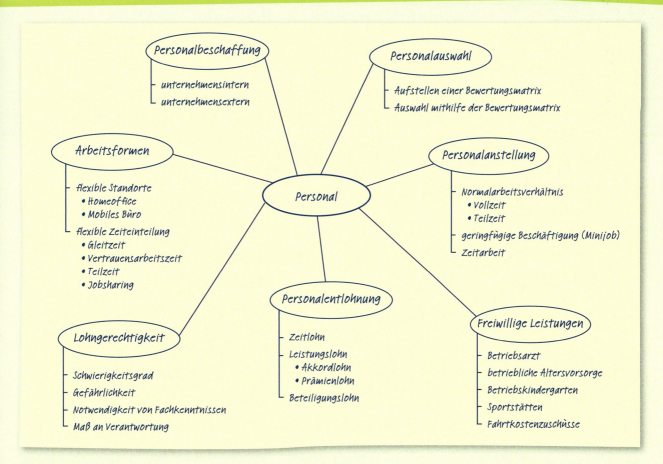

3 Personalbereich

Jetzt kann ich ...
- beschreiben, welche Möglichkeiten Unternehmen besitzen, um Mitarbeiter zu gewinnen.
- eine Mitarbeitervorauswahl mithilfe einer Bewertungsmatrix vornehmen.
- erklären, welche Arbeitsformen es in Unternehmen gibt.
- darlegen, welche Arbeitsformen sich aufgrund der Digitalisierung in Unternehmen herausgebildet haben und diese beurteilen.
- unterschiedliche Lohnformen kritisch bewerten.
- Lohngerechtigkeit kritisch beurteilen.
- beschreiben, welche freiwilligen betrieblichen Sozialleistungen von Unternehmen angeboten werden.
- erklären, nach welchem Schema das Nettoentgelt berechnet wird.
- darlegen, welche Abzüge vom Bruttoentgelt vorgenommen werden.
- selbstständig eine Gehaltsabrechnung aufstellen und berechnen.
- Löhne und Gehälter buchhalterisch erfassen.
- erklären, was man unter gesetzlichen, tariflichen oder betrieblichen Personalzusatzkosten versteht.
- beurteilen, wie sich die Personalzusatzkosten auf die Wettbewerbsfähigkeit auswirken.

6 | Unternehmen und Staat

Unternehmen produzieren und investieren in verschiedenen Ländern. Der jeweilige Staat gibt Rahmenbedingungen vor, an die sich Unternehmen halten müssen.

Ich werde ...
- die gesetzlichen Grundlagen zum Schutz der Arbeitnehmer und der Umwelt kennenlernen.
- die Auswirkungen staatlicher Einwirkung auf die Wettbewerbsfähigkeit von Unternehmen beschreiben und beurteilen.
- Unternehmensabgaben an den Staat unterscheiden und buchhalterisch erfassen.
- die Umsatzsteuerentwicklung beschreiben.
- die Zahllast ermitteln und buchhalterisch erfassen.

Wusstest du, dass ...
- deutsche Unternehmen im europäischen Vergleich mit am meisten Steuern bezahlen müssen?
- ein guter Arbeitsschutz die Motivation der Mitarbeiter fördert?
- die Mehrwertsteuer die wichtigste steuerliche Einnahmequelle des Staates ist?

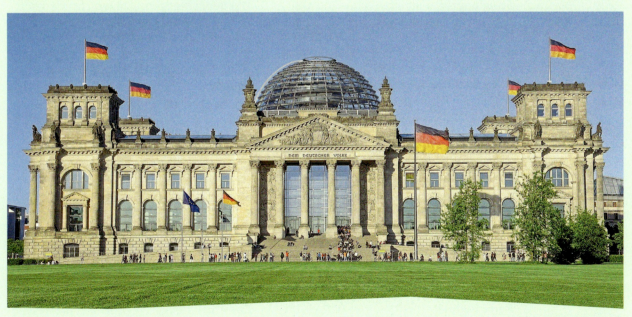

6.1 Staatliche Regulierung I

1 Arbeit früher und heute

„Der Zweck des Staates ist das Glück seiner Bürger."

2 Zitat von Meiji Tenno, jap. Kaiser

Jedes Land besitzt eine Regierung, die in erster Linie für die im Land lebenden Menschen verantwortlich ist. Den Bürgerinnen und Bürgern soll es gut gehen und das Land lebenswert sein und bleiben. Aufgaben des Staates sind die Bewahrung oder Schaffung einer intakten Natur und die Sorge für ausreichend Arbeitsplätze, gute Bildungseinrichtungen, eine ausgezeichnete medizinische Versorgung sowie einer hervorragenden Infrastruktur. Deshalb greift die Regierung durch Gesetze und Verordnungen in verschiedene Bereiche des Wirtschaftslebens ein: der Staat **reguliert**. Unternehmen, die in Deutschland agieren, müssen die rechtlichen Rahmenbedingungen einhalten. Die Regulierung erfolgt vor allem in den Bereichen „Arbeit", „Umwelt" und „Wettbewerb".

> Der Staat gibt durch politisches Wirken den Rahmen für ein funktionierendes Wirtschaftssystem vor.

Bereich Arbeit

Bis zum Beginn des 20. Jahrhunderts war dieser Bereich von Ausbeutung und Massenelend geprägt **1**. Viele Frauen, Männer und Kinder waren während der Zeit der industriellen Revolution der Willkür der Fabrikherren ausgeliefert. Sie arbeiteten bis zu 16 Stunden pro Tag und erhielten dafür einen Lohn, der nicht einmal zum Leben reichte. Kinder mussten durch Arbeit das Familieneinkommen aufbessern und setzten ihre Gesundheit und ihr Leben aufs Spiel.
Um dem entgegenzusteuern, wurde 1845 die Preußische Gewerbeordnung verabschiedet. Bei der Beschäftigung von Gesellen und Lehrlingen musste von nun an auf gesündere Arbeitsbedingungen geachtet werden.
Bis zur heutigen Zeit hat sich in diesem Bereich vieles verbessert und es wurde viel für die Arbeitstätigen erreicht.
Für die Firma iMo ist es selbstverständlich, die Gesetze in diesem Bereich einzuhalten. Denn die Mitarbeiter sind ein wichtiger Faktor für jedes Unternehmen. Es gilt die Arbeitskraft effektiv einzusetzen, jedoch dafür Sorge zu tragen, dass sie dem Unternehmen erhalten bleibt. Die wichtigsten Regelungen finden sich in den folgenden Gesetzen.

1. Arbeitszeitgesetz (ArbZG)

Das Arbeitszeitgesetz **3** schützt die Gesundheit der Arbeitnehmerinnen und Arbeitnehmer. Es setzt Höchstgrenzen für die tägliche Arbeitszeit sowie die Mindestdauer für Ruhezeiten und Pausen fest. Weiterhin regelt es flexible Arbeitszeiten.

- Der Staat schützt seine Bürger.
- Er greift in verschiedene Bereiche des Wirtschaftslebens ein.

---

§ 3 ArbZG Arbeitszeit der Arbeitnehmer
Die werktägliche Arbeitszeit der Arbeitnehmer darf acht Stunden nicht überschreiten. [...]

§ 4 ArbZG Ruhepausen
[...] Länger als sechs Stunden hintereinander dürfen Arbeitnehmer nicht ohne Ruhepause beschäftigt werden.

§ 5 ArbZG Ruhezeit
(1) Die Arbeitnehmer müssen nach Beendigung der täglichen Arbeitszeit eine ununterbrochene Ruhezeit von mindestens elf Stunden haben.

3 Bestimmungen aus dem Arbeitszeitgesetz (ArbZG)

§ 3 BUrlG Dauer des Urlaubs
(1) Der Urlaub beträgt jährlich mindestens 24 Werktage.
(2) Als Werktage gelten alle Kalendertage, die nicht Sonn- oder gesetzliche Feiertage sind.

§ 4 BUrlG Wartezeit
Der volle Urlaubsanspruch wird erstmalig nach sechsmonatigem Bestehen des Arbeitsverhältnisses erworben.

§ 9 BUrlG Erkrankung während des Urlaubs
Erkrankt ein Arbeitnehmer während des Urlaubs, so werden die durch ärztliches Zeugnis nachgewiesenen Tage der Arbeitsunfähigkeit auf den Jahresurlaub nicht angerechnet.

4 Auszug aus dem Bundesurlaubsgesetz (BUrlG)

§ 1 MiLoG Mindestlohn
(1) Jede Arbeitnehmerin und jeder Arbeitnehmer hat Anspruch auf Zahlung eines Arbeitsentgelts mindestens in Höhe des Mindestlohns durch den Arbeitgeber.
(2) Die Höhe des Mindestlohns beträgt ab dem 1. Januar 2015 brutto 8,50 Euro je Zeitstunde.

§ 3 MiLoG Unabdingbarkeit des Mindestlohns
Vereinbarungen, die den Anspruch auf Mindestlohn unterschreiten oder seine Geltendmachung beschränken oder ausschließen, sind insoweit unwirksam.

5 Auszug aus dem Mindestlohngesetz (MiLoG)

Dem Sonntag und den staatlich anerkannten Feiertagen als Tagen der Arbeitsruhe kommt ein besonderer Schutz zu.

2. Bundesurlaubsgesetz (BUrlG)
Das im Jahr 1963 verabschiedete Bundesurlaubsgesetz **4** schreibt vor, wie viele Urlaubstage einem Arbeitnehmer in Deutschland pro Jahr zustehen. Zusätzlich sind wichtige Situationen geregelt, z. B. die Erkrankung während des Urlaubs.

3. Mindestlohngesetz (MiLoG)
Seit 2014 existiert das Mindestlohngesetz **5**. Grund hierfür waren zahlreiche Arbeitnehmer aus anderen Ländern, die in Deutschland ihre Arbeitskraft zu „Dumpingpreisen" zur Verfügung stellten. Die Regierung beschloss, dem abzuhelfen, indem sie den Arbeitgebern eine Untergrenze für den Stundenlohn ihrer Beschäftigen vorschrieb. Eine Kommission überprüft den Mindestlohn alle zwei Jahre und passt ihn bei Bedarf entsprechend an. Ab Anfang 2020 liegt der Mindestlohn bei 9,35 Euro pro Stunde.

---

1 👥 Erklärt euch gegenseitig, was man unter einem Staat versteht. Erläutert dabei, was der japanische Kaiser mit seinem Zitat **2** ausdrücken wollte.

2 👥 Recherchiert die Lebens- und Arbeitsbedingungen der Arbeitnehmer während der industriellen Revolution Ende des 18. und in der ersten Hälfte des 19. Jahrhunderts in Deutschland.

3 Erstelle zu Aufgabe 2 eine Mindmap.

4 Begründe, warum der Staat im Bereich „Arbeit" regulierend eingreift.

5 Bewerte die Intentionen des Arbeitszeit-, des Bundesurlaubs- und des Mindestlohngesetzes.

6 👥 Stellt Vor- und Nachteile des Mindestlohns gegenüber.

6.2 Staatliche Regulierung II

Fischsterben: Chemikalien in der Donau

Abgasskandal bei Autobauern: Tricks ohne Ende

Giftmüll illegal ins Ausland verschoben: Anklage gegen Unternehmer

[1] Umweltzerstörung

Schadstoffe aus Industrieanlage übersteigen Grenzwerte in der Luft

Derartige Bilder und Schlagzeilen sind glücklicherweise in Deutschland nicht alltäglich. Ein Hauptgrund dafür sind strenge gesetzliche Regelungen.

Bereich Umwelt
Umweltschutz wird in Deutschland großgeschrieben. Die Gesundheit der hier arbeitenden und lebenden Menschen soll erhalten und die Natur auch für künftige Generationen bewahrt werden.

Unternehmen in Deutschland müssen sich daher ständig auf dem Laufenden über Gesetzesänderungen halten. Im Wesentlichen sind fünf Umweltschutzgesetze für Unternehmen wichtig:
1) Kreislaufwirtschafts- und Abfallgesetz [2],
2) Wasserhaushaltsgesetz,
3) Bundesimmissionsschutzgesetz [2],
4) Chemikaliengesetz,
5) Gefahrstoffverordnung.

§ 3 Bundesimmissionsschutzgesetz Begriffsbestimmungen
(1) Schädliche Umwelteinwirkungen im Sinne dieses Gesetzes sind Immissionen, die nach Art, Ausmaß oder Dauer geeignet sind, Gefahren, erhebliche Nachteile oder erhebliche Belästigungen für die Allgemeinheit oder die Nachbarschaft herbeizuführen.
(2) Immissionen im Sinne dieses Gesetzes sind auf Menschen, Tiere und Pflanzen, den Boden, das Wasser, die Atmosphäre sowie Kultur- und sonstige Sachgüter einwirkende Luftverunreinigungen, Geräusche, Erschütterungen, Licht, Wärme, Strahlen [...].

§ 6 Kreislaufwirtschafts- und Abfallgesetz (KrWG) Abfallhierarchie
- Vermeidung,
- Vorbereitung zur Wiederverwendung,
- Recycling,
- sonstige Verwertung, insbesondere energetische Verwertung und Verfüllung,
- Beseitigung.

[2] Auszüge aus der deutschen Umweltschutzgesetzgebung

iMo zum zweiten Mal Gewinner des bayerischen Umweltschutzpreises
Umweltschutz liegt dem jungen bayerischen E-Roller-Hersteller iMo mit Sitz in Manching bei Ingolstadt am Herzen. Bei der Produktion der E-Roller geht man weit über die bloße Einhaltung der Umweltschutzgesetze hinaus. Verbesserungsvorschläge der Belegschaft verhalfen der Firma zu einer mittlerweile nahezu hundertprozentigen Recyclingquote bei vielen Abfallstoffen. Das gesamte Abfallvolumen konnte dadurch auf die Hälfte reduziert werden. Umweltgefährdende Chemikalien kommen so gut wie nicht mehr zum Einsatz.
iMo habe, so die Preisjury, auf dem Umweltsektor eine Vorbildfunktion für Bayern und darüber hinaus.

[3] Zeitungsmeldung

- Die Einhaltung der Umweltschutzgesetze ist für Unternehmen wichtig.
- Verstöße dagegen können sich existenzbedrohend auswirken.
- Wettbewerb muss fair ablaufen.

Umweltschutzgesetze schreiben konkrete Maßstäbe und Begrenzungen vor, die es in jedem Unternehmen einzuhalten gilt. Deshalb werden Mitarbeiter geschult, um Umweltschutz in den Produktionsalltag zu integrieren. Teams erstellen Umweltrichtlinien, um den Produktionsprozess individuell an die Vorgaben anzupassen. Ein Verstoß gegen gesetzliche Auflagen kann mit schwerwiegenden Folgen verbunden sein:

- juristische und finanzielle Konsequenzen durch kostspielige Prozesse,
- existenzbedrohende Umsatzverluste durch den aus Umweltskandalen und negativen Schlagzeilen resultierenden Imageschaden.

Bereich Wettbewerb

+++ Konsumenten kaufen zu teuer ein! +++ Preisabsprachen der Händler vom Bundeskartellamt aufgedeckt +++ Staatsanwaltschaft ermittelt +++

Eine der größten Errungenschaften des deutschen Wirtschaftssystems ist die „soziale Marktwirtschaft". Der Staat greift regulierend ein, um Verbraucher, Arbeitnehmer und Unternehmen zu schützen. Eine der Schutzmaßnahmen besteht im Verbot der Preisabsprache. Unternehmen dürfen nicht unter sich möglichst hohe Preise auf Kosten der Verbraucher festsetzen. Eine derartige Umgehung des freien Marktes ist illegal und wird strafrechtlich verfolgt.

Das Wettbewerbsrecht sichert den freien Wettbewerb aller Teilnehmer am Marktgeschehen. Die wichtigsten Gesetzestexte sind:

1. Das Gesetz gegen den unlauteren Wettbewerb (UWG)

Verbraucher und Unternehmen sollen vor unlauteren Handlungen im Konkurrenzkampf geschützt werden (z. B. Rufschädigung, vergleichende Werbung, Irreführung, Belästigung). Darauf liegt gerade im Internethandel ein besonderes Augenmerk. So kann es bereits bei einem Impressum, das nicht alle rechtlich notwendigen Angaben enthält, eine kostenpflichtige Abmahnung geben.

2. Gesetz gegen Wettbewerbsbeschränkungen

▷ **Kartelle**, das sind vertragliche Abmachungen von Unternehmen der gleichen Branche mit dem Ziel, den Wettbewerb untereinander einzuschränken oder auszuschließen, sind verboten. Diese Preisabsprachen bedeuten künstlich erhöhte Preise für den Verbraucher und eine illegale Erhöhung der Unternehmensgewinne. Ausnahmen sind nur möglich, wenn keine marktbeherrschende Stellung eines Firmenverbunds zu erwarten ist. Dies ist z. B. bei Firmenkäufen unter kleinen bis mittleren Unternehmen der Fall.

Preiskartell: Die Mitglieder treffen Preisabsprachen.

Quotenkartell: Jedem Unternehmen wird eine bestimmte Produktionsmenge zugeteilt.

Kalkulationskartell: Die Unternehmen vereinbaren den gleichen Aufbau ihrer Kalkulation, um den gleichen Preis zu erzielen.

Gebietskartell: Jedem Unternehmen wird ein bestimmtes Absatzgebiet zugewiesen.

Rabattkartell: Die Mitglieder legen eine einheitliche Rabattgewährung fest.

Konditionenkartell: Einheitliche Lieferungs-, Zahlungs- und Geschäftsbedingungen werden vereinbart.

---

1 Nenne und erkläre die wichtigsten Umweltgesetze für Unternehmen

2 Recherchiere im Internet nach Unternehmen, die gegen Umweltauflagen verstoßen haben. Beschreibe die Konsequenzen für die Unternehmen.

3 Die Abfallhierarchie (§ 6 KrWG [2]) muss immer eingehalten werden. Versuche sie am Beispiel einer Plastik-Umverpackung einer gekauften Ware anzuwenden.

4 Beurteile folgenden Sachverhalt: Eine neu am Markt agierende Firma übernimmt den typischen Schriftzug einer erfolgreichen Konkurrenzfirma und stellt in ihrer Werbung klar, worin die Unterschiede zu den anderen Marktteilnehmern liegen.

5 Kaffeekartell, Wurstkartell, Bierkartell. Finde drei weitere Kartelle, die in den letzten Jahren aufgedeckt wurden.

6 Erstelle eine Mindmap zum Thema „Kartell".

6.3 Staatliche Regulierung versus Wettbewerbsfähigkeit

Die Regulierungswut der Regierung kostet Arbeitsplätze!

Die Wettbewerbsfähigkeit deutscher Unternehmen wird schlechter!

▷ **Subvention:** Verteilung öffentlicher Gelder an Unternehmen oder Wirtschaftszweige ohne Gegenleistung

Regulierung und die Wettbewerbsfähigkeit von Unternehmen

Deutschland ist eine Exportnation. Unternehmen in Deutschland müssen daher international konkurrenzfähig sein. Der globale Handel bringt einen weltweiten Austausch von Waren mit sich. Waren aus kostengünstiger ausländischer Produktion strömen auf den deutschen Markt. Produkte, die in Deutschland teurer hergestellt werden, lassen sich auf dem Weltmarkt schwerer oder gar nicht verkaufen. Der internationale Wettbewerb hat zwei Seiten:
- Die Verbraucher freuen sich. Der Konkurrenzdruck lässt die Preise für Produkte sinken.
- Einheimische Unternehmen hingegen stehen im Preiskampf. Sie sind gezwungen, ihre Kosten ständig zu senken, ihre Produkte zu verbessern oder neue zu entwickeln und sich auf dem Markt mit anderen Kriterien, z. B. Qualität, abzuheben.

Die deutschen Vorschriften wie
- Arbeitszeit von acht Stunden,
- vorgeschriebene Pausenlänge,
- Anzahl der Urlaubstage,
- Mindestlohn,
- strenge Umweltauflagen (Filter, Recycling usw.)

erzeugen weitere Kosten in den hier produzierenden Unternehmen.

In anderen Ländern gibt es diese Vorschriften in dieser Form nicht. Frankreich z. B. versucht immer wieder, die Unternehmen zu entlasten: Sie sollen weniger Steuern und Abgaben zahlen, erhalten mehr Spielraum im Kündigungsschutz und bei der Arbeitszeit. Viele Unternehmen wünschen sich ähnliche Schritte auch in Deutschland. Trotz Abgabenlast und vieler Vorschriften befindet sich Deutschland im Bereich der internationalen Wettbewerbsfähigkeit mit an der Spitze.

Offensichtlich werden die Steuern und Abgaben von staatlicher Seite gut investiert:
- Die gut ausgebaute Infrastruktur lockt Unternehmen nach Deutschland. Das Straßen- und das Eisenbahnnetz sind in einem guten Zustand. Die Flughäfen sind leistungsfähig. Güter und Personen können schnell transportiert werden.
- Das Kommunikationsnetz (Internet, Telefon) bietet ansässigen Unternehmen einen schnellen Informationsfluss.
- Effektive, modernste Technik bei der Produktion und gut ausgebildete, fleißige Arbeitnehmer überzeugen zudem.
- Im Bereich Forschung und Entwicklung gehören deutsche Firmen zu den innovativsten auf der ganzen Welt.
- Die Regierung investiert auch in ein gutes Schul- und Ausbildungssystem. Unternehmen benötigen Mitarbeiter mit einem hohen Ausbildungsstand.
- Besondere Hilfen für neue Unternehmen (Start-ups) tun ihr Übriges.

Gegenwärtig ist Deutschland auf einem guten Weg. Dennoch häufen sich Klagen von Unternehmen über den steigenden (Kosten-)Aufwand zur Erfüllung immer neuer Vorschriften.

Subventionen

Der Staat unterstützt (subventioniert) private Unternehmen oder Wirtschaftsbereiche, um sie wettbewerbsfähig zu machen bzw. zu erhalten.

Landwirte beispielsweise erhalten von der EU dauerhaft Zuschüsse sowie Sonderzahlungen bei Ernteausfällen aufgrund von Naturereignissen. Viele Landwirte müssten ohne Unterstützung ihren Betrieb aufgeben. Dies würde die Lebensmittelversorgung gefährden und eine Abhängigkeit von Lebensmittelimporten erzeugen. Wir als Verbraucher müssten für Nahrungsmittel dann tiefer in die Tasche greifen.

Projekt

- Staatliche Regulierung beeinflusst die internationale Wettbewerbsfähigkeit von Unternehmen.
- Subventionen sind staatliche Beihilfen mit dem Ziel, die Wirtschaft in gewissen Bereichen zu stärken.

Ähnliche Gründe haben zur **Unterstützung der deutschen Steinkohle** geführt (bis 1995 als „**Kohlepfennig**" bezeichnet). Staatlicherseits sollte diese Subvention im größten deutschen Steinkohleabbaugebiet, dem Ruhrgebiet, einzelne Kohleminen erhalten. Grund dafür war, dass Deutschland bei einem Energieengpass auf eigene Energie aus Kohle hätte zurückgreifen können. Die Förderung einer Tonne Steinkohle aus dem Ruhrgebiet kostet ca. 180 Euro, auf dem Weltmarkt dagegen ca. 40 Euro. Die deutschen Steuerzahler mussten daher bis jetzt weit mehr als 100 Milliarden Euro für die Steinkohlesubvention aufbringen. Die Unterstützung lief 2018 aus.

Entsprechend verhält es sich bei der **Entsorgung von radioaktiven Abfällen, dem Internet-Breitbandausbau** oder **der Subvention für Elektroautos**.

Auch die Firma iMo hat zu Beginn ihrer Tätigkeit als junges Start-up-Unternehmen zwei Jahre lang von staatlichen Beihilfen profitiert. Ohne diese wäre es Frau Muth nicht möglich gewesen, iMo erfolgreich auf den Weg zu bringen. Inzwischen sind über hundert Arbeitskräfte bei iMo beschäftigt. Über Steuern und Abgaben erhält der Staat seine „Anfangsinvestition" zurück.

Kritiker wenden ein, dass Subventionen als politisch-wirtschaftliche Waffe eingesetzt werden können. So halten etwa milliardenschwere Subventionen an die Baumwollindustrie in den USA die Konkurrenz, etwa aus westafrikanischen Ländern, klein. Subventionen verhelfen bestehenden Industrien zu Vorteilen gegenüber neuen 2 .

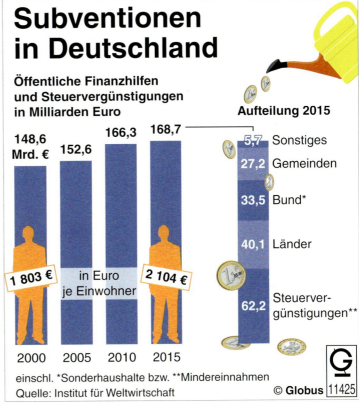

1 Subventionen in Deutschland von 2000 bis 2015

IEA-Chef fordert das Ende der Subventionen für fossile Brennstoffe

Laut IEA – ein Zusammenschluss der westlichen Energie-Verbraucherstaaten – geben die Regierungen weltweit fast 500 Milliarden US-Dollar pro Jahr aus, um Erdöl, Benzin, Kohle und Gas künstlich zu verbilligen oder die Industrie zu unterstützen. Birol [Chef der IEA] zufolge sind diese Subventionen mehr als dreimal so hoch wie die für regenerative Energien und sorgen so für eine Benachteiligung der erneuerbaren Energieträger. „Das ist wie ein 100-Meter-Lauf, bei dem die fossilen Brennstoffe an der 50-Meter-Marke starten", sagte der 57-Jährige.
www.zeit.de

2 Zeitungsmeldung

---

1 Erstelle ein Plakat mit dem Thema „Änderung der Wettbewerbsfähigkeit deutscher Unternehmen durch staatlichen Einfluss".

2 Viele deutsche Unternehmen verlagern ihre Produktion ins Ausland. Finde je vier Gründe, die dafür und dagegen sprechen.

3 Erstelle eine Mindmap zum Thema „Subventionen".

6.4 Unternehmenssteuern

Der Staat benötigt für seine Aktivitäten und Aufgaben finanzielle Mittel. Diese Mittel werden von den Bürgerinnen und Bürgern sowie den Unternehmen über Steuern aufgebracht.

> Unter **Steuern** versteht man generell **Geldleistungen**, die ein öffentlich-rechtliches Gemeinwesen einseitig in der Höhe festlegt und allen steuerpflichtigen Personen **ohne** Anspruch auf eine individuelle **Gegenleistung** auferlegt.

Die eingenommenen finanziellen Mittel werden nach Haushaltsberatungen im Bundestag und den Länderparlamenten in Haushaltsplänen festgehalten und entsprechend verteilt. Folgende Bereiche werden zum Beispiel finanziert:
- soziale Sicherung: Kindergeld, Elterngeld, Arbeitslosenversicherung,
- Verteidigung und Sicherheit: Bundeswehr, Bundesgrenzschutz, Polizei,
- Bildung und Forschung: Schulen, Universitäten,
- Verkehr und Nachrichtenwesen: Straßen, Eisenbahn, Luftfahrt, digitale Infrastruktur,
- Zinsen für Staatsschulden, Subventionen.

Für ihre Aufgaben geben der deutsche Staat, die Länder und die Gemeinden pro Jahr etwa 800 Milliarden Euro aus. Zur Finanzierung dienen verschiedene Steuerarten. Der Staat nimmt am meisten über die **Mehrwertsteuer (Umsatzsteuer)** ein, gefolgt von der **Lohn- und Einkommensteuer** [1]. Diese Steuern zahlen die Bürgerinnen und Bürger als selbstständig und nichtselbstständig Arbeitende sowie als private Endverbraucher.

Die **Gewerbesteuer**, die an vierter Stelle folgt, zahlen Gewerbetreibende/Unternehmen an die Gemeinden.

Betriebliche Steuern

Betriebe erhalten von der zuständigen Gemeinde bzw. vom Finanzamt jeweils einen Steuerbescheid. Dieser Bescheid wird wie alle Belege bearbeitet, indem er überprüft, gestempelt und dann im System verbucht wird.

Jede Art von Steuer stellt für ein Unternehmen einen Aufwand dar. Deshalb finden sich alle betrieblichen Steuern im Bereich der weiteren Aufwendungen auf dem Kontenplan, in Kontenklasse 7.

Kontenklasse 7	Weitere Aufwendungen
70	Betriebliche Steuern
	*7000 GWST Gewerbesteuer
	*7020 GRST Grundsteuer
	*7030 KFZST Kraftfahrzeugsteuer

Gewerbesteuer (7000 GWST)

Jeder Gewerbebetrieb ist gewerbesteuerpflichtig. Die Gewerbesteuer wird von der Gemeinde erhoben, in der der Betrieb seinen Hauptsitz hat. Die Gewerbesteuererklärung wird beim Finanzamt abgegeben.

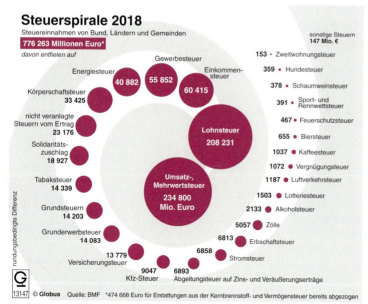

[1] Steueraufkommen in Deutschland

- Steuern werden von Bund, Ländern oder Gemeinden erhoben.
- Der Steuerzahlung steht kein Anspruch auf eine individuelle Gegenleistung gegenüber.
- Betriebssteuern belasten ein Unternehmen.

Den Gewerbesteuerbescheid verschickt dann die Gemeinde.

Geschäftsfall: *iMo erhält am 15.01.20.. einen Gewerbesteuerbescheid über 8.000,00 €.*

Buchungssatz:

7000 GWST   8.000,00 €   an   4400 VE   8.000,00 €

Geschäftsfall: *Der Gewerbesteuerbescheid wird am 10.02. vom iMo-Bankkonto abgebucht.*

Buchungssatz:

4400 VE   8.000,00 €   an   2800 BK   8.000,00 €

Grundsteuer (7020 GRST)

Die Gemeinde erhebt auch die Grundsteuer. Sie erfasst den im Gemeindebereich befindlichen Grundbesitz. Die Grundsteuer A umfasst alle Betriebe der Land- und Forstwirtschaft, die Grundsteuer B alle übrigen Grundstücke.
Im Grundsteuerbescheid ist vermerkt, zu welchen Terminen (vierteljährlich) die Grundsteuer vom Bankkonto abgebucht wird.

Geschäftsfall: *iMo hat einen Grundsteuerbescheid über 4.800,00 € erhalten.*

Buchungssatz:

7020 GRST   4.800,00 €   an   4400 VE   4.800,00 €

Geschäftsfall: *Am 15.05. wird das iMo-Bankkonto mit 1.200,00 € belastet (4.800,00 €/4).*

> Aufwandskonten (Kontenklasse 6 und 7) werden im Soll mehr (Mehrung) und im Haben weniger (Minderung). Beachte dies stets bei Buchungssätzen.

Buchungssatz:

4400 VE   1.200,00 €   an   2800 BK   1.200,00 €

Geschäftsfall: *Am 15.05. wird die fällige Grundsteuer in Höhe von 1.200,00 € sofort vom iMo-Bankkonto abgebucht.*

Buchungssatz:

7020 GRST   1.200,00 €   an   2800 BK   1.200,00 €

Kraftfahrzeugsteuer (7030 KFZST)

Jeder Halter eines Kraftfahrzeuges muss Kraftfahrzeugsteuer bezahlen. Ihre Höhe ist bei einem Pkw abhängig vom Hubraum und bei einem Lkw vom Gesamtgewicht. Abgasärmere Fahrzeuge zahlen allgemein weniger Steuer. Für den Kraftfahrzeugsteuerbescheid sind seit 2014 die jeweiligen Hauptzollämter zuständig.

Geschäftsfall: *iMo erhält einen Kraftfahrzeugsteuerbescheid über 8.000,00 € und überweist diesen.*

Buchungssatz:

7030 KFZST   8.000,00 €   an   2800 BK   8.000,00 €

---

1 Werte die Infografik ☐1 aus. Berechne jeweils den prozentualen Anteil der Gewerbesteuer, der Grundsteuer und der Kfz-Steuer am Gesamtsteueraufkommen. Stelle dein Ergebnis dem prozentualen Anteil der Lohn- und Einkommenssteuer gegenüber.

2 Begründe, warum die Gewerbesteuereinnahmen im Vergleich zur Lohn- und Einkommenssteuer so gering sind.

3 Formuliere die Buchungssätze zu folgenden Geschäftsfällen.

a) Banküberweisung der Kraftfahrzeugsteuer, 380,00 €.
b) Eingang des Grundsteuerbescheides, 2.400,00 €.
c) Banküberweisung der Gewerbesteuer, 800,00 €.
d) Erhalt des Gewerbesteuerbescheides, 3.000,00 €.

6.5 Exkurs: Gewerbesteuer als Ertragssteuer

Ähnlich wie Privatpersonen müssen auch Unternehmen eine Steuererklärung durchführen. Diese wird Gewerbesteuererklärung genannt und muss dem Finanzamt zugeleitet werden.

Gewerbesteuer als Ertragssteuer
Bei dieser Steuer wird der Unternehmensertrag analysiert und besteuert. Deshalb gehört diese Steuerart zu den sogenannten **Ertragssteuern**.
Jedes Unternehmen reicht seine Gewerbesteuererklärung beim Finanzamt ein.
Die Gewerbesteuer wird nach Schema [2] errechnet:

Für Personengesellschaften gilt ein Freibetrag von 24.500,00 €.

Markt Manching | **Kämmerei-Steuerabteilung**
Am Rathaus 1
85077 Manching
Telefon 08459/ 98758-80
Telefax 08459/ 98758-82

Markt Manching – Am Rathaus 1 – 85077 Manching

iMo Intelligent Motion
Rechlinger Straße 44
85077 Manching

Gewerbesteuerbescheid für das Kalenderjahr 20..

Aktenzeichen: I0-118
Datum: 20.12.20..

Nr. (bitte bei Überweisung angeben)
200-05001-23478-58

Berechnungsgrundlage für die Veranlagung			
Messbetrag	12.941,00 €		
Hebesatz 325 % Steuerbetrag (abgerundet)	42.000,00 €		
abzüglich Vorauszahlung	17.200,00 €		
Zu entrichten:	24.800,00 €	fällig am:	15.02.20..

Sie erreichen uns:
Montag – Freitag 08:00 – 12:00 Uhr
Donnerstag 16:00 – 18:00 Uhr

Bankverbindung:
Sparbank Ingolstadt
IBAN: DE97 7215 1040 0000 3987 29

[1] Gewerbesteuerbescheid der Firma iMo

Gewinn
– Kürzungen, z. B. Rentenzahlungen, Leasingraten usw.
= Gewerbeertrag (abgerundet auf glatte 100 €)
– Freibetrag (24.500,00 €, vom Staat festgesetzt)
= gekürzter **Gewerbeertrag**

· 3,5 % Steuermesszahl (vom Staat festgesetzt)
= Gewerbesteuermessbetrag (Finanzamt)

· 490 % (Gewerbesteuerhebesatz, von der Gemeinde festgesetzt)
= **Gewerbesteuerbetrag (Gemeinde)**

[2] Berechnung der Gewerbesteuer

Das Finanzamt teilt den **Gewerbesteuermessbetrag** dann der zuständigen Gemeinde mit, also dem Ort, an dem das Unternehmen seinen Sitz hat.
Die Gemeinde wendet auf den vom Finanzamt ermittelten Steuermessbetrag einen von ihr bestimmten **Hebesatz** an. Der Messbetrag wird mit dem Hebesatz multipliziert. Das Ergebnis ist dann die **Gewerbesteuerschuld**.
Das Unternehmen erhält nun von der Gemeinde sowohl den Gewerbesteuermessbescheid als auch den Gewerbesteuerbescheid [1].

Hebesatz
Der Gewerbesteuerhebesatz wird von der jeweiligen Gemeinde stets für ein Kalenderjahr festgelegt.
Um den Wettbewerb zwischen den Gemeinden zu reduzieren, hat der Gesetzgeber eine Mindesthöhe für den Hebesatz festgelegt: 200 %. Der Gewerbesteuerhebesatz der meisten Gemeinden liegt zwischen 250 % und 400 %.
In der Gemeinde Manching, dem Standort von iMo, beträgt der Hebesatz 325 %.
Die Gewerbesteuer wird immer viermal im Jahr (15. Februar, 15. Mai, 15. August und 15. November) als Vorauszahlung vom Unternehmen abgebucht.

- Jede Gemeinde kann die Höhe der Gewerbesteuer durch Festlegung des Hebesatzes beeinflussen.
- Die Höhe der Gewerbesteuer ist ein wichtiger Faktor bei der Standortwahl von Unternehmen.

Gewerbesteuer – positiv oder negativ?

Bei der Ansiedlung von Unternehmen ist die Höhe des Gewerbesteuerhebesatzes ein wichtiger **Standortfaktor**. Denn je höher der Gewerbesteuerhebesatz liegt, desto höher ist auch die abzuführende Gewerbesteuer.

Deshalb stellt sich die Frage: Warum lassen sich Unternehmen z. B. im Raum Ingolstadt nieder, obwohl dort ein hoher Gewerbesteuerhebesatz von 400 % angewendet wird? Im Großraum München ist sogar ein Hebesatz von 490 % üblich.

Attraktive Standorte wie München, Nürnberg – Fürth, Augsburg, Regensburg, Ingolstadt oder Würzburg haben Vorteile:
- vorhandene Infrastruktur,
- Entwicklungs- und Forschungseinrichtungen,
- Nähe zu Zulieferern,
- Angebot an ausgebildeten Fachkräften,
- Attraktivität für Beschäftigte, hoher Freizeitwert.

Junge Start-ups (Gründerunternehmen) und finanzschwächere Unternehmen können sich einen hohen Gewerbesteuerhebesatz nicht leisten. Die Standortwahl wird also wesentlich von der Höhe der zu zahlenden Gewerbesteuer beeinflusst.

Aus diesem Grund ist die Gewerbesteuer die umstrittenste und die am meisten kritisierte Steuer. Sie verstärkt bereits vorhandene regionale Ungleichgewichte noch weiter.

Boom-Regionen steigern Einnahmen und Attraktivität für weitere Unternehmen, während ohnehin schon benachteiligte ländliche und strukturschwache Regionen an Bedeutung verlieren.

Die Gewerbesteuer ist für Städte und Gemeinden die wichtigste Einnahmequelle: Sie entscheidet über den finanziellen Spielraum von Gemeinden, Städten und Regionen.

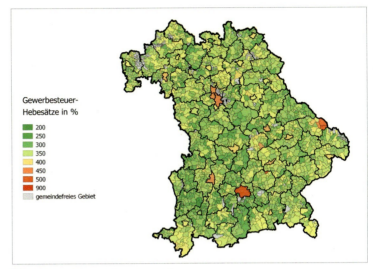

3 Gewerbesteuerhebesätze in Bayern

---

1 Beurteile die Aussage, dass die Gewerbesteuer die umstrittenste Steuer ist.

2 a) Schreibe zwei Karteikarten und erkläre darauf die Begriffe „Steuermessbetrag" und „Gewerbesteuerhebesatz".
b) Tausche die Karteikarten mit deinem Nachbarn aus. Diskutiert Gemeinsamkeiten und Unterschiede in euren Erklärungen.

3 a) Berechne die Gewerbesteuer der Firma iMo mit folgenden Angaben.
Gewinn: 500.000,00 €; Rentenzahlung: 150.000,00 €, Leasing 20.000,00 €, Hebesatz 325 %.
b) Berechne für iMo, welche Gewerbesteuerersparnis eine Ansiedlung in Grünwald (Hebesatz 200 %) bringen würde.
c) In unseren Nachbarländern gibt es keine Gewerbesteuer. Begründe, warum ein Unternehmen dennoch in Deutschland produzieren sollte.

6 | Unternehmen und Staat

6.6 Gebühren

Falls unzustellbar, zurück an Absender!
Landratsamt Pfaffenhofen
Postfach 1222 • 85276 Pfaffenhofen

Landratsamt Pfaffenhofen Abfallwirtschaft

iMo Intelligent Motion
Frau Ayleen Muth
Rechlinger Str. 44
85077 Manching

Objektnummer:	00D77A5F001
Kassenzeichen:	ING0000D77A5F
Bei Rückfragen und Überweisungen bitte angeben!	

Bürger-Hotline: 08441/4688-3535
Telefax: 08441/4688-3519
E-Mail: abrechnung@landratsamt-pfaffenhofen.de

Pfaffenhofen, 20.01.20..

Bescheid über Abfallentsorgungsgebühren

Ihr Grundstück: 85077 Manching, Rechlinger Str. 44
Der Bescheid beruht auf den Berechnungsgrundlagen zum Zeitpunkt der Gebührenfestsetzung. Der Beginn des Festsetzungszeitraumes und die Gebührenberechnung ergeben sich aus den folgenden Angaben.

A) Vorläufige Festsetzung der Gebühren fur das Kalenderjahr 20..

Zeitraum	Behälter-Nr.	Behälter	Jahresgebühr	Berechnung
01.01.–31.12.20..	456286	Restmüllbehälter 120 l wöchentlich	9.750,00 €	12 Monate

B) Zahlungstermine und -betrag

Aktuelles Jahr	Regelrate	Zu zahlen	Zahlungstermin (Fälligkeitstag)
1. Rate	2.437,50 €	2.437,50 €	15.02.20..
2. Rate	2.437,50 €	2.437,50 €	15.02.20..
3. Rate	2.437,50 €	2.437,50 €	15.02.20..
4. Rate	2.437,50 €	2.437,50 €	15.02.20..
Summe	**9.750,00 €**	**9.750,00 €**	

Hausanschrift:
Hopfenring 1
85276 Pfaffenhofen
Telefon: 08441/4668-350
Telefax: 08441/4668-3519
E-Mail: abrechnung@landratsamt-pfaffenhofen.de

Öffnungszeiten Gebührenabrechnung:
Mo – Fr 8:00 – 12:00 Uhr
Do 16:00 – 18:00 Uhr

Bankverbindung:
Sparbank Pfaffenhofen
Konto 0200776754, BLZ 732 626 70
IBAN: DE87 7326 2670 0200 7767 54
BIC / SWIFT: BYLADEM9PAP

1 Bescheid über Abfallgebühren

▷ **Gebühren:**
finanzieller Beitrag eines Verursachers mit entsprechender Gegenleistung

Kosten über Kosten: Gebühren

Azubi Julia von der iMo-Buchhaltung öffnet zwei Briefe, die einen amtlichen Eindruck erwecken. Sie wundert sich:
„Abwassergebühr … Abfallgebühr … Straßenreinigungsgebühr … Und jetzt noch der Kaminkehrer! Wir haben in dieser Woche doch schon so viele Bescheide bekommen: Kraftfahrzeugsteuer, Grundsteuer, Gewerbesteuer. Was sollen wir denn noch alles zahlen?"
Ihre Chefin, Frau Kohler, zuckt nur mit den Schultern. Für sie ist das nichts Neues:

„Julia, Steuern sind etwas anderes als **Gebühren**. Hier handelt es sich um Aufwendungen, die von uns als Verursacher zu tragen sind. Das heißt, je mehr Abfall, Abwasser oder sonstige Verschmutzungen wir erzeugen, desto höher werden die Gebühren sein, die uns die Gemeinde dafür in Rechnung stellt. Schließlich müssen sich die Gemeindeangestellten um die Entsorgung kümmern, und das kostet Geld."
Gebühren stellen eine zusätzliche Belastung für Unternehmen und Haushalte dar. Die Unternehmen sind gezwungen, diese Kosten durch ihre Verkaufserlöse zu decken. Andererseits schätzen viele Unternehmen, dass das System in Deutschland gut funktioniert. Der Müll wird abgeholt und die Straßen sind sauber. Dies vereinfacht die Produktion und den Warentransport und spart so wieder Zeit und Geld.
Neben den Gebühren für Müll, Abwasser, Kanal oder Straßenreinigung können noch weitere Gebühren anfallen: Der Kaminkehrer überprüft die Feuerstätten im Privathaus oder im Betrieb. Firmenmitarbeiter werden extern in Seminaren fortgebildet. Für all diese Tätigkeiten fallen ebenfalls Gebühren an. Sie können umsatzsteuerfrei oder umsatzsteuerpflichtig sein.

Buchhalterische Erfassung
Alle Gebühren (Abfall, Abwasser, Kanal, Straßenreinigung, Kaminkehrer, Seminare usw.) werden im Konto **6730 GEB** erfasst.

Geschäftsfall 1: *Die Firma iMo hat den Bescheid über Abfallgebühren in Höhe von 9.750,00 € erhalten.*

Buchungssatz:

6730 GEB   9.750,00 €   an   4400 VE   9.750,00 €

Geschäftsfall 2: *Die Gemeinde Manching hat iMo den Bescheid über Abwassergebühren zukommen lassen, 3.490,00 €.*

✗ Für Gebühren erhalten Unternehmen eine konkrete Gegenleistung.
✗ Gebühren führen zu einer Verteuerung der Produktion.
✗ Aus dem Gebührenbescheid ist ersichtlich, ob Steuer anfällt.

Buchungssatz:

6730 GEB   3.490,00 €   an   4400 VE   3.490,00 €

Geschäftsfall 3: *Der Kaminkehrer stellt iMo 782,46 € netto in Rechnung* **2**.

Buchungssatz:

6730 GEB   782,46 €   an   4400 VE   931,13 €
2600 VORST   148,67 €

Geschäftsfall 4: *Für eine Fortbildung eines Marketing-Mitarbeiters fällt ein Rechnungsbetrag von 2.618,00 € brutto an.*

Buchungssatz:

6730 GEB   2.200,00 €   an   4400 VE   2.618,00 €
2600 VORST   418,00 €

---

iMo: Standort Deutschland attraktiv

Manching. Obwohl sich die Produktion in Deutschland aufgrund der jüngsten Gebührenerhöhungen verteuert, setzt der E-Roller-Hersteller iMo weiterhin auf den Standort Deutschland.
Mit einem einfachen, aber wirkungsvollen Weg schlägt die Hightechfirma zwei Fliegen mit einer Klappe: Durch innovative Recyclingverfahren, Nutzung von Gebrauchtwasser und dem Einbau modernster Filteranlagen hat iMo die Gebührenlast gesenkt.

Franz Christ
Bevollmächtigter Bezirksschornsteinfeger
Energieberater (HWK)

Herbststr. 88
85077 Manching
Tel: 08450-2036772
Fax: 08450-2036773

Franz Christ, BSM, Herbststr. 88, 85077 Manching

iMo Intelligent Motion
Rechlinger Straße 44
85077 Manching

RECHNUNG Nr.:   00-01657
für Leistungen im Jahr 20..
Kundennummer   8-154/44
Rechnungsdatum   04.01. 20..
KÜO vom 16.06.2009   Art. 1, 2.5 und 6 Bay. KG.
Steuernummer   203/207/11235

KV Bank Pfaffenhofen
BLZ: 76560060
Konto: 101163540
IBAN: DE76 7656 0060 0101 1635 40

Anwesen: 85077 Manching, Rechlinger Str. 44	Einheit	Anzahl	Durch-führung	Einzel-AW	Gesamt-AW	Gesamt-AW (in EUR)
Grundwert je Gebäude für Kehr- und Überprüfungsarbeiten		6	1.00	16.70	100.20	105,21 €
Überprüfung der Abgasanlage je vollen und angefangenen Meter (Gas)	16 m	12	1.00	1.60	19.20	20,16 €
Abgaswegeüberprüfung für raumluftabhängige Feuerstätten (Art C), erste Prüfstelle in der Nutzungseinheit		4	1.00	23.70	94.80	99,54 €
Abgaswegeüberprüfung für raumluftabhängige Feuerstätten (Art C), erste Prüfstelle in der Nutzungseinheit		6	1.00	35.50	213.00	223,65 €
Emissionsmessung an Feuerungsanlagen für gasförmige Brennstoffe		12	1.00	26.50	318.00	333,90 €
Gesamtsumme AW (Arbeitswerte)					745.20	
1 AW = 1,05 EUR Gesamtbetrag netto						782,46 €
+ 19 % USt.						148,67 €
Rechnungsbetrag						**931,13 €**

Betrag bezahlbar innerhalb von zwei Wochen ohne Abzug

2 Eingangsrechnung des Kaminkehrers

---

1 Erkläre den Unterschied zwischen Steuern und Gebühren.

2 Diskutiert die Aussage: „Der Standort Deutschland wird immer teurer." Stellt Argumente, die für und gegen den Standort Deutschland sprechen, gegenüber.

3 Bilde die Buchungssätze zu folgenden Geschäftsfällen.
a) iMo erhält den Bescheid für die Straßenreinigung, 820,00 €.
b) Das Marketingseminar kostet 3.400,00 € netto. iMo erhält hierfür eine Rechnung.
c) Der Bezirksschornsteinfeger stellt für die Kontrolle der Heizungsanlage 980,80 € brutto in Rechnung.

6.7 Umsatzsteuer

In fast allen Produkten oder Dienstleistungen von Unternehmen in Deutschland ist **Umsatzsteuer** (USt), auch Mehrwertsteuer genannt, enthalten. Diese beträgt entweder 19 % (Regelsteuersatz), 7 % (ermäßigter Steuersatz) oder 0 % (steuerfreier Umsatz). Unternehmen zahlen keine Umsatzsteuer. Sie geben diese Steuer an den Verbraucher weiter. Die Umsatzsteuer trägt ausnahmslos der Endverbraucher beim Erwerb einer Ware oder Dienstleistung.

Nur **Kleinunternehmer** können von der **Umsatzsteuerpflicht befreit** werden. Darunter fallen alle Unternehmen, die im Kalenderjahr **weniger als 17.500 € Jahresumsatz** erzielt haben. Sie müssen auf Rechnungen keine Umsatzsteuer ausweisen.

Die Umsatzsteuer gilt mit einem Anteil von etwa 30 % am Gesamtsteueraufkommen als eine sehr ertragreiche und wichtige Steuerart (siehe Seite 168 [1]). Sie fließt Bund, Ländern und Gemeinden mit folgenden Anteilen zu: Bund 52 %, Länder 46 % und Gemeinden 2 %.

§ 12 Umsatzsteuergesetz (UStG)
(1) Die Steuer beträgt für jeden steuerpflichtigen Umsatz 19 Prozent der Bemessungsgrundlage.
(2) Die Steuer ermäßigt sich auf sieben Prozent für die folgenden Umsätze (Auszug):
a) die Eintrittsberechtigung für Theater, Konzerte und Museen, sowie die den Theatervorführungen und Konzerten vergleichbaren Darbietungen ausübender Künstler
b) die Überlassung von Filmen zur Auswertung und Vorführung sowie die Filmvorführungen. [...]

Die Firma iMo muss auf alle Rechnungen verpflichtend Umsatzsteuer mit dem Regelsteuersatz von 19 % ausweisen. Jeder Kunde bezahlt beim Kauf eines Rollers (Umsatz-)Steuer.

19 %: Regelsteuersatz
- Sprudel, Apfelsaft, Pilze im Glas
- Süßkartoffeln, Sojamilch, Mineralwasser
- IT-Berater

7 %: ermäßigter Steuersatz
- Lebensmittel (Grundnahrung)
- Leitungswasser, Äpfel, frische Pilze, Brot, Butter, Milch
- Kaffee, Tee
- Take-away-Speisen im Restaurant
- Bücher, Bilder, Texte, Zeitungsartikel, Broschüren
- Gemälde, Bildhauerkunst
- Theateraufführungen, Museumseintrittskarten, Zirkusvorführungen
- Hotelübernachtungen
- Busse, Züge, Straßenbahnen, Taxen

- *Die Umsatzsteuer (auch Mehrwertsteuer genannt) wird vom Endverbraucher getragen.*
- *In Deutschland gibt es den Regelsteuersatz (19 %) und den ermäßigten Steuersatz (7 %).*
- *Die Umsatzsteuer ist eine Haupteinnahmequelle des deutschen Staates.*

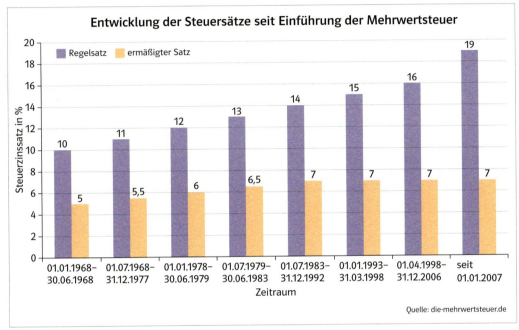

1 Entwicklung der Mehrwertsteuersätze in Deutschland seit 1968

Beispiel:
iMo verkauft an den Kunden Sven Schmitt einen Roller im Wert von netto 2.200,00 €. Laut Umsatzsteuergesetz zahlt der Endverbraucher 19 % Umsatzsteuer. Die Rechnung weist deshalb folgende Beträge aus:

Warenwert netto	2.200,00 €
+ Umsatzsteuer (19 %)	418,00 €
= Warenwert brutto	2.618,00 €

Herr Schmitt zahlt folglich 2.618,00 € für den Roller.
Das heute in Deutschland gültige Umsatzsteuersystem wurde im Jahr 1968 eingeführt. Seitdem gab es sieben Erhöhungen. Von ehemals 10 % hat sich der Regelsatz fast verdoppelt. Der größte Sprung erfolgte von 2006 auf 2007, als die Steuer von 16 % auf 19 % erhöht wurde.
Hätte nun Herr Schmitt seinen Roller bereits Ende 2006 gekauft, hätte er nur 2.552,00 € aufwenden müssen.

1 Betrachte die Auflistung zum ermäßigten Steuersatz. Finde Gründe, warum dieser Steuersatz überhaupt eingeführt wurde.

2 Gehe in einen Supermarkt und bestimme den Preis für einen Liter Milch, ein Päckchen Kaffee und für 250 g Butter. Berechne den Preis, den diese Waren bei Verwendung des Regelsteuersatzes kosten würden.

3 Recherchiere im Internet die Entwicklung der gesamten Mehrwertsteuereinnahmen im Jahr 1968, 2006 und 2018. Erstelle hierfür ein Säulendiagramm am PC.

4 Du kaufst gegenwärtig ein Fahrrad für 800,00 € netto. Berechne.
a) Wie viel kostet dich das Fahrrad mit dem Regelsteuersatz heute?
b) Wie viel hätte dich das Fahrrad im Mai 1979 gekostet?

6.8 Mehrwert

1 Mehrwertsteuer

„Mehrwert": Was ist das?

„Mehrwertsteuer" – dieser Begriff wird oft als Synonym für „Umsatzsteuer" verwendet. Auch auf Belegen und Quittungen wird häufig **Mehrwertsteuer (MwSt.)** ausgewiesen. Ayleen Muth legt großen Wert darauf, dass die von iMo ausgestellten Rechnungen sachlich korrekt sind. Deshalb hat sie Azubi Sebastian gebeten, im Internet zu recherchieren. Sebastian hat folgende Information zur Mehrwertsteuer gefunden:

> **Mehrwertsteuer – Was steckt dahinter?**
> Seit 1968 gilt in Deutschland das sog. **Mehrwertprinzip** bei der Besteuerung von Waren oder Dienstleistungen. Jeder Unternehmer zahlt Umsatzsteuer auf den **Mehrwert** des Produktes, den er durch den Verkauf erzielt.
> Ein Beispiel:
> Das Möbelhaus Lang kauft ein Ledersofa bei einem Hersteller im Wert von 5.000,00 € netto. Das Sofa wird an einen Kunden für 8.000,00 € netto weiterverkauft. Die fällige Umsatzsteuer bezieht sich auf den Mehrwert von 3.000,00 €.

Sebastian versteht jetzt zwar das System, die Anwendung jedoch ist ihm nicht ganz klar. Er bittet Frau Muth um Auskunft.

Sebastian: Die Sache mit dem Mehrwertprinzip habe ich verstanden. Aber wie berechnen wir jetzt die Steuer?

Frau Muth: Also, Sebastian, beim Einkauf der Rohstoffe, sagen wir mal für 300,00 €, müssen wir 19 % Steuer zahlen, das sind 57,00 €. Die Rohstoffe werden bei uns weiterverarbeitet. Durch die Weiterverarbeitung und das Zusammenfügen von Einzelteilen entsteht ein Mehrwert. Dieser Mehrwert, der bei uns entstanden ist, wird beim Verkauf an den Einzelhändler erkennbar. Der zahlt an uns nun 2.000,00 € netto für einen Roller plus 19 % Steuer, also 380,00 €.
Der Einzelhändler verkauft jetzt den Roller für 2.900,00 € netto an einen Endkunden. Zusätzlich zahlt der Endverbraucher noch 19 % Steuer, also 551,00 €, an den Händler. Der Roller kostet den Endverbraucher also insgesamt 3.451,00 €.

Die unterschiedlichen Verarbeitungs- und Fertigungsstufen „veredeln" ein Produkt. Das Produkt wird mehr wert. Auf diesen Mehrwert erhebt der Staat die Steuer, die an das Finanzamt geht.
Sebastian hat das System des Mehrwerts verstanden. Jedoch fragt er sich, wer denn jetzt eigentlich die Mehrwertsteuer bezahlt. Frau Muth erklärt es ihm anhand von Beispiel 2: „Die drei Unternehmen Rohstofflieferant, iMo und Einzelhändler ‚Mobiles' führen insgesamt 551,00 € an das Finanzamt ab. Sie erhalten das Geld später vom Finanzamt vollständig wieder zurück. Der

	Produktion Roller iMo	**Einzelhändler „Mobiles"**	**Endverbraucher**
Nettopreis	300,00 €	2.000,00 €	2.900,00 €
+ Steuer	57,00 €	380,00 €	551,00 €
Bruttopreis	357,00 €	2.380,00 €	3.451,00 €

✗ Mit jeder Fertigungsstufe, die ein Produkt durchläuft, gewinnt es mehr an Wert.
✗ Dieser Mehrwert wird besteuert.

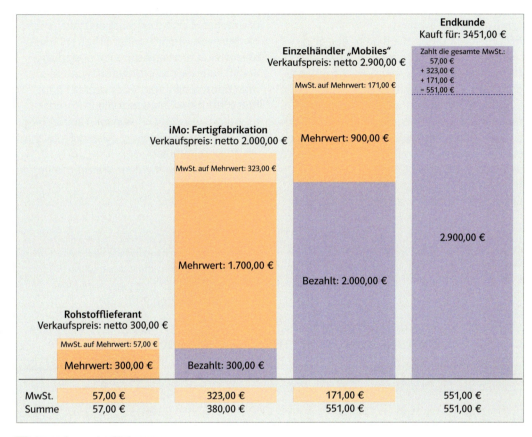

2 Entstehung des Mehrwerts

Endverbraucher, der die 551,00 € Steuer mit dem Brutto-Verkaufspreis im Laden bezahlt hat, erhält nichts zurück. Er trägt also die komplette Steuer alleine.
Der Staat wollte hier die Unternehmen nicht steuerlich belasten. Da sie den abgeführten Steuerbetrag in voller Höhe wieder vom Finanzamt zurückerhalten, ist die Mehrwertsteuer für sie nur ein sogenannter „**durchlaufender Posten**".

Durchlaufende Posten (§ 10 Abs. 1 Satz 6 UStG):
„Die Beträge, die der Unternehmer im Namen und für Rechnung eines anderen vereinnahmt und verausgabt (durchlaufende Posten), gehören nicht zum Entgelt."

1 Erkläre den Begriff „Mehrwert".

2 Dir sind folgende Fertigungsstufen bekannt. Berechne die Mehrwertsteuer.
• Rohstoffe: 400,00 € netto;
• Halbfabrikation: 1.000,00 € netto;
• Fertigfabrikation: 1.800,00 € netto;
• Händler: 2.300,00 € netto.

3 Erstelle zu Aufgabe 2 ein Plakat, auf dem du die Berechnung der Mehrwertsteuer genau erklärst.

4 Wofür erhebt der deutsche Staat eigentlich Steuern? Recherchiere im Internet die Ausgaben des Staates.

5 Erläutere, wieso die Umsatzsteuer oft auch Mehrwertsteuer genannt wird.

6 Erkläre anhand eines selbst gewählten Beispiels, was ein durchlaufender Posten für Unternehmen ist.

6.9 Zahllast

Umsatzsteuerbetrag größer als Vorsteuerbetrag: Überweisung des Differenzbetrages vom Unternehmen an das Finanzamt (**Zahllast**).

Umsatzsteuerbetrag kleiner als Vorsteuerbetrag: Überweisung des Differenzbetrages vom Finanzamt an das Unternehmen (**Vorsteuerüberhang**).

Ermittlung der Zahllast

Azubi Julia sammelt die Belege des ablaufenden Monats für den Steuerberater, Herrn Wagner. Dieser muss die ▷ **Zahllast** ermitteln. Er hat Julia mitgeteilt, dass er alle Eingangsrechnungen und alle Ausgangsrechnungen benötigt. Julia überreicht Herrn Wagner einen dicken Stapel und fragt interessiert nach, was damit jetzt passieren wird und was eine Zahllast ist.

Herr Wagner erklärt ihr: „Ihr habt bei den Eingangsrechnungen selbst Umsatzsteuer (Vorsteuer) bezahlt und bei den Ausgangsrechnungen Umsatzsteuer erhalten. Diese beiden Steuern verrechne ich nun miteinander. Falls ihr mehr Umsatzsteuer bekommen habt, als ihr Vorsteuer bezahlt habt, müsst ihr dem Finanzamt die Differenz mitteilen und den Differenzbetrag überweisen. Der Differenzbetrag, der ans Finanzamt geht, heißt Zahllast."

Am nächsten Tag hat Herr Wagner folgende Werte ermittelt:

iMo hat Werkstoffe eingekauft. Bei jedem Einkauf hat die Firma Steuer (Vorsteuer) bezahlt.

iMo hat aus den eingekauften Werkstoffen Fertigerzeugnisse (Roller) produziert. Bei jedem Verkauf hat die Firma zusätzlich zum Verkaufspreis noch Umsatzsteuer erhalten.

S	2600 VORST (in EUR)	H
1) 4400 VE	170.000,00	
2) 2800 BK	50.000,00	
3) 2880 KA	200,00	
4) 4400 VE	20.000,00	
5) 2800 BK	10.500,00	

S	4800 UST (in EUR)	H
		6) 4400 VE 250.000,00
		7) 2800 BK 15.300,00
		8) 2880 KA 55.700,00
		9) 4400 VE 120.400,00
		10) 2800 BK 77.300,00

Summe: 250.700,00 €

Summe: 518.700,00 €

Differenz: 268.000,00 €;
iMo muss 268.000 € an das Finanzamt überweisen.

	Rohstofflieferant	Produktion Roller iMo	Einzelhändler „Mobiles"
Nettopreis	300,00 €	2.000,00 €	2.900,00 €
+ Steuer	57,00 €	380,00 €	551,00 €
Bruttopreis	357,00 €	2.380,00 €	3.451,00 €
Steuer bezahlt	0,00 €	57,00 €	380,00 €
Steuer erhalten	57,00 €	380,00 €	551,00 €
Zahllast	57,00 €	323,00 €	171,00 €

1 Zahllast, die bei der Produktion und dem Verkauf eines Rollers entsteht

- Die Zahllast ist die Differenz zwischen Umsatzsteuer und Vorsteuer.
- Ist die Umsatzsteuer höher als die Vorsteuer, ergibt sich eine Verbindlichkeit gegenüber dem Finanzamt, im umgekehrten Fall eine Forderung.

Buchhalterische Erfassung
Schritt 1: Berechnung

Im Konto 2600 VORST wird die Steuer beim Einkauf erfasst.

Im Konto 4800 UST wird die Steuer beim Verkauf erfasst.

S	2600 VORST (in EUR)		H
1) 4400 VE	170.000,00		
2) 2800 BK	50.000,00		
3) 2880 KA	200,00		
4) 4400 VE	20.000,00		
5) 2800 BK	10.500,00		
	250.700,00		

S	4800 UST (in EUR)		H
		6) 4400 VE	250.000,00
		7) 2800 BK	15.300,00
		8) 2880 KA	55.700,00
		9) 4400 VE	120.400,00
		10) 2800 BK	77.300,00
			518.700,00

Berechnung
Summe der Umsatzsteuer (Verbindlichkeiten gegenüber dem Finanzamt): 518.700,00 €
– Summe der Vorsteuer (Forderung gegenüber dem Finanzamt) 250.700,00 €
= (Umsatzsteuer-)Zahllast gegenüber dem Finanzamt 268.000,00 €

Schritt 2: Abschluss des Kontos 2600 VORST: Ermittlung der Umsatzsteuerzahllast

S	2600 VORST (in EUR)		H
1) 4400 VE	170.000,00	4800 UST	250.700,00
2) 2800 BK	50.000,00		
3) 2880 KA	200,00		
4) 4400 VE	20.000,00		
5) 2880 BK	10.500,00		
	250.700,00		250.700,00

Buchungssatz:

| 4800 UST | an | 2600 VORST | 250.700,00 € |

Das Konto 2600 VORST wird stets über das Konto 4800 UST abgeschlossen.

Schritt 3: Abschluss des Kontos 4800 UST: Überweisung der Zahllast an das Finanzamt

S	4800 UST (in EUR)		H
2600 VORST	250.700,00	6) 4400 VE	250.000,00
2800 BK	268.000,00	7) 2800 BK	15.300,00
		8) 2880 KA	55.700,00
		9) 4400 VE	120.400,00
		10) 2800 BK	77.300,00
	518.700,00		518.700,00

Buchungssatz:

| 4800 UST | an | 2800 BK | 268.000,00 € |

Der Differenzbetrag im Konto 4800 UST wird monatlich an das Finanzamt überwiesen.

---

1 Berechne für folgende Fälle die Zahllast bzw. die Rückerstattung durch das Finanzamt.

a) Vorsteuer: 51.200,00 €, Umsatzsteuer: 88.700,00 €.
b) Vorsteuer: 63.200,00 €, Umsatzsteuer: 44.400,00 €.

2 Bilde die Buchungssätze für die Ermittlung der Zahllast und die Überweisung an das Finanzamt für Aufgabe 2 a).

Kompetent in ...

1 a) Bilde die Buchungssätze zu folgenden Geschäftsfällen.
  a) Einkauf von Aluminium für netto 8.000,00 € auf Ziel.
  b) Zielverkauf von vier E-Rollern für brutto 7.378,00 €.
  c) Ausgangsrechnung für zwei E-Quads, netto 7.300,00 €.
  d) Zielkauf von Schrauben, brutto 1.785,00 €.

b) Erstelle das Konto 2600 VORST, in dem in diesem Monat bereits ein Betrag von 4.500,00 € steht. Trage die Buchungen aus Aufgabe a), die das Konto 2600 VORST betreffen, ein.

c) Erstelle das Konto 4800 UST, in dem in diesem Monat bereits ein Betrag von 2.200,00 € enthalten ist. Trage die Buchungen aus Aufgabe a), die das Konto 4800 UST betreffen, ein.

d) Schließe das Konto 2600 VORST aus Aufgabe b) ab. Beachte dabei das Konto 4800 UST aus Aufgabe c).

e) Erstelle für den Abschluss des Kontos VORST aus Aufgabe d) den Buchungssatz.

f) Schließe nun das Konto 4800 UST aus Aufgabe c) unter Berücksichtigung des Eintrags aus d) ab.

g) Bilde den Buchungssatz für den Kontoabschluss aus Aufgabe f).

h) Ermittle die Zahllast aus den Aufgaben a) – g) rechnerisch.

2 Zu Beginn ihrer Geschäftstätigkeit hatte die Firma iMo im Monat Mai Vorsteuer in Höhe von 33.200,00 € bezahlt. An Umsatzsteuer hatte iMo 22.300,00 € erhalten. Erkläre iMos weiteres Vorgehen.

3 Erstelle für dich eine Zusammenfassung zum Thema „Zahllast". Tausche diese dann mit deinem Banknachbarn aus und diskutiert darüber.

4 Bilde den Buchungssatz zu Beleg 1.

5 Es liegen dir folgende Einträge in den Konten 2600 VORST und 4800 UST vor.

S	2600 VORST (in EUR)		H
1) 4400 VE	10.734,62		
2) 2800 BK	883,69		

S	4800 UST (in EUR)		H
		3) 2400 FO	14.693,65
		4) 2880 KA	280,82

a) Übertrage die beiden Konten in dein Heft.
b) Ermittle rechnerisch die Zahllast.
c) Schließe das Konto 2600 VORST ordnungsgemäß ab.
d) Schließe nun das Konto 4800 UST ab.
e) Bilde den Buchungssatz für den Kontenabschluss aus c).
f) Bilde den Buchungssatz für die Überweisung der Zahllast an das Finanzamt.

[1] Kontoauszug

Kompetent

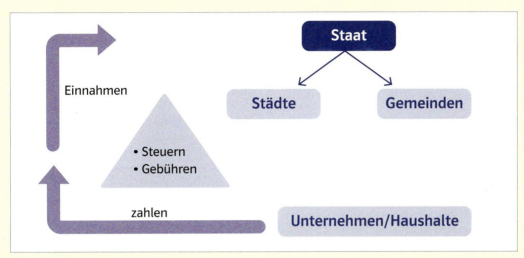

2 Abgaben an den Staat

3 Zahllast

Jetzt kann ich ...
- begründen, warum es staatliche Regulierungen in den Bereichen Arbeit, Umwelt und Wettbewerb gibt.
- die Bedeutung von Subventionen für die Wirtschaft kritisch beurteilen.
- erklären, wofür der Staat Steuern als Einnahmequelle benötigt.
- beurteilen, warum Steuern die Wettbewerbsfähigkeit von Unternehmen in Deutschland beeinflussen.
- betriebliche Steuern und Gebühren im Betrieb korrekt erfassen.
- erklären, wie die Gewerbesteuer berechnet wird.
- beschreiben, was die Umsatzsteuer ist, und wie sie aus dem Mehrwert berechnet wird.
- erklären, wie die Zahllast berechnet, gebucht und an das Finanzamt weitergeleitet wird.

Projekt: Betriebserkundung

**Wie arbeiten Unternehmen?
Wie läuft der Fertigungsprozess ab?
Was wird produziert?
Wie sind die Arbeitsbedingungen?
Welche Aufstiegschancen haben Arbeitnehmer?**

Diese Fragen sind nicht so einfach in der Schule zu beantworten. Denn viele Dinge erschließen sich erst, wenn man vor Ort in einem Unternehmen ist. Deshalb haben sich Betriebserkundungen bewährt. Darunter versteht man keine Betriebsbesichtigung, sondern eine Methode, die euch im Vorfeld, beim Besuch des Unternehmens und auch im Nachhinein fordert. Jede Betriebserkundung besteht aus unterschiedlichen Phasen:

1. Vorbereitung
Zur Vorbereitung einer Betriebserkundung klärt ihr folgende Fragen:
- Wollt ihr einen Handwerks- oder einen Industriebetrieb erkunden?
- Welche Betriebe gibt es vor Ort bzw. könnt ihr erreichen?

Beschaffung	• Woher stammen die Rohstoffe? • Weshalb wurde ein bestimmter Zulieferer ausgewählt? • Wer ist für die Bestellung zuständig? • Wird eher selten und in großen Mengen oder häufig und in kleinen Mengen bestellt?
Produktion	• Wie läuft die Produktion ab? • In welchen Berufen/zu welchen Arbeitszeiten arbeiten die Beschäftigten? • Gibt es besondere Sicherheitsmaßnahmen? • Was gestaltet sich bei der Produktion besonders schwierig? • Wie viel musste für die Produktionsanlagen investiert werden?
Absatz	• Wer sind die Kunden? • Wie gelangt das Produkt zum Kunden? • Wer ist für den Absatz zuständig? • Wer sind die Konkurrenten? • Was zeichnet das Unternehmen X im Vergleich zum Unternehmen Y aus?

1 Fragen zum Betriebsablauf

- Was stellen die jeweiligen Betriebe her? Informiert euch darüber im Internet.
- Entscheidet euch für einen Erkundungsbetrieb. Erstellt hierfür eine Rangliste.
- Sucht Kontaktdaten der betreffenden Betriebe heraus (Internetrecherche, Befragung von Eltern, Bekannten usw.).
- Teilt Gruppen ein: Eine Gruppe bereitet ein Telefonat vor, eine Gruppe erstellt einen Kontakt- oder Dankesbrief usw.
- Kontaktiert den zuständigen Ansprechpartner/die zuständige Ansprechpartnerin (per Telefon, E-Mail oder Brief).
- Fragt nach, ob eine Erkundung in eurem Wunschbetrieb möglich ist (Rangliste).
- Recherchiert nach einer Zusage im Internet Informationen über den Betrieb. Bittet den Betrieb um Informationen (z. B. Flyer) oder um ein vorbereitendes Gespräch **2**.
- Erstellt auf Basis eures gesammelten Materials einen Erkundungsbogen für die Klasse: Worauf wollt ihr achten? Welche Fragen wollt ihr stellen? usw.
- Vereinbart in Abstimmung mit der Schulleitung einen Termin (Datum, Uhrzeit, Ort, Treffpunkt).
- Fragt, ob es erlaubt ist, zu protokollieren und Fotos im Betrieb aufzunehmen.
- Achtet auf nötige Einverständniserklärungen (z. B. bei Fotos).
- Überlegt, wie ihr im Anschluss an die Erkundung die Auswertung durchführt.

2. Durchführung
- Seid pünktlich und meldet euch beim Betrieb an, z. B. beim Pförtner.
- Begrüßt den Ansprechpartner/die Ansprechpartnerin höflich. Passt beim Einführungsgespräch im Vorfeld auf. Achtet auf die gegebenen Sicherheitshinweise.
- Stellt bei Bedarf Fragen.
- Macht, falls gestattet, Fotos.
- Lasst euch die einzelnen Produktionsschritte vom Ansprechpartner/von der

Projekt

Realschule an der Donau
Klasse 8a
Am Donauufer 7, 85049 Ingolstadt

Firma iMo – Intelligent Motion e. Kfr.
Frau Ayleen Muth
Rechlinger Straße 44
85077 Manching

Geplante Betriebserkundung in Ihrem Hause

Sehr geehrte Frau Muth, 20.09.20..
zunächst möchten wir uns recht herzlich bei Ihnen für das nette Telefonat bedanken. Es freut uns sehr, dass Sie es uns ermöglichen, in Ihrem Hause eine Betriebserkundung durchzuführen.
Wir sind sehr daran interessiert, die Arbeitsabläufe in Ihrem Unternehmen kennenzulernen und einen Einblick in die Organisation zu erhalten. Viele ehemalige Schülerinnen und Schüler unserer Schule absolvieren bei Ihnen eine Ausbildung oder sind bereits seit Längerem bei Ihnen tätig. Daher hoffen wir, dass wir im Rahmen der Erkundung ein wirklichkeitsgetreues Bild von den Anforderungsprofilen erhalten. Dadurch könnten wir bereits jetzt die nötigen Kriterien im Blick behalten, um zukünftig für den Arbeitsmarkt gut gewappnet zu sein. Optimal wäre es, wenn uns eine Mitarbeiterin oder ein Mitarbeiter Ihres Unternehmens im Vorfeld der Betriebserkundung Informationen über Ihr Unternehmen geben bzw. uns bereits einige Fragen beantworten könnte. Diesbezüglich würden wir uns gerne noch mit Ihnen in Verbindung setzen, damit wir einen möglichen Termin vereinbaren können.
Wir bedanken uns im Voraus für Ihre Mühe!
Mit freundlichen Grüßen   Klasse 8a der Realschule an der Donau

2 Brief an den Erkundungsbetrieb

Ansprechpartnerin oder von den Arbeitnehmern erklären.
- Fragt bei unbekannten Wörtern oder, falls ihr etwas nicht versteht, nach.
- Macht euch Notizen.

3. Nachbereitung
- Stellt eure Ergebnisse zusammen: Was habt ihr vom Ansprechpartner/von der Ansprechpartnerin bzw. von den Arbeitnehmern erfahren?
- Analysiert die Aussagen.
- Überlegt, wie ihr die Aussagen, eure Notizen und eure Fotos auswertet (z. B. Plakat, Präsentation o. Ä.).
- Erstellt eine Präsentation.

- Stellt die Präsentation z. B. im Klassenzimmer oder in der Aula euren Mitschülerinnen und Mitschülern zur Verfügung. Ihr könnt auch in anderen Klassen von euren Ergebnissen berichten.

4. Auswertung
- Wie zufrieden seid ihr mit eurer Betriebserkundung? Bewertet hierbei eure Vorbereitung, eure Aktivitäten während der Durchführung und eure Ergebnissammlung am Ende.
- Erstellt hierfür einen Auswertungsbogen **3**.
- Was würdet ihr künftig anders machen?

183

Projekt: Betriebserkundung

Auswertungsbogen für die Schülerinnen und Schüler

Betriebserkundung am: _____

Im Unternehmen: _____

Wie zufrieden bist du mit der Betriebserkundung?

	sehr zufrieden			sehr unzufrieden		
	1	2	3	4	5	6
Wurden die Arbeitsabläufe/Maschinen/ Dienstleistungen klar dargestellt?						
Konntest du deine Fragen klären?						
Wurden die Anforderungen verständlich dargelegt?						
Wurde von Herrn/ Frau _____ die Erkundung gut durchgeführt?						
War genügend Zeit zur Durchführung deiner Arbeitsaufträge?						
War der Gesprächspartner/die Gesprächspartnerin flexibel und hilfsbereit?						
Wurden deine Erwartungen erfüllt?						
Falls nein, warum nicht?						
Wie hat dir die Arbeitsatmosphäre im Unternehmen gefallen?						

Ich könnte mir vorstellen, in diesem Unternehmen zu arbeiten: ☐ Ja ☐ Nein
Begründung:

_____

Das hat mir an der Betriebserkundung besonders gut gefallen:

_____

Ich habe folgende Verbesserungsvorschläge:

_____

3 Auswertungsbogen

Lexikon

„Ab Werk"
Der Käufer ist für den Transport zuständig.

Betriebsmittel
Gegenstände, die iMo besitzt, z. B. Möbel, Maschinen, Fahrzeuge.

Bonus
Nachträglicher Preisnachlass, der z. B. vom Hersteller dem Kunden gewährt wird. Bei der Berichtigungsbuchung ist auch die Umsatzsteuer zu korrigieren.

Distribution
Zustellung von Waren an den Empfänger

Distributionsgrad
Gibt an, wie verbreitet ein Produkt im Markt ist und wie gut es für die Kunden erhältlich ist. Je höher der Grad, desto mehr Möglichkeiten bestehen für Endverbraucher, ein Produkt zu erwerben.

Franchising
Vertriebsform, bei der Unternehmen das Geschäftskonzept eines anderen Unternehmens gegen Gebühr nutzen.

„Frei Haus"
Der Verkäufer trägt die Kosten des Versands.

Gebühren
finanzieller Beitrag eines Verursachers mit entsprechender Gegenleistung

Influencer
(Englisch: Beeinflusser); Person in Social-Media-Kanälen, die aufgrund ihrer Bekanntheit oder ihrer Sachkompetenz einen großen Einfluss auf bestimmte Zielgruppen hat.

Istzustand
Aktuelle Lage im Unternehmen z. B. Zahlen in der GuV und Bilanz.

Kalkulation des Herstellers
Der Kunde berechnet Preisnachlässe ausgehend vom ihm bekannten Listenpreis. Dies muss der Verkäufer in der Kalkulation der Verkaufspreise berücksichtigen.

Kalkulation des Kunden
Der Kunde kennt in der Regel den Listenpreis sowie Skonto und möglichen Rabatt aufgrund der Zahlungs- und Lieferbedingungen.

Kartell
Aufeinander abgestimmte Verhaltensweisen von Unternehmen mit dem Ziel, den freien Wettbewerb zu ihren Gunsten einzuschränken oder zu verhindern.

Kontenplan
Unternehmensspezifisch zugeschnittener Kontenrahmen.

Kundenbedürfnis
Wunsch eines Käufers nach einem Produkt oder einer bestimmten Produkteigenschaft.

Markenimage
Vorstellung/Empfinden der Kunden einer Marke oder eines Produkts.

Marktanteil
Absatz-/Umsatzanteil eines Unternehmens in Stück oder Prozent im Verhältnis zu allen Anbietern des gleichen Produkts.

Marktvolumen
Menge, die in einem bestimmten Markt, z. B. alle Hersteller von Motorrollern, insgesamt innerhalb eines bestimmten Zeitraums verkauft werden kann.

Preisdifferenzierung
Unterschiedliche Preise für die gleiche Leistung. Schüler z. B. zahlen für manche Leistungen weniger.

Produktionskosten
Alle Kosten, die bei der Herstellung eines Produkts entstehen.

Public Relations (PR)
Auftritt eines Unternehmens gegenüber der Öffentlichkeit.

Schlussbilanzkonto
Auf der Sollseite werden die Schlussbestände der aktiven Bestandskonten, auf der Habenseite die Schlussbestände der passiven Bestandskonten gebucht. Das Schlussbilanzkonto muss immer ausgeglichen sein.

Selbstkostenpreis
Alle unmittelbar bei der Fertigung entstehenden Aufwendungen.

Skonto
Nachträglicher Preisnachlass, den ein Lieferant gewährt, wenn ein Kunde die Rechnung innerhalb einer kurzen Frist begleicht.

Sollzustand
Zukünftige gewünschte Situation im Unternehmen, z. B. Steigerung des Bekanntheitsgrades.

Sponsoring
Förderung von Personen(-gruppen) oder Veranstaltungen durch Geld- oder Sachleistungen, z. B. Ausstattung einer Fußballmannschaft mit Trikots und dem unternehmenseigenen Logo.

Subvention
Verteilung öffentlicher Gelder an Unternehmen oder Wirtschaftszweige ohne Gegenleistung.

Vorwärtskalkulation
Die Nachlässe für die Kunden werden bei der Vorwärtskalkulation vom verminderten Grundwert aus berechnet. Der Käufer weiß zwar, dass diese Größen einkalkuliert werden, die genauen Zahlen kennt er jedoch nicht. Dies lässt Spielraum für beide Parteien, die Preise zu verhandeln.

Zahllast
Finanzielle Verpflichtung eines Unternehmens gegenüber dem Finanzamt, die dann entsteht, wenn der Betrag der tatsächlichen Umsatzsteuer die Höhe der bereits abgeführten Vorsteuer übersteigt.

Zielgruppe
Personengruppe, die ein Unternehmen durch Marketingmaßnahmen erreichen will.

Register

A
Absatzplan 32, 68
Abschlussgliederungsprinzip 11
AIDA-Formel 85, 95
Akkordlohn 140 f., 159
Angebotskalkulation 98 ff., 104
Arbeitsformen 134 ff., 159
Arbeitskosten 155, 157
Arbeitszeitgesetz 162 f.
Aufbewahrungsfristen 28
Aufstellungsgrundsatz 20, 28
Aufwandskonto 11, 20, 29, 46 f., 53, 62, 85, 109 f., 112, 168 f.
Ausgangsrechnung 104 ff., 112, 118 ff.

B
Bareinkaufspreis 39, 42, 68
Barverkaufspreis 99 ff., 125
Befristetes Arbeitsverhältnis 128, 134 f.
Beschaffungsplanung 32 f., 68
Bestandskonten 11, 14 ff., 21 f., 28 f., 62 f., 106, 119, 153
Bestandsveränderungen 62 f., 69
Bestellkosten 33
Bestellmenge, optimale 32 f., 68
Beteiligungslohn 141, 159
Betriebliche Sozialleistungen, freiwillige 144 f., 154
Betriebsmittel 62
Bewertungsmatrix 130 ff., 159
Bezugskosten 39, 46 f., 58 f.
Bilanzanalyse 24 f.
Bilanzierungspflicht 28
Bonus 77, 80, 91, 102, 116
Bruttoentgelt 146 f.
Buchführungspflicht 10, 28
Buchungskreislauf 14, 28
Bundesimmissionsschutzgesetz 164
Bundesurlaubsgesetz 163

C
Content-Marketing 94

D
Differenzkalkulation 102 f., 125
Digitalisierung der Arbeitswelt 136 f., 139
Direkter Vertrieb 88 f., 95
Distributionsgrad 90 f.
Distributionspolitik 88 ff.
Durchlaufender Posten 177

E
Eigenkapitalvergleich 25
Einkaufskalkulation 38 ff., 68
Einstandspreis 39, 42, 68
Einzelhändler 89 ff., 176 f.
Eiserner Bestand, eiserne Reserve 33
Erfolgskonten 11, 14, 20 f., 28 f.
Erfolgsrechnung 108 f., 125
Eröffnungsbilanz 14 f., 23, 28, 62
Ertragskonto 11, 20, 29, 106

F
Fertigungsplan 32, 34
Franchising 90, 95

G
Gebühren 81 f., 90, 172 f., 181
Gehalt 89, 100, 140 ff., 159
Gender Pay Gap 143
Geringfügige Beschäftigung 134, 159
Gesetz gegen den unlauteren Wettbewerb 165
Gesetz gegen Wettbewerbsbeschränkungen 165
Gewerbesteuer 168 ff.
Gewerbesteuerhebesatz 170 f.
Gewinn- und Verlustrechnung 11, 24, 28, 73, 109
Gewinnermittlung beim Verkauf 99 ff.
Gewinnsteigerung 72 f.
Gleitzeit 138, 159
Grundsteuer 169, 172
Gütesiegel 45
Gutschrift 50 ff., 68, 114 ff., 119 ff.

H
Handelsvertreter 90 f., 95
Homeoffice 136, 139, 158 f.

I
Indirekter Vertrieb 90 f., 95
Industriekontenrahmen 10 ff.
Inventar 14, 28
Inventur 14, 23, 62 f.
Istzustand 72

J
Jobsharing 139, 159
Just-in-time-Produktion 34 f., 62

K
Kartell 165
Kauftrichter 74
Kinderfreibetrag 148
Kirchensteuer 149
„Kohlepfennig" 167
Kontenabschluss 14, 20 ff., 28 f., 58 f., 62 f., 69, 179
Kontenart 12
Konteneröffnung 14 f., 22, 28
Kontengruppe 12
Kontenklasse 11 f., 168 f.
Kontennummer 12
Kontenplan 10 ff., 153, 168
Korrekturbuchung 51, 68, 114 ff., 119, 121
Kosteneinsparung 72 f., 76, 78
Kraftfahrzeugsteuer 169, 172
Kreislaufwirtschafts- und Abfallgesetz 164
Kundenbindung 74 ff., 94
Kundenrabatt 99 ff., 125
Kundenkonto 99 ff., 118 f., 125

L
Lagerhaltung 33 f., 68, 91
Lagerkosten 33 f.
Lagerrisiko 33
Laufende Buchungen 14, 16 f., 28
Lebenslauf 131 ff.
Leihverpackung 113 ff., 120 f.
Leistungslohn 140, 159
Lieferbedingungen 37, 45, 77, 98, 104 f., 112

Liefererskonto 36 ff.
Listeneinkaufspreis 38, 42, 68
Listenverkaufspreis 80, 99 ff., 125
Lohn 100, 140 ff., 159
Lohn-/Gehaltsabrechnung 146 f., 152 f.
Lohn-/Gehaltsgruppe 142 f.
Lohn-/Gehaltsliste 152
Lohnabrechnung 146 f., 150 ff.
Lohnsteuer 149
Lohnsteuerabzugsmerkmale 148
Lohnsteuerklasse 148 f.

M
„Magisches Dreieck" der Preisbildung 80
Mängelrüge 52, 68, 116 f.
Markenimage 74 ff.
Marketing 72 ff.
Marketinginstrumente 7, 77 f., 94
Marketingmix 77 f., 84, 95
Marketingziele 72 ff., 95
Marktanteil 72 f., 79, 81, 92, 95
Mehrverbrauch 63, 69
Mehrwert 176 f.
Mehrwertsteuer 168, 175 ff., 181
Minderverbrauch 63, 69
Mindestlohngesetz 163
Mobiles Büro 137, 159

N
Nachhaltigkeit 7, 44, 68, 75 f.
Nettoentgelt 146 f.
Normalarbeitsverhältnis 134 f., 159

P
Penetrationsstrategie 81, 95
Personalbeschaffung 128 ff., 159
Personalzusatzkosten 154 f.
Portfolioanalyse 79, 95
Prämienlohn 140 f., 159
Preis-Leistungs-Verhältnis 75, 80 f.
Preisdifferenzierung 82 f., 95
Preisnachlass 36, 52 ff., 59, 80, 99, 102, 116 f.

Register

Preisstrategien 80 ff.
Produktlebenszyklus 78, 95
Produktpolitik 77 ff., 95
Provision 89 ff.
Public Relations 77, 86, 95

R

Rabatt 33, 38 f., 42, 52, 73, 77, 80, 82 f., 91, 98 ff., 116, 125, 144
Rechnungskreis 12
Rechnungsnummer 105
Regulierung, staatliche 162 ff.
Reisekosten 89, 91
Rücksendung 50 f., 53, 59, 68, 117, 120 f.
Rücksendung, Buchung 114 f., 121
Rückwärtskalkulation 42

S

Saisonrabatt 33
Schichtarbeit 138
Schlussbilanz 14, 21 ff., 28
Schlussbilanzkonto 22, 25, 62
Schulkontenplan 10 ff.
Schwellenpreis 83
Selbstkostenpreis 99 ff., 125
Skimmingstrategie 81, 95
Skonto 36 ff., 54 f., 58 f., 68, 73, 77, 80, 91, 98 ff., 116, 118 ff., 125
Sofortrabatt 52, 106, 116
Solidaritätszuschlag 149
Sollzustand 72
Soziale Marktwirtschaft 165
Sozialversicherung, Arbeitgeberanteil 153
Sozialversicherung, Arbeitnehmeranteil 153
Sozialversicherungsbeiträge 146 ff., 154
Sponsoring 77, 87, 95
Steuerabzüge 146 ff.
Steuernummer 105
Stornobuchung 51, 68
Subventionen 166 ff.

T

Teilzeitbeschäftigung 134 f., 139, 143 f.

U

Umsatzerlöse 24, 73, 106 f., 112 f., 117 f.
Umsatzsteigerung 72 f., 76, 94
Umsatzsteuer 104, 106, 113 ff., 118 ff., 168, 172 ff., 181
Umweltschutz 44, 145, 164 f.
Unbefristetes Arbeitsverhältnis 128, 134 f.
Unternehmenssteuern 168 ff.

V

Verkaufskalkulation 98 ff.
Verpackungsmaterial 110 f.
Versandkosten 112 f.
Versandmaterial 110 f.
Vertragshändler 90, 95
Vertrauensarbeitszeit 139, 159
Vertriebsweg 88 ff., 95
Vollzeitbeschäftigung 134 f., 138 f., 143, 159
Vorsteuerüberhang 179
Vorwärtskalkulation 101, 125

W

Werbemittel 84 f., 87
Werbeträger 84
Werbung 76 f., 84 f., 93 ff.
Werkstoffe 32 ff.
Wettbewerbsfähigkeit 88, 145, 154, 164 f.

Z

Zahllast 178 f., 181
Zahlungsbedingungen 36 f., 45, 77, 80, 104 f., 118, 120
Zeitarbeit 128, 133 f., 159
Zeitlohn 140, 159
Zielbeziehungen 76, 95
Zieleinkaufspreis 38 f., 42, 68
Zielgruppe 74, 84, 87, 94
Zielkonflikte 76
Zielverkaufspreis 99 ff., 125
Zweikreissystem 12

Abkürzungen

AG-Anteil
Arbeitgeber-Anteil

ArbZG
Arbeitszeitgesetz

BDI
Bundesverband der Deutschen Industrie

BEP
Bareinkaufspreis

BSk
Bruttoskonto

BurlG
Bundesurlaubsgesetz

BZK
Bezugskosten

ELStAM
Elektronische Lohnsteuerabzugsmerkmale

EP
Einstandspreis

GuV
Gewinn- und Verlustrechnung

HGB
Handelsgesetzbuch

IEA
Internationale Energieagentur

IKR
Industriekontenrahmen

JIS
Just-in-sequence-Verfahren

JIT
Just-in-time-Verfahren

KrWG
Kreislaufwirtschafts- und Abfallgesetz

LB
Lohnbuchung

LEP
Listeneinkaufspreis

LR
Liefererrabatt

LS
Liefererskonto

LVP
Listenverkaufspreis

MiLoG
Mindestlohngesetz

MwSt.
Mehrwertsteuer

NSk
Nettoskonto

PR
Public Relations

RB
Rechnungsbetrag

SV
Sozialversicherung

ÜB
Überweisungsbetrag

UCo
Umsatzsteuercode

USt
Umsatzsteuer

UStG
Umsatzsteuergesetz

USt-IdNr.
Umsatzsteueridentifikationsnummer

UWG
Gesetz gegen den unlauteren Wettbewerb

ZEP
Zieleinkaufspreis

Kontenplan

Aktive Bestandskonten

Kontenklasse 0 Sachanlagen
05 Grundstücke und Bauten
- **0500 GR** Grundstücke
- **0530 BVG** Betriebs- und Verwaltungsgebäude

07 Technische Anlagen und Maschinen
- **0700 MA** Maschinen und Anlagen

08 Betriebs- und Geschäftsausstattung
- **0840 FP** Fuhrpark
- **0860 BM** Büromaschinen
- **0870 BGA** Büromöbel und Geschäftsausstattung
- **0890 GWG** Geringwertige Wirtschaftsgüter

Kontenklasse 1 Finanzanlagen
15 Wertpapiere des Anlagevermögens
- **1500 WP** Wertpapiere des Anlagevermögens

Kontenklasse 2 Umlaufvermögen und ARA
20 Roh-, Hilfs-, Betriebsstoffe, Fremdbauteile
- **2000 R** Rohstoffe (Fertigungsmaterial)
- **2010 F** Fremdbauteile
- **2020 H** Hilfsstoffe
- **2030 B** Betriebsstoffe

24 Forderungen aus Lieferungen und Leistungen
- **2400 FO** Forderungen aus Lieferungen und Leistungen
- **2470 ZWFO** Zweifelhafte Forderungen

26 Sonstige Vermögensgegenstände
- **2600 VORST** Vorsteuer

28 Flüssige Mittel
- **2800 BK** Bank (Kontokorrentkonto)
- **2880 KA** Kasse

29 Aktive Rechnungsabgrenzung
- **2900 ARA** Aktive Rechnungsabgrenzung

Passive Bestandskonten

Kontenklasse 3 Eigenkapital und Rückstellungen
30 Eigenkapital
- **3000 EK** Eigenkapital
- **3001 P** Privatkonto

36 Wertberichtigungen
- **3670 EWB** Einzelwertberichtigung
- **3680 PWB** Pauschalwertberichtigung

39 Sonstige Rückstellungen
- **3900 RST** Rückstellungen

Kontenklasse 4 Verbindlichkeiten und PRA
42 Verbindlichkeiten bei Kreditinstituten
- **4200 KBKV** Kurzfristige Bankverbindlichkeiten (bis zu einem Jahr)
- **4250 LBKV** Langfristige Bankenverbindlichkeiten

44 Verbindlichkeiten aus Lieferungen und Leistungen
- **4400 VE** Verbindlichkeiten aus LL

48 Sonstige Verbindlichkeiten
- **4800 UST** Umsatzsteuer
- **4830 VFA** Sonst. Steuerverbindlichkeiten
- **4840 VSV** Verbindlichkeiten gegenüber Sozialversicherungsträgern

49 Passive Rechnungsabgrenzung
- **4900 PRA** Passive Rechnungsabgrenzung

Ertragskonten

Kontenklasse 5 Erträge
50 Umsatzerlöse für eigene Erzeugnisse
- * **5000 UEFE** Umsatzerlöse für eigene Erzeugnisse
- **5001 EBFE** Erlösberichtigungen

54 Sonstige betriebliche Erträge
- **5400 EMP** Erlöse aus Vermietung und Verpachtung
- * **5430 ASBE** Andere sonst. betriebl. Erträge
- **5490 PFE** Periodenfremde Erträge
- **5495 EFO** Erträge aus abgeschriebenen Forderungen

56 Erträge aus anderen Wertpapieren
- **5650 EAWP** Erträge aus dem Abgang von Wertpapieren des Anlagevermögens

57 Zinsen und ähnliche Erträge
- **5710 ZE** Zinserträge
- **5780 DDE** Dividendenerträge

Aufwandskonten

Kontenklasse 6 Betriebliche Aufwendungen
60 Aufwendungen für Roh-, Hilfs-, Betriebsstoffe und Fremdbauteile
- * **6000 AWR** Aufwendungen für Rohstoffe
- **6001 BZKR** Bezugskosten für Rohstoffe
- **6002 NR** Nachlässe für Rohstoffe
- * **6010 AWF** Aufwendungen für Fremdbauteile
- **6011 BZKF** Bezugskosten für Fremdbauteile
- **6012 NF** Nachlässe für Fremdbauteile
- * **6020 AWH** Aufwendungen für Hilfsstoffe
- **6021 BZKH** Bezugskosten für Hilfsstoffe
- **6022 NH** Nachlässe für Hilfsstoffe
- * **6030 AWB** Aufwendungen für Betriebsstoffe
- **6031 BZKB** Bezugskosten für Betriebsstoffe
- **6032 NB** Nachlässe für Betriebsstoffe
- * **6040 AWVM** Aufwendungen für Verpackungsmaterial

61 Aufwendungen für bezogene Leistungen
- * **6140 AFR** Ausgangsfrachten
- * **6160 FRI** Fremdinstandhaltung

62 Löhne und Gehälter
   6200 LG   Löhne und Gehälter
64 Soziale Abgaben
   ***6400 AGASV** Arbeitgeberanteil zur Sozialversicherung
65 Abschreibungen
   ***6520 ABSA** Abschr. auf Sachanlagen
   ***6540 ABGWG** Abschreibungen auf GWG
67 Aufwendungen für die Inanspruchnahme von Rechten und Diensten
   ***6700 AWMP** Mieten, Pachten
   ***6730 GEB** Gebühren
   ***6750 KGV** Kosten des Geldverkehrs
   ***6760 PROV** Provisionen
   ***6770 RBK** Rechts- und Beratungskosten
68 Aufwendungen für Kommunikation
   ***6800 BMK** Büromaterial und Kleingüter
   ***6820 KOM** Kommunikationsgebühren
   ***6850 REK** Reisekosten
   ***6870 WER** Werbung
69 Sonstige Aufwendungen
   ***6900 VBEI** Versicherungsbeiträge
   6950 ABFO Abschreibungen auf Forderungen
   6990 PFAW Periodenfremde Aufwendungen

Kontenklasse 7 Weitere Aufwendungen
70 Betriebliche Steuern
   ***7000 GWST** Gewerbesteuer
   ***7020 GRST** Grundsteuer
   ***7030 KFZST** Kraftfahrzeugsteuer
74 Verluste aus Finanzanlagen
   7460 VAWP Verluste aus Wertpapieren des Anlagevermögens
75 Zinsen
   ***7510 ZAW** Zinsaufwendungen

Konten für die Ergebnisrechnung

Kontenklasse 8 Ergebnisrechnungen
   8010 SBK Schlussbilanzkonto
   8020 GUV Gewinn- und Verlustkonto

Kontenklasse 9 Kosten- und Leistungsrechnung

Bild- und Textquellennachweis

Bildquellennachweis

Umschlag Thomas Weccard Fotodesign BFF, Ludwigsburg; **7.1** ShutterStock.com RF (Daniel M Ernst), New York, NY; **7.2** Picture-Alliance (dpa-Zentralbild/euroluftbild.de), Frankfurt; **9.1** 123rf Germany, c/o Inmagine GmbH (Andriy Popov), Nidderau; **9.2** Adobe Stock (mnovelo), Dublin; **10** Pitopia (HaBe), Karlsruhe; **24** ShutterStock.com RF (Daniel M Ernst), New York, NY; **30.1** ShutterStock.com RF (Luca Lorenzelli), New York, NY; **30.2** ShutterStock.com RF (nd3000), New York, NY; **30.3** Picture-Alliance (imageBROKER), Frankfurt; **31** ShutterStock.com RF (vetkit), New York, NY; **32.1** ShutterStock.com RF (Syda Productions), New York, NY; **34.1** ShutterStock.com RF (Sergej Cash), New York, NY; **34.2** ShutterStock.com RF (Daniel M Ernst), New York, NY; **35.1** 123rf Germany, c/o Inmagine GmbH (Markus Gann), Nidderau; **35.2** 123rf Germany, c/o Inmagine GmbH (auremar), Nidderau; **36.1** 123rf Germany, c/o Inmagine GmbH (auremar), Nidderau; **42** 123rf Germany, c/o Inmagine GmbH (Antonio Guillem), Nidderau; **45.1.1** TransFair e.V. (Fairtrade Deutschland), Das Siegel für fairen Handel, Köln; **45.1.2** imago images (photothek), Berlin; **45.1.3** www.organic-farming.europa.eu; **45.1.4** RAL gemeinnützige GmbH, Bonn; **52.1** ShutterStock.com RF (Vadim Ratnikov), New York, NY; **55.2** Picture-Alliance (dpa-infografik), Frankfurt; **58.1.1** 123rf Germany, c/o Inmagine GmbH (Tomasz Wyszolmirski), Nidderau; **58.1.2** stock.adobe.com (froxx), Dublin; **58.1.3** Adobe Stock (dima90), Dublin; **58.1.4** ShutterStock.com RF (Daniel M Ernst), New York, NY; **62.1** Adobe Stock (pressmaster), Dublin; **70** Adobe Stock (Fabian), Dublin; **71.1** stock.adobe.com (pyty), Dublin; **71.2** stock.adobe.com (Trueffelpix), Dublin; **72.1** Getty Images Plus (iStock / BrianAJackson), München; **74.1** 123rf Germany, c/o Inmagine GmbH (Vadym Malyshevskyi), Nidderau; **80.1** ShutterStock.com RF (Daniel M Ernst), New York, NY; **82.1.1** 123rf Germany, c/o Inmagine GmbH (Sylvain Robin), Nidderau; **82.1.2** 123rf Germany, c/o Inmagine GmbH (serezniy), Nidderau; **82.1.3** Adobe Stock (karepa), Dublin; **82.1.4** 123rf Germany, c/o Inmagine GmbH (tribalium123), Nidderau; **82.1.5** Adobe Stock (JuergenL), Dublin; **84.1** Picture-Alliance (dpa-infografik), Frankfurt; **85.2** Alamy stock photo (Cultura RM), Abingdon, Oxon; **85.3.1** Adobe Stock (DenisProduction.com), Dublin; **85.3.2** Adobe Stock (weyo), Dublin; **87.3.1** 123rf Germany, c/o Inmagine GmbH (deusexlupus), Nidderau; **87.3.2** Alamy stock photo (Cultura RM), Abingdon, Oxon; **87.3.3** ShutterStock.com RF (stockfour), New York, NY; **88.1.1** ShutterStock.com RF (Solcan Design), New York, NY; **88.1.2** ShutterStock.com RF (Rawpixel.com), New York, NY; **90.1** ShutterStock.com RF (Iakov Filimonov), New York, NY; **92.1** Picture-Alliance (dpa-Infografik), Frankfurt; **93.3** https://de.statista.com/infografik/12073/produktwahrnehmung-auf-social-media/ - @statista_com - Quelle: BVD/Influry, Goldmedia, siehe *3; **94.1** 123rf Germany, c/o Inmagine GmbH (Ewelina Kowalska), Nidderau; **96** Picture-Alliance (Reuters / Kham), Frankfurt; **97.1** 123rf Germany, c/o Inmagine GmbH (Andriy Popov), Nidderau; **97.2** Adobe Stock (flairimages), Dublin; **97.3** ShutterStock.com RF (STILLFX), New York, NY; **98.2.1** Adobe Stock (westfotos.de), Dublin; **98.2.2** ShutterStock.com RF (Daniel M Ernst), New York, NY; **99.3** Adobe Stock (fred goldstein), Dublin; **102.2** ShutterStock.com RF (Daniel M Ernst), New York, NY; **108.1** 123rf Germany, c/o Inmagine GmbH (quka), Nidderau; **108.2** 123rf Germany, c/o Inmagine GmbH (Baloncici), Nidderau; **108.3** Alamy stock photo (Bruce Len), Abingdon, Oxon; **108.4** Alamy stock photo (AGENZIA SINTESI), Abingdon, Oxon; **108.5** ShutterStock.com RF (Pete Niesen), New York, NY; **108.6** Adobe Stock (LIGHTFIELD STUDIOS), Dublin; **110.1.1** Adobe Stock (Shawn Hempel), Dublin; **110.1.2** Adobe Stock (Thomas Söllner), Dublin; **110.1.3** 123rf Germany, c/o Inmagine GmbH (Andrea Crisante), Nidderau; **114.1** ShutterStock.com RF (Kitzero), New York, NY; **117.1** ShutterStock.com RF (George Rudy), New York, NY; **117.2** ShutterStock.com RF (Daniel M Ernst), New York, NY; **126** ShutterStock.com RF (wavebreakmedia), New York, NY; **127.1** Picture-Alliance (McPHOTO / BilderBox), Frankfurt; **127.2** stock.adobe.com (Trueffelpix), Dublin; **127.3** Adobe Stock (phonlamaiphoto), Dublin; **129.2** Adobe Stock (fovito), Dublin; **132.1** stock.adobe.com (fotogestoeber), Dublin; **133.6** Grafik: Tiffany, Quelle: Statistisches Bundesamt; **134.1** 123rf Germany, c/o Inmagine GmbH (olegdudko), Nidderau; **134.2** Adobe Stock (Calado), Dublin; **135.2.1** Adobe Stock (WavebreakMediaMicro), Dublin; **135.2.2** Adobe Stock (goodluz), Dublin; **135.2.3** Adobe Stock (Robert Kneschke), Dublin; **137.1** 123rf Germany, c/o Inmagine GmbH (Aleksei Serov), Nidderau; **138.1** Adobe Stock (Jeanette Dietl), Dublin; **139.3** ShutterStock.com RF (Willyam Bradberry), New York, NY; **140** Adobe Stock (DOC RABE Media), Dublin; **142.1.1** Picture-Alliance (imageBROKER), Frankfurt; **142.1.2** Adobe Stock (goodluz), Dublin; **142.1.3** Adobe Stock (franco lucato), Dublin; **142.1.4** Getty Images Plus (DigitalVision / Portra), München; **143.3** Picture-Alliance (dpa-infografik), Frankfurt; **154.1** stock.adobe.com (MQ-Illustrations), Dublin; **155.3** Picture-Alliance (dpa-infografik), Frankfurt; **155.4** Picture-Alliance (dpa-infografik), Frankfurt; **157.2** Picture-Alliance (dpa-infografik), Frankfurt; **157.3** Picture-Alliance (dpa-infografik), Frankfurt; **158.1** ShutterStock.com RF (Kit8.net), New York, NY; **160.1** 123rf Germany, c/o Inmagine GmbH (blueximages), Nidderau; **160.2** Adobe Stock (Kzenon), Dublin; **160.3** Picture-Alliance (ZB / euroluftbild), Frankfurt; **161.1** Adobe Stock (GrafKoks), Dublin; **161.2** Fotolia.com (gena96), New York; **161.3** ShutterStock.com RF (Christian Draghici), New York, NY; **162.1.1** Alamy stock photo, Abingdon, Oxon; **162.1.2** dreamstime.com (Neacsu Razvan Chirnoaga), Brentwood, TN; **164.1.1** 123rf Germany, c/o Inmagine GmbH (Weerapat Kiatdumrong), Nidderau; **164.1.2** Picture-Alliance (Andreas Gora), Frankfurt; **164.1.3** Picture-Alliance (dpa / EPA / CIRO FUSCO), Frankfurt; **167.1** Picture-Alliance (dpa-infografik), Frankfurt; **168.1** Picture-Alliance (dpa-infografik), Frankfurt; **171.3** Christallkeks [CC BY-SA 4.0 (https://creativecommons.org/licenses/by-sa/4.0/)] Daten: Statistische Ämter des Bundes und der Länder, Juli 2015; Karte: © GeoBasis-DE / BKG 2014, siehe *3; **174.1** stock.adobe.com (froxx), Dublin; **174.2** stock.adobe.com (froxx), Dublin; **174.3** Adobe Stock (Roman Ivaschenko), Dublin; **174.4** Adobe Stock (Roman Ivaschenko), Dublin; **174.5** Adobe Stock (monticellllo), Dublin; **174.6** 123rf Germany, c/o Inmagine GmbH (Jean-Marie Guyon), Nidderau; **174.7** Adobe Stock (Adrian), Dublin; **174.8** 123rf Germany, c/o Inmagine GmbH (Ilya Andriyanov), Nidderau; **175.1** Grafik: tiff.any, nach Quelle: die-mehrwertsteuer.de; **176.1** Adobe Stock (nmann77), Dublin

*3 Lizenzbestimmungen zu CC-BY-SA-4.0 siehe: http://creativecommons.org/licenses/by-sa/4.0/legalcode

Textquellennachweis

10 Handelsgesetzbuch§238: Buchführungspflicht. Unter: https://www.gesetze-im-internet.de/hgb/___238.html (Zugriff 07.03.2018); **28.1** www.gesetze-im-internet.de; **158.3a** Zitat Leo Tolstoi, in: ders. Tagebücher 2 1898 -1910, übers. v. Johanna Renate Döring-Smrinov, Königstein/Ts.: Athenäum 1983; **158.3b** Zitat Henry Ford, unter: https://www.zitate.de/autor/Ford%2C+Henry; **158.3c** Zitat Hans-Jörg Bullinger, in: Forschelen, Bert: Kompendium der Zitate für Unternehmer und Führungskräfte: Über 5000 Aphorismen für Reden und Texte im Management, Springer-Verlag, 2017, S. 5; **162.2** Zitat v. Meiji Tenno, auf: https://www.haushaltssteuerung.de/zitate-haushaltsreden-sonstiges.html; **163.3** https://www.gesetze-im-internet.de/arbzg/; **163.4** http://www.gesetze-im-internet.de/burlg/___3.html und http://www.gesetze-im-internet.de/burlg/___4.html und http://www.gesetze-im-internet.de/burlg/___9.html; **163.5** https://www.gesetze-im-internet.de/milog/___1.html und https://www.gesetze-im-internet.de/milog/___3.html; **164.2.1** http://www.gesetze-im-internet.de/bimschg/___3.html; **164.2.2** https://www.gesetze-im-internet.de/krwg/___6.html; **167.2** ©Karin Geil für ZEIT ONLINE (www.zeit.de) vom: 02.12.2015 „IEA verurteilt Energie-Subventionen als ungerecht", unter: https://www.zeit.de/wirtschaft/2015-12/un-klimakonferenz-energie-subventionen-iea-fossile-brennstoffe; **174** https://www.gesetze-im-internet.de/ustg_1980/___12.html

Sollte es in einem Einzelfall nicht gelungen sein, den korrekten Rechteinhaber ausfindig zu machen, so werden berechtigte Ansprüche selbstverständlich im Rahmen der üblichen Regelungen abgegolten.